Die Verfassungsmäßigkeit der Öffnung politischer Parteien
für die Mitarbeit Parteifremder

Europäische Hochschulschriften

Publications Universitaires Européennes
European University Studies

Reihe II
Rechtswissenschaft

Série II Series II
Droit
Law

Bd./Vol. 4333

PETER LANG
Frankfurt am Main · Berlin · Bern · Bruxelles · New York · Oxford · Wien

Josef Hainz

Die Verfassungsmäßigkeit der Öffnung politischer Parteien für die Mitarbeit Parteifremder

PETER LANG
Europäischer Verlag der Wissenschaften

Bibliografische Information Der Deutschen Bibliothek
Die Deutsche Bibliothek verzeichnet diese Publikation in der Deutschen Nationalbibliografie; detaillierte bibliografische Daten sind im Internet über <http://dnb.ddb.de> abrufbar.

Zugl.: Mainz, Univ., Diss., 2005

D 77
ISSN 0531-7312
ISBN 3-631-54507-X

www.peterlang.de

Vorwort

Diese Arbeit ist die geringfügig überarbeitete Fassung meiner Dissertation, die im Sommer 2005 vom Fachbereich Rechts- und Wirtschaftswissenschaften der Johannes Gutenberg-Universität in Mainz angenommen wurde. Am Zustandekommen dieser Arbeit waren viele Personen beteiligt, denen ich an dieser Stelle meinen Dank aussprechen möchte.

Danken möchte ich meinem Doktorvater Prof. Dr. Uwe Volkmann für die Betreuung des Promotionsvorhabens und die Erstbegutachtung. Prof. Dr. Karl Hain danke ich für die Übernahme der Zweitkorrektur.

Sehr dankbar bin Angelika Bastian, die den Entstehungsprozess dieser Arbeit mit zahlreichen Ratschlägen, kritischen Hinweisen und vielfältigen Ermunterungen begleitet und dadurch wesentlich zu ihrem Gelingen beigetragen hat.

Meinen Eltern, Dr. Josef und Mathilde Hainz, möchte ich für deren vielfältige Unterstützung danken, ohne die ich diese Arbeit nicht hätte schreiben können

Berlin, im November 2005 Josef Hainz

Inhaltsverzeichnis

Literaturverzeichnis

Abendroth, Wolfgang, Innerparteiliche und innerverbandliche Demokratie als Voraussetzung der politischen Demokratie, PVS 1964, S. 306 ff.

Ders., Die Vermittlungsfunktion der Parteien, in: *Lenk, Kurt/Neumann, Franz,* Politica, Bd. 26, Theorie und Soziologie der politischen Parteien, Neuwied und Berlin, 1968, S. 228 ff.

Alternativkommentar zum Grundgesetz, Bd. 1, 2. Aufl., Neuwied 1989 (zit. Alternativkommentar-Bearbeiter, 2. Aufl.)

Alternativkommentar zum Grundgesetz, Bd. 2, 3. Aufl., Neuwied 2001 (zit. Alternativkommentar-Bearbeiter, 3. Aufl.)

Von Arnim, Hans Herbert, Der strenge und der formale Gleichheitssatz, DÖV 1984, S. 84 ff.

Ders., Politische Parteien, DÖV 1985, S. 593 ff.

Ders., Möglichkeiten unmittelbarer Demokratie auf Gemeindeebene, DÖV 1990, S. 85 ff.

Ders., Wahl ohne Auswahl –Die Parteien und nicht die Bürger bestimmen die Abgeordneten, ZRP 2004, S. 115 ff.

Badura, Peter, Staatsrecht: Systematische Erläuterung des Grundgesetzes für die Bundesrepublik Deutschland, 3. Aufl., München 2003 (zit. Badura, Staatsrecht)

Ders., Die parteienstaatliche Demokratie und die Gesetzgebung, in: Schriftenreihe der juristischen Gesellschaft zu Berlin, Heft 101, 1986

Bartsch, Dieter, Politische Handlungsfähigkeit und innerparteiliche Entwicklung der PDS, Vortrag auf der Finanz- und Strukturkonferenz der PDS am 30. Juni 2001 in Magdeburg, Pressedienst 28/2001, http://www.pds-online.de/politik/publikationen/pressedienst/view_html?zid=9471&bs=1&n=10

Becker, Bernd, Mitgliederbeteiligung und innerparteiliche Demokratie in britischen Parteien – Modelle für die deutschen Parteien?, Baden-Baden 1999 (zit. Becker, Mitgliederbeteiligung)

Berliner Kommentar zum Grundgesetz, *Friauf, Karl Heinrich/Höfling, Wolfram (Hrsg.),* Berlin, Loseblattsammlung, 8. Ergänzungslieferung, Stand 2003 (zit. Berliner Kommentar-Bearbeiter)

Bermbach, Udo, Probleme des Parteienstaats, ZParl 1 (1969/70), S. 342 ff.

Von Beyme, Klaus, Parteien in westlichen Demokratien, München 1982 (zit. v. Beyme, Parteien)

Ders., Funktionswandel der Parteien in der Entwicklung von der Massenmitgliederpartei zur Partei der Berufspolitiker in *Gabriel, Oscar W./Niedermayer, Oskar/Stöss, Richard* (Hrsg.), Parteiendemokratie in Deutschland, 2. Auflage, Wiesbaden 2002, S. 315 ff.

Bieber, Christoph, Parteienkommunikation im Internet: Modernisierung von Mitgliederparteien? in *Gabriel, Oscar W./Niedermayer, Oskar/Stöss, Richard* (Hrsg.), Parteiendemokratie in Deutschland, 2. Auflage, Wiesbaden 2002, S. 553 ff.

Bilstein, Helmut, Kandidatenaufstellung oder wie demokratisch sind unsere Parteien, Gegenwartskunde, 18. Jahrgang, 1969, S. 3 ff.

Blank, Joseph-Theodor, Die innerparteiliche Willensbildung nach dem Grundgesetz, ihre Ausgestaltung im Parteiengesetz und ihre Berücksichtigung in den Parteistatuten, DVBl. 1976, S. 564 ff.

Böckenförde, Ernst-Wolfgang, Demokratische Willensbildung und Repräsentation, in *Isensee, Josef/Kirchhof, Paul (Hrsg.),* Handbuch des Staatsrechts, Bd. II, Heidelberg 1998, § 30 (zit. Böckenförde, HStR, Bd. II)

Ders. Demokratie und Repräsentation, Zur Kritik der heutigen Demokratiediskussion, Hannover 1983 (zit. Böckenförde, Demokratie und Repräsentation)

Bonner Kommentar zum Grundgesetz, Bd. IV, Gesamtherausgeber, Dolzer, Rudolf, Heidelberg, Loseblattsammlung, 85. Ergänzungslieferung, Stand 1998 (zit. Bonner Kommentar-Bearbeiter)

Borghorst, Hermann, Bürgerbeteiligung in der Kommunal- und Regionalplanung: Eine kritische Problem- und Literaturanalyse, Leverkusen 1976 (zit. Borghorst, Bürgerbeteiligung)

Boyken, Friedhelm, Die neue Parteienfinanzierung: Entscheidungsprozeßanalyse und Wirkungskontrolle, Baden-Baden 1998 (zit. Boyken, Parteienfinanzierung)

Brenner, Michael, Die Entwicklung des Wahlrechts und der Grundsatz der Wahlrechtsgleichheit im wiedervereinigten Deutschland, AöR 116 (1991), S. 537 ff.

Bröder, Friedrich J., Das Problem der innerparteilichen Demokratie, Blätter für deutsche und internationale Politik 1970, S. 1165 ff.

Bull, Hans Peter, Demokratie – nur im geheimen, ZRP 1971, S. 196 ff.

Deutschland erneuern. Gemeinsam – Schwerpunkte für das Arbeitsprogramm 2003, http://www.spd.de/servlet/PB/menu/1024183/index.htm

Dettling, Warnfried, Vom Elend der Selbstthematisierung – Dringende Bitte um eine neue Politik in *Hofmann, Gunter/Perger, Werner A.*, Die Kontroverse, Weizsäckers Parteienkritik in der Diskussion, Frankfurt aM 1992, S. 72 ff.

Dittberner, Jürgen, Die Rolle der Parteitage im Prozess der innerparteilichen Willensbildung, PVS 1970, S. 236 ff.

Von Doemming, Klaus-Berto/Füßlein, Rudolf Werner/Matz, Werner, Entstehungsgeschichte der Artikel des Grundgesetzes, JöR N.F. 1 (1951)

Dreier, Horst (Hrsg.), Kommentar zum Grundgesetz, Bd. II, Tübingen 1998 (zit. Dreier-Bearbeiter)

Dübber, Ulrich, Parteienfinanzierung in Deutschland: eine Untersuchung über die Probleme der Rechenschaftslegung in einem künftigen Parteiengesetz, Opladen 1962 (zit. Dübber, Parteienfinanzierung)

Duverger, Maurice, Die politischen Parteien, Tübingen 1959 (zit. Duverger, Politische Parteien)

Dux, Günther, Meinungsfreiheit als innere Ordnung der politischen Parteien, DVBl. 1966, S. 553 ff.

Ehmke, Horst, „Staat" und „Gesellschaft" als verfassungstheoretisches Problem, in: *Hesse, Konrad/Reicke, Siegfried/Scheuner, Ulrich (Hrsg.),* Staatsverfassung und Kirchenordnung, Festgabe für Rudolf Smend, Tübingen 1962, S. 23 ff

Ellwein, Thomas, Das Regierungssystem der Bundesrepublik Deutschland, 2. Aufl., Köln 1965 (zit. Ellwein, Das Regierungssystem der BRD)

Erman, Kommentar zum BGB, Herausgegeben von Westermann/Harm-Peter, Bd. 1, 11. Aufl. Münster, Köln 2004 (zit. Erman-Bearbeiter)

Eschenburg, Theodor, Staat und Gesellschaft in Deutschland, München 1965 (zit. Eschenburg, Staat und Gesellschaft)

Forsthoff, Ernst, Zur Verfassungsrechtlichen Stellung und inneren Ordnung der Parteien, in: *Forsthoff, Ernst/Loewenstein, Karl/Matz, Werner* Die politischen Parteien im Verfassungsrecht, Tübingen 1950, S. 5 ff.

Fraenkel, Ernst, Die repräsentative und plebiszitäre Komponente im demokratischen Verfassungsstaat, Recht und Staat in Geschichte und Gegenwart, Heft 219/220, Tübingen 1958

Ders., Der Pluralismus als Strukturelement der freiheitlich-rechtsstaatlichen Demokratie, Festvortrag anlässlich des 45. D.J.T., Bd. 2, S. B 3 ff.

Ders. Strukturanalyse der modernen Demokratie, Aus Politik und Zeitgeschichte, B 49/1969, S. 3 ff.

Ders. Das amerikanische Regierungssystem, Köln und Opladen 1960 (zit. Fraenkel, Regierungssystem)

Frankfurter Intervention, Wege aus der Krise des Parteienstaates, Thesen der „Frankfurter Intervention", Recht und Politik 1995, S. 16 ff.

Friedrich, Carl-Josef, Der Verfassungsstaat in der Neuzeit, Berlin, Göttingen, Heidelberg 1953 (zit. Friedrich, Verfassungsstaat)

Friesenhahn, Ernst, Die Stellung der politischen Parteien in der Verfassung, in: Hefte der Vereinigung für den Gedankenaustausch zwischen deutschen und italienischen Juristen e.V., 4/1969, S. 1 ff.

Ders. Die verfassungsrechtliche Stellung der Parteien in der Bundesrepublik Deutschland, Zeitschrift für Schweizerisches Recht, Band 87, 1968, S. 245 ff.

Gabriel, *Matthias*, Grüne – Politik im Probe-Abo, Berliner Zeitung 14.03.2003, S. 6 ff.

Gabriel, Oscar W./Niedermayer, Oskar, Parteimitgliedschaft: Entwicklung und Sozialstruktur in *Gabriel, Oscar W./Niedermayer, Oskar/Stöss, Richard* (Hrsg.), Parteiendemokratie in Deutschland, 2. Auflage, Wiesbaden 2002, S. 274 ff.

Geiger, Hansjörg, Zur verfassungsrechtlichen Problematik des Einflusses der politischen Parteien auf oberste Bundesorgane, Diss. München 1971 (zit. Geiger, Verfassungsrechtliche Problematik des Einflusses der Parteien)

Gellner, Winand, Demoskopie, Politik, Medien. Anmerkungen zu einem problematischen Verhältnis in *Jarren, Ottfried/Schatz, Heribert/Weßler, Hartmut* (Hrsg.), Medien und politischer Prozeß, Opladen 1996

Gluchowski, Peter/Graf, Jutta/von Wilamowitz-Moellendorff, Ulrich, Sozialstruktur und Wahlverhalten in der Bundesrepublik Deutschland in *Gabriel, Oscar W./Niedermayer, Oskar/Stöss, Richard* (Hrsg.), Parteiendemokratie in Deutschland, 2. Auflage, Wiesbaden 2002, S. 179 ff.

Grawert, Friedrich, Parteiausschluss und innerparteiliche Demokratie, Heidelberg 1987 (zit. Grawert, Parteiausschluss)

Greven, Michael, Parteimitglieder, Ein empirischer Essay über das politische Alltagsbewußtsein in Parteien, Opladen 1987 (zit. Greven, Parteimitglieder)

Grimm, Dieter, Politische Parteien, in: *Benda, Ernst/ Maihofer, Werner/ Vogel, Hans-Jochen* (Hrsg.), Handbuch des Verfassungsrecht, 2. Auflage, Berlin, New York 1994, S. 599 (zit. Grimm HdbVerfR)

Ders., Die Parteien im Verfassungsrecht: Doppelrolle zwischen Staat und Gesellschaft, in *Haungs, Peter/Jesse, Eckhard (Hrsg.),* Die Parteien ein der Krise? – In- und ausländische Perspektiven, Köln 1987, S. 132 ff.

Ders., Die Zukunft der Verfassung, 2. Auflage, Frankfurt a.M. 1994

Ders., Nochmals: Die Parteien im Rechtsstaat, DÖV 1983, S. 538 ff.

Häberle, Peter, Allgemeine Staatslehre, demokratische Verfassungslehre oder Staatsrechtslehre, Besprechung von: Roman Herzog, Allgemeine Staatslehre, AöR 98 (1973), S. 119 ff.

Hättich, Manfred, Begriff und Formen der Demokratie, Mainz 1966 (zit. Hättich, Begriff und Formen)

Ders. Innerparteiliche Demokratie und politische Willensbildung, Aus Politik und Zeitgeschichte, B 49/1969, S. 28 ff.

Ders. Innerparteiliche Demokratie und politische Willensbildung, in: reale Utopien, Glanz und Elend der Parteien, Schriftenreihe des Instituts für internationale Solidarität der Konrad Adenauer-Stiftung, Bd. 6, Mainz 1970, S. 43 ff.

Halbe, Bernd, Analyse der verfassungsrechtlichen Stellung und Funktion der politischen Parteien in der Bundesrepublik Deutschland unter besonderer Berücksichtigung des Verhältnisses von Art. 21 GG zu den Grundrechten, Münster 1991 (zit. Halbe, Verfassungsrechtliche Stellung und Funktion der pol. Parteien)

Harnack, Martin, Eine Zukunftswerksatt Parteireform, http://www.pds-online.de/politik/publikationen/disput/view_html

Harnischfeger, Horst, Parteien in der sozialstaatlichen Demokratie, Überlegungen zum Verhältnis von politischem Willensbildungsprozess und Wissenschaft sowie zum Verfahren bei der Planung, Neuwied, 1969 (zit. Harnischfeger, Parteien in der sozialstaatlichen Demokratie)

Haungs, Peter, Parteiendemokratie in der Bundesrepublik Deutschland, Berlin 1980 (zit. Haungs, Parteiendemokratie)

Ders., Die Bundesrepublik – ein Parteienstaat? Kritische Anmerkungen zu einem wissenschaftlichen Mythos, ZParl 4 (1973), S. 502 ff.

Ders., Plädoyer für eine erneuerte Mitgliederpartei. Anmerkungen zur aktuellen Diskussion über die Zukunft der Volksparteien, ZParl 25 (1994), S. 108 ff.

Hecker, Jan, Die Parteienstaatslehre von Gerhard Leibholz in der wissenschaftlichen Diskussion, Der Staat, 35. Jahrgang (1995), S. 287 ff.

Heinz, Ursula, Organisation innerparteilicher Willensbildung, Satzungen und innerparteiliche Demokratie, Frankfurt a.M., 1987 (zit. Heinz, Organisation innerparteilicher Willensbildung)

Henke, Wilhelm, Das Recht der politischen Parteien, 2. Auflage, Otto Schwartz & Co, Göttingen 1972

Ders., Bestand und Wandel im Recht der politischen Parteien, DVBl. 1979, S. 369 ff.

Ders., Die Parteien und der Ämterstaat, NVwZ 1985, S. 616 ff.

Hennis, Wilhelm, Amtsgedanke und Demokratiebegriff in: *Hesse, Konrad/Reicke, Siegfried/Scheuner, Ulrich (Hrsg.),* Staatsverfassung und Kirchenordnung, Festgabe für Rudolf Smend, Tübingen 1962, S. 51 ff.

Ders., Überdehnt und abgekoppelt – An den Grenzen des Parteienstaats, in: von Krockow, Christian, Brauchen wir ein neues Parteiensystem?, 1987, S. 37 ff.

Ders., Verfassung und Verfassungswirklichkeit: Ein deutsches Problem, Recht und Staat in Geschichte und Gegenwart, Heft 373/374, Tübingen 1968

Ders. Meinungsforschung und repräsentative Demokratie: Zur Kritik politischer Umfragen, Recht und Staat in Geschichte und Gegenwart, Heft 200/201, Tübingen 1957

Herzog, Roman, Allgemeine Staatslehre, Frankfurt a.M., 1971

Hesse, Konrad, Die verfassungsrechtliche Stellung der politischen Parteien im modernen Staat, VVDStRL 17 (1959), S. 11 ff.

Ders., Die normative Kraft der Verfassung, Tübingen 1959

Ders., Grundzüge des Verfassungsrechts der Bundesrepublik Deutschland, 5. Auflage, Karlsruhe 1972 (zit. Hesse, Grundzüge)

Ders., Grundzüge des Verfassungsrechts der Bundesrepublik Deutschland, 20. Aufl., Heidelberg 1995 (zit. Hesse, Verfassungsrecht)

Heun, Werner, Das Mehrheitsprinzip in der Demokratie: Grundlagen – Struktur - Begrenzungen, Berlin 1983 (zit. Heun, Mehrheitsprinzip)

Von der Heydte, Friedrich August/Sacherl, Karl, Soziologie der deutschen Parteien, München 1955 (zit. von der Heydte/Sacherl, Soziologie)

Hofmann-Hoeppel, Jochen, Konturen innerparteilicher Demokratie – Kandidatenaufstellung und Grundgesetz, ZParl 25 (1994), S. 369 ff.

Holtz-Bacha, Christina, Das fragmentierte Medienpublikum – Folgen für das politische System, Aus Politik und Zeitgeschichte, B 42/97, S. 13 ff.

Huber, *Ernst-Rudolf*, Deutsche Verfassungsgeschichte seit 1789, Band IV, 2. Aufl., Stuttgart 1994 (zit. Huber, Deutsche Verfassungsgeschichte, Bd. IV)

Huber, *Peter*, Der Parteienstaat als Kern des politischen Systems – Wie tragfähig ist das Grundgesetz?, JZ 1994, S. 689 ff.

Ders., Das parteienrechtliche Transparenzgebot und seine Sanktionierung, DÖV 2000, S. 745 ff.

Ders., Der Prüfungsmaßstab von Wahlorganen bei der Zulassung von politischen Parteien und Wählervereinigungen, DÖV 1991, S. 229 ff.

Immerfall, *Stefan*, Strukturwandel und Strukturschwächen der deutschen Mitgliederparteien, Aus Politik und Zeitgeschichte, B 1-2/98, S. 3 ff.

Isensee, Josef, Grundrechte und Demokratie. Die polare Legitimation im grundrechtlichen Gemeinwesen, Bonn 1981 (zit. Isensee, Grundrechte und Demokratie)

Jäger, Wolfgang, Innerparteiliche Demokratie und Repräsentation, in: *Jäger, Wolfgang* (Hrsg.), Partei und System, Stuttgart 1973, S. 108 ff.

Jarass, Hans D./Pieroth, Bodo (Hrsg.) Kommentar zum GG, 7. Aufl., München 2004

Jellinek, *Georg*, Allgemeine Staatslehre, unveränderter Nachdruck des fünften Neudrucks der dritten Auflage 1928, Bad Homburg, Berlin, Zürich 1966

Jülich, Heinz-Christian, Chancengleichheit der Parteien, Zur Grenze staatlichen Handelns gegenüber den politischen Parteien nach dem Grundgesetz, Berlin 1967 (zit. Jülich, Chancengleichheit)

Kaack, *Heino*, Geschichte und Struktur des deutschen Parteiensystems, Ein Handbuch, Opladen 1971 (zit. Kaack, Geschichte)

Kafka, Gustav, Die verfassungsrechtliche Stellung der Parteien im modernen Staat, , VVDStRL 17 (1959), S. 53 ff.

Von Katte, Christian, Die Mitgliedschaft von Fremden in politischen Parteien der Bundesrepublik Deutschland, Zugleich eine Darstellung der amerikanischen Rechtslage, Berlin 1980 (zit. von Katte, Mitgliedschaft von Fremden)

Kaufmann, *Erich*, Zur Problematik des Volkswillens (1931), in *Matz*, *Ulrich* (Hrsg.), Grundprobleme der Demokratie, Wissenschaftliche Buchgesellschaft, Darmstadt 1973

Kay, Hee-Yol, Die innere Ordnung der politischen Parteien, Freiburg, 1970 (zit. Kay, Innere Ordnung der pol. Parteien)

Kelsen, Hans, Das Problem des Parlamentarismus, Wien und Leipzig 1926 (zit. Kelsen, Parlamentarismus)

Kevenhörster, Paul, Demokratiekonzeptionen und Demokratisierungsbestrebungen, in: Grenzen der Demokratie?, Probleme und Konsequenzen der Demokratisierung von Politik, Wirtschaft und Gesellschaft, Schriftenreihe der Ludwig Erhard Stiftung, Bd. 3, Düsseldorf, Wien 1973

Key, Vladimir, Politicis, Parties and Pressure Groups, 2. Aufl., New York, 1948 (zit. Key, Politics)

Kießling, Andreas, Politische Kultur und Parteien in Deutschland – Sind die Parteien reformierbar?, Aus Politik und Zeitgeschichte, B 10/2001, S. 29 ff.

Ders., Von der Krise zur Erneuerung? Parteireform in Deutschland, Rissener Rundbrief 10-11/2001, S. 31 ff.

Kißlinger, Andreas, Das Recht auf politische Chancengleichheit, Baden-Baden 1998 (zit. Kißlinger, Chancengleichheit)

Kimminich, Otto, Die Parteien im Rechtsstaat: Herausforderung durch die „Alternativen“, DÖV 1983, S. 217 ff.

Kirchheimer, Otto, Der Wandel des Westeuropäischen Parteiensystems, PVS 1965, S. 20 ff.

Klein, Hans H., Die parlamentarisch-repräsentative Demokratie des Grundgesetzes. Wie übt das Volk seine Macht aus?, in: *Rüther, Günther (Hrsg.),* Repräsentative oder plebiszitäre Demokratie – eine Alternative, Grundlagen, Vergleiche, Perspektiven, Baden-Baden 1996, S. 33 ff.

Knöpfle, Franz, Der Zugang zu den politischen Parteien, Der Staat, 9. Jahrgang (1970), S. 321 ff.

Koch, Thorsten, Neutralitätspflicht und Chancengleichheit bei Leistungen an politische Parteien, ZParl 33 (2002), S. 694 ff.

Ders., Parteispenden – Abgeordnetenspenden – Nicht weitergeleitete Spenden, DÖV 2003, S. 451 ff.

Koellreutter, Otto, Die politischen Parteien im modernen Staat, Breslau 1926 (zit. Koellreutter, Parteien)

König, Georg, Die Verfassungsbindung der politischen Parteien, Berlin 1993 (zit. König, Verfassungsbindung)

Köppler, Rudolf, Die Mitwirkung bei der politischen Willensbildung des Volkes als Vorrecht der Parteien, Dissertation, München 1974 (zit. Köppler, Mitwirkung)

Kraft, Dennis, Digitale Parteigliederungen, MMR 2002, S. 733 ff.

Kressel, Dietrich, Parteiengerichtsbarkeit und Staatsgerichtsbarkeit, Berlin 1998 (zit. Kressel, Parteiengerichtsbarkeit)

Kritische Stellungnahme und Gegenvorschläge von 16 Politologen, Sozialwissenschaftlern und Juristen an der Freien Universität Berlin zum Parteiengesetzentwurf, DÖV 1967, S. 256 ff.

Krockow, Christian von, Die Entscheidung, Eine Untersuchung über Ernst Jünger, Carl Schmitt, Martin Heidegger, Frankfurt/Main 1990

Kröger, Klaus, Schematische Parteiengleichheit als Grundbedingung der modernen Demokratie in *Kroneck, Friedrich J./Oppermann, Thomas,* Im Dienste Deutschlands und des Rechts, Festschrift für Wilhelm G. Grewe Baden-Baden 1981

Kulitz, Peter, Unternehmerspenden an politische Parteien, Berlin 1983 (zit. Kulitz, Unternehmerspenden)

Kunig, Philip, Parteien, in *Isensee, Josef/Kirchhof, Paul,* Handbuch des Staatsrechts, Bd. II, Heidelberg 1998, § 33 (zit. Kunig, HStR, Bd. II)

Ders., Politische Parteien im Grundgesetz, Jura 1991, S. 247 ff.

Laufer, Heinz, Die demokratische Ordnung: Eine Einführung, 2. Aufl., Stuttgart 1970 (zit. Laufer, Die demokratische Ordnung)

Lee, Hwai-Tzong, Chancengleichheit der politischen Parteien, Eine sich aus der „Natur der Sache“ ergebende Betrachtung, München 1994 (zit. Lee, Chancengleichheit der Parteien)

Leibholz, Gerhardt, Verfassungsrechtliche Stellung und innere Ordnung der Parteien, Ausführung und Anwendung der Art. 21 und Art. 38 I 2 des GG, Referat des 38. D.J.T. 1950, S. C 2 ff.

Ders., Volk und Partei im neuen deutschen Verfassungsrecht, DVBl. 1950, S. 194 ff.

Ders., Das Wesen der Repräsentation und der Gestaltwandel der Demokratie im 20. Jahrhundert, 3. Auflage, Berlin 1966 (zit. Leibholz, Das Wesen der Repräsentation)

Ders., Strukturprobleme der modernen Demokratie, 3. Aufl., C.F. Müller, Karlsruhe 1967 (zit. Leibholz, Strukturprobleme)

Leibholz, Gerhard/Rinck, Hans-Justus/Hesselberger, Dieter, Grundgesetz für die Bundesrepublik Deutschland, Kommentar an Hand der Rechtsprechung des Bundesverfassungsgerichts, Bd. II, Köln, Loseblattsammlung, 41. Ergänzungslieferung, Stand Juli 2003, (zit. Leibholz/Rinck/Hesselberger)

Leggewie, Claus, Demokratie auf der Datenautobahn in: *Leggewie, Claus/Maar, Christa*, Internet & Politik, Von der Zuschauer- zur Beteiligungsdemokratie, Köln 1998

Lenz, Helmut /Sasse, Christian, Parteiausschluß und Demokratiegebot, JZ 1962, S. 233 ff.

Lepsius, *Mario Rainer*, Parteiensystem und Sozialstruktur. Zum Problem der Demokratisierung der deutschen Gesellschaft, in: *Lepsius, M. Rainer*, Demokratie in Deutschland, Ausgewählte Aufsätze, Göttingen 1993, S. 25 ff.

Loewenstein, Karl, Verfassungsrecht und Verfassungspraxis der Vereinigten Staaten, Berlin, Göttingen, Heidelberg, 1959 (zit. Loewenstein, Verfassungsrecht)

Lohmar, *Ulrich*, Innerparteiliche Demokratie; Eine Untersuchung der Verfassungswirklichkeit politischer Parteien in der Bundesrepublik Deutschland, Stuttgart 1963 (zit. Lohmar, Innerparteiliche Demokratie)

Luthmann, Walter, Die innere Ordnung der Parteien nach dem Grundgesetz und ihre Ausführung durch das Parteiengesetz, Diss. Köln 1961 (zit. Luthmann, Die innere Ordnung der Parteien)

Ders., Rechtsstellung der Mitglieder von politischen Parteien, DVBl. 1962, S. 166 ff.

Machnig, Matthias, Kompetenzen moderner Parteien - Anforderungen an Organisationsreform, http://www.spd.de/servlet/PB/menu/1010767/index.htm

Ders., Organisation ist Politik – Politik ist Organisation, Moderne Parteistrukturen als Voraussetzung für strategische Mehrheitsfähigkeit, http://www.spd.de/servlet/PB/menu/1010770/index.htm

Ders., Von der Kampa zur Netzwerkspartei – Politisches Themenmanagement und Kampagnenarbeit der SPD, http://www.spd.de/servlet/PB/ menu/1010774/index.htm

Ders., Netzwerkpartei und Netzwerkgesellschaft, http://www.spd.de/servlet/PB/menu/1010779/index.htm

Ders., Vom Tanker zur Flotte – Die SPD als Volkspartei und Mitgliederpartei von morgen, http://www.spd.de/servlet/PB/menu/1010766/index.htm

Ders., Für eine offensive Nachwuchspolitik – Acht Kernaussagen zur Jugendinitiative der SPD, http://www.spd.de/servlet/PB/menu/1010763/ index.htm

Ders., Auf dem Weg zur Netzwerkspartei, Frankfurter Hefte 11/2000, S. 654 ff.

Machnig, Matthias/Hauff, Volker, Parteien des 21. Jahrhunderts – Sozialdemokratien in Europa, http://www.spd.de/servlet/PB/menu/1010776/ index.htm

Magiera, Siegfried, Die Vorwahlen (primaries) in den Vereinigten Staaten: Demokratisierung von Wahlen und Parteien, in: Parlamente und Parteien, Bd. 3, Frankfurt, 1971 (zit. Magiera, Vorwahlen)

Maly-Motta, Peter, Die Sicherung eines freien Zuganges zu den politischen Parteien („Parteibürgerrecht) - § 10 I ParteienG im Lichte des Art. 21 I 3 GG, Diss München, 1972 (zit. Maly-Motta, Parteibürgerrecht)

von Mangoldt, Hermann/Klein, Friedrich/Starck, Christian (Hrsg.), Das Bonner Grundgesetz, Bd. II, 4. Aufl., München 2000 (zit. V. Mangoldt/Klein/Starck-Bearbeiter)

Maunz, Theodor/Dürig, Günter (Hrsg.), Kommentar zum Grundgesetz, Bd. III, München. Loseblattsammlung, Stand: 40. Ergänzungslieferungen, Stand 2002 (zit. Maunz/Dürig-Bearbeiter)

Maurer, Hartmut, Die Rechtstellung der politischen Parteien, JuS 1991, S. 881 ff.

Mausch, Marc, Grüne mit neuem Internet-Ansatz, http://www.gruene-partei.de/rsvgn/rs_doc/0,,3161,00.htm.

Menzel, Eberhard, Parteienstaat und Beamtentum, DÖV 1970, S. 433 ff.

Von Merksatz, Hans-Joachim, Die Parteien in ihrer heutigen verfassungspolitischen Bedeutung, ZaöRV 19 (1958), S. 249 ff.

Michels, Robert, Zur Soziologie des Parteiwesens in der modernen Demokratie, Untersuchungen über die oligarchischen Tendenzen des Gruppenlebens, Neudruck der zweiten Auflage, Stuttgart 1970 (zit. Michels, Soziologie)

Mintzel, Alf, Zukunftsperspektiven des Parteiensystems, in *Mintzel, Alf/Oberreuter, Heinrich,* (Hrsg.) Parteien in der Bundesrepublik Deutschland, Bonn 1992, S. 485 ff.

Morlok, Martin, Die Parteimitgliedschaft im Zeichen der europäischen Einigung, MIP 1998, S. 33 ff.

Ders., Spenden-Rechenschafts-Sanktionen, Aktuelle Rechtsfragen der Parteienfinanzierung, NJW 2000, S. 761 ff.

Morlok, Martin/Streit, Thilo, Mitgliederentscheid und Mitgliederbefragung – Rechtsprobleme direkter Demokratie in den politischen Parteien, ZRP 1996, S. 447 ff.

Mühleisen, Hans-Otto, Organisationstheorie und Parteienforschung, in: *Jäger, Wolfgang* (Hrsg.), Partei und System, Stuttgart 1973, S. 59 ff.

Mühlen, Ingeborg, Parteiunabhängigkeit vom Staat, Diss. Würzburg, 1969 (zit. Mühlen, Parteiunabhängigkeit)

Müller, Christoph, Das imperative und freie Mandat, Überlegungen zu der Lehre von der Repräsentation des Volkes, Leiden 1966 (zit. C. Müller, Das imperative und freie Mandat)

Müller, Ute, Die inner Ordnung der Parteien muss demokratischen Grundsätzen entsprechen (Art. 21 Abs. 1 S. 3 GG) – Eine Untersuchung zum Problem der innerparteilichen Willensbildung, Diss. Mainz 1966 (zit. Müller, Die innere Ordnung der Parteien)

Müller-Wigley, Ute, Primary Wahlen auch in der Bundesrepublik, Politische Studien, 22. Jahrgang, 1971, Heft 198, S. 337 ff.

Von Münch, Ingo/Kunig, Philip, Kommentar zum Grundgesetz, Band II, 5. Auflage, München 2001 (zit. v. Münch/Kunig-Bearbeiter)

Müntefering, Franz, Demokratie braucht Partei, Die Chance der SPD, ZParl 31 (2000), S. 337 ff.

Naschold, Frieder, Organisation und Demokratie, Untersuchung zum Demokratisierungspotential in komplexen Organisationen, Stuttgart 1969 (zit. Naschold, Organisation und Demokratie)

Nass, Klaus Otto, Die verfassungsrechtlichen Wahlrechtsgrundsätze bei der Aufstellung von Parteikandidaten für Bundestagswahlen, in: *Schneider, Hans/Götz, Volkmar,* Im Dienst an Recht und Staat, Festschrift für Werner Weber, Berlin 1974

Niclauß, Karlheinz, Das Parteiensystem der Bundesrepublik Deutschland, 2. Aufl. Paderborn, München, Wien, Zürich 2002

Nickig, Eckhard, Von der Mitglieder- zur Fraktionspartei: Abschied von einer Fiktion, ZParl 30 (1999), S. 382 ff.

Niedermayer, Oskar, Modernisierung von Wahlkämpfen als Funktionsentleerung der Parteibasis in *Niedermayer, Oskar/Westle, Bettina* (Hrsg.), Demokratie und Partizipation, Festschrift für Max Kaase, Westdeutscher Verlag, Wiesbaden 2000, S. 192 ff.

Ders., Innerparteiliche Partizipation – Zur Analyse der Beteiligung von Parteimitgliedern am parteiinternen Willensbildungsprozess, Aus Politik und Zeitgeschichte, B 11/1989, S. 15 ff.

Ders., Innerparteiliche Demokratie, in: *Niedermayer, Oskar/Stöss, Richard* (Hrsg.), Stand und Perspektiven der Parteienforschung in Deutschland, Westdeutscher Verlag, 1993, S. 230 ff.

Ders., Parteimitgliedschaften im Jahr 2001, ZParl 33 (2002), S. 361 ff.

Ders., Nach der Vereinigung: Der Trend zum fluiden Fünfparteiensystem in *Gabriel, Oscar W./Niedermayer, Oskar/Stöss, Richard* (Hrsg.), Parteiendemokratie in Deutschland, 2. Auflage, Wiesbaden 2002, S. 107 ff.

Ortmann, Andreas, Verfassungsrechtliche Probleme von Parteizugang und Parteiausschluss, Sinzheim 2001 (zit. Ortmann, Probleme von Parteizugang und Parteiausschluss)

Ossenbühl, Fritz, Die Parteien im System des Grundgesetzes, BayVBl. 2000, S. 161 ff.

Palandt, Bürgerliches Gesetzbuch, 64. Aufl., München 2005 (zit. Palandt-Bearbeiter)

Penniman, Howard, Sait's American Parties and Elections, 5. Aufl., New York, 1952 (zit. Penniman, American Parties)

Peters, Hans, Zur Kandidatenaufstellung für freie demokratische Wahlen in *Maunz, Theodor*, (Hrsg.) Vom Bonner Grundgesetz zur gesamtdeutschen Verfassung, FS für Hans Nawiasky, München 1956, S. 341 ff.

Poguntke, Thomas, Parteienorganisation in der Bundesrepublik Deutschland: Einheit in der Vielfalt? in *Gabriel, Oscar W./Niedermayer, Oskar/Stöss, Richard* (Hrsg.), Parteiendemokratie in Deutschland, 2. Auflage, Wiesbaden 2002, S. 253 ff.

POLIS, SPD-Mitgliederbefragung, Zusammenfassung der Ergebnisse und Datendokumentation, München 2000

Rabus, Günter, Die innere Ordnung der politischen Parteien im gegenwärtigen deutschen Staatsrecht, AÖR 78 (1952/53), S. 163 ff.

Radbruch, *Gustav*, Partei und Staat, in: *Gustav Radbruch*, Gesamtausgabe, Band 12, Politische Schriften aus der Weimarer Zeit – Demokratie, Sozialdemokratie, Justiz, Hrsg. *Arthur Kaufmann*, Heidelberg 1992, S. 42 ff.

Radunski, Peter, Fit für die Zukunft? Die Parteien vor dem Superwahljahr 1994, Sonde Heft 4/1991, S. 3 ff.

Ranney, Austin/Kendall, Willmore, Democracy and the American Party System, New York, 1956 (zit. Ranney/Kendall, Democracy)

Rascke, Joachim, Die Grünen: Was sie sind und was sie wurden, Köln 1993

Rausch, Heinz, Parlament und Regierung in der Bundesrepublik Deutschland, 3. Aufl., München 1971 (zit. Rausch, Parlament und Regierung)

Rechtliche Ordnung des Parteiwesens, Probleme eines Parteiengesetzes, Bericht der vom Bundesminister des Inneren eingesetzten Parteienrechtskommission, 2. Aufl., Frankfurt a.M., Berlin, 1958 (zitiert Bericht Parteienrechtskommission)

Reel, Gisbert, Der Parteienartikel des Grundgesetzes der Bundesrepublik Deutschland, ein Beitrag zur Diskussion über Stellung, Funktion und innere Ordnung der Parteien, Diss. Basel 1971 (zit. Reel, Der Parteienartikel)

Reichert, Bernhard, Handbuch des Vereins- und Verbandsrechts, 9. Aufl., Neuwied, München 2003 (zit. Reichert, Handbuch)

Reichart-Dreyer, Ingrid, Parteireform in *Gabriel, Oscar W./Niedermayer, Oskar/Stöss, Richard* (Hrsg.), Parteiendemokratie in Deutschland, 2. Auflage, Wiesbaden 2002, S. 570 ff.

Robbers, Gerhard, Der Gleichheitssatz, DÖV 1988, S. 749 ff.

Roth, Götz, Fraktionen und Regierungsbildung - Eine monographische Darstellung der Regierungsbildung in Niedersachsen im Jahre 1951, Meisenheim am Glan 1954 (zit. Roth, Fraktionen)

Rüttgers, Jürgen, Dinosaurier der Demokratie – Wege aus Parteienkrise und Politikverdrossenheit, Hamburg 1993 (zit. Rüttgers, Dinosaurier der Demokratie)

Sachs, Michael (Hrsg.), Kommentar zum Grundgesetz, 2. Aufl., München 1999 (zit. Sachs-Bearbeiter)

Sauter, Eugen/Schweyer, Gerhard/Waldner, Wolfram, Der eingetragene Verein, 17. Aufl., München 2001

Schäfer, Friedrich, Die Funktion von Bundesparteitagen im föderativen modernen Parteienstaat in: *Lehmbruch, Gerhard/v. Beyme, Klaus/Fetscher, Iring* (Hrsg.) Demokratisches System und politische Praxis der Bundesrepublik, Festschrift für Theodor Eschenburg, München 1971

Schauer, Philipp, Staatsorganisationsrecht und politische Willensbildung, Frankfurt a. M. 1990

Schelling, Siegmar, Wollen Sie FDP-Chef werden, Herr Möllemann?, Interview mit Jürgen Möllemann, Welt am Sonntag vom 17.09.2000

Scheuner, Ulrich, Der Staat und die intermediären Kräfte, Zeitschrift für evangelische Ethik 1 (1957), S. 34 ff.

Scheuner, Ulrich, Politische Repräsentation und Interessenvertretung, DÖV 1965, S. 577 ff.

Ders., Die Parteien und die Auswahl der politischen Leitung im Staat, DÖV 1958, S. 641 ff.

Ders., Der Entwurf des Parteiengesetzes, DÖV 1967, S. 343 ff.

Schieren, Stefan, Parteiinterne Mitgliederbefragungen: Ausstieg aus der Professionalität? – Die Beispiele der SPD auf Bundesebene und in Bremen sowie der Bundes-FDP, ZParl 27 (1996), S. 214 ff.

Schmid, Gerhard, Politische Parteien, Verfassung und Gesetz, Zu den Möglichkeiten und Problemen einer Parteiengesetzgebung in der Schweiz, Basel und Frankfurt, 1981 (zit. Schmid, Politische Parteien)

Schmidt, Walter, Politische Parteien und andere Vereinigungen, NJW 1984, S. 762 ff.

Schmidt-Bleibtreu, Bruno/Klein, Franz, Kommentar zum Grundgesetz, 10. Aufl. Neuwied 1999 (zit. Schmidt-Bleibtreu/Klein-Bearbeiter)

Schmitt Glaeser, Walter, Die grundrechtliche Freiheit des Bürgers zur Mitwirkung an der Willensbildung in *Isensee, Josef/Kirchhof, Paul (Hrsg.)*, Handbuch des Staatsrechts, Bd. II, Heidelberg 2. Aufl. 1998, § 31 (zit. Schmitt Glaeser, HStR, Bd. II)

Schoch, Friedrich, Der Gleichheitssatz, DVBl. 1988, S. 863 ff.

Schröder, Heinrich Josef, Die Kandidatenaufstellung und das Verhältnis des Kandidaten zu seiner Partei in Deutschland und in Frankreich, Berlin 1971 (zit. Schröder, Kandidatenaufstellung)

Schulz, Winfried, Politische Kommunikation. Theoretische Ansätze und Ergebnisse der empirischen Forschung zur Rolle der Massenmedien in der Politik, Opladen 1997 (zit. Schulz, Politische Kommunikation)

Ders., Neue Medien – Chancen und Risiken, Aus Politik und Zeitgeschichte, B 42/97, S. 3 ff.

Schumpeter, Joseph, Kapitalismus, Sozialismus und Demokratie, 2. Aufl., München 1970 (zit Schumpeter, Kapitalismus)

Schwerdtner, Eberhard, Chancengleichheit und Minderheitenschutz in der Kommunalpolitik – Gemeinderat und Verwaltung im kommunalen Spannungsfeld, Anmerkungen zur Rechtsprechung, DÖV 1990, S. 14 ff.

Seifert, Jürgen, Innerparteiliche Opposition, in: Frankfurter Hefte, 15. Jg., 1960, S. 765 ff.

Seifert, Karl-Heinz, Die politischen Parteien im Recht der Bundesrepublik Deutschland, Köln, Berlin, Bonn, München 1975 (zit. Seifert, Die politischen Parteien)

Ders., Zur Rechtsstellung der politischen Parteien, DÖV 1956, S. 1 ff.

Siefken, Sven T., Vorwahlen in Deutschland? Folgen der Kandidatenauswahl nach U.S.-Vorbild, ZParl 33 (2002), S. 531 ff.

Sodan, Helge, Innerparteilicher Minderheitenschutz durch „Stimmenhäufung", DÖV 1988, S. 828 ff.

Sontheimer, Kurt, Der demokratische Prozess in den Parteien, in: Parteien, Wahlrecht, Demokratie: Vorträge und Diskussionen einer Arbeitstagung der Friedrich Naumann Stiftung, Schriftenreihe der Friedrich Naumann Stiftung zur Politik und Zeitgeschichte, Bd. 12, Köln 1967, S. 78 ff.

Sontheimer, Kurt/Bleek, Wilhelm, Grundzüge des politischen Systems der Bundesrepublik Deutschland, 14. Aufl., München 2002 (zit. Sontheimer/Bleek, Grundzüge)

Staudinger, Kommentar zum BGB, §§ 21-103, 13. Bearbeitung, Berlin 1995

Stein, Ekkehart/Frank, Götz, Staatsrecht, 18. Aufl., Tübingen 2002

Stein, Katrin, Die Parteifähigkeit der Untergliederungen politischer Parteien im verfassungsrechtlichen Bundesorganstreitverfahren, DÖV 2002, S. 713 ff.

Stern, Klaus, Das Staatsrecht der Bundesrepublik Deutschland, Bd. I, Grundbegriffe und Grundlagen des Staatsrechts, Strukturprinzipien der Verfassung, München 1977

Sternberger, Dolf, Über Vorschlag und Wahl in Kandidaturen zum Bundestag, in: *Kaufmann, Karlheinz/Kohl, Hellmuth/Molt, Peter (Hrsg.),* Die Auswahl der Bundestagskandidaten 1957 in zwei Bundesländern, Köln, Berlin 1961, S. 1 ff.

Stöber, Kurt, Handbuch zum Vereinsrecht, 7. Aufl., Köln 1997

Stöss, Richard, Parteienstaat oder Parteiendemokratie in *Gabriel, Oscar W./Niedermayer, Oskar/Stöss, Richard* (Hrsg.), Parteiendemokratie in Deutschland, 2. Auflage, Wiesbaden 2002, S. 13 ff.

Stoklossa, Uwe, Der Zugang zu den politischen Parteien im Spannungsfeld zwischen Vereinsautonomie und Parteienstaat, Baden-Baden 1989 (zit. Stoklossa, Zugang zu den pol. Parteien)

Stolleis, Michael, Parteienstaatlichkeit-Krisensymptome des demokratischen Verfassungsstaats?, VVDStRL 44 (1986), S. 7 ff. (zit. Stolleis, Parteienstaatlichkeit)

Stradtmann, Phillip, Schröders virtuelle Stoßtruppe, www.politik-digital.de/ archiv/edemocracy/vov.shtml

Strunk, Gert Peter, Parteiausschlussverfahren wegen innerparteilicher Opposition, Diss. Köln, 1974 (zit. Strunk, Parteiausschlussverfahren)

Ders., Meinungsfreiheit und Parteidisziplin, JZ 1978, S. 87 ff.

Stuby, Gerhard, Die Macht des Abgeordneten und die internationale Demokratie, Der Staat, 8. Jahrgang (1969), S. 303 ff.

Taudt, Andreas, Die Stellung der Bürgerinitiativen im Verfassungssystem des Grundgesetzes der Bundesrepublik Deutschland, Frankfurt aM 1986 (zit. Taudt, Stellung der Bürgerinitiativen)

Trautmann, Helmut, Innerparteiliche Demokratie im Parteienstaat, Berlin 1975

Tsatsos, Dimitris, Die politischen Parteien in der Grundgesetzordnung in *Gabriel, Oscar W./Niedermayer, Oskar/Stöss, Richard* (Hrsg.), Parteiendemokratie in Deutschland, 2. Auflage, Wiesbaden 2002, S. 131 ff.

Ders., Ein Recht auf innerparteiliche Opposition? Ein Beitrag zur Auslegung der Art. 20 Abs. 2 und 21 GG in *Bernhardt, Rudolf/Wilhelm Karl Geck/Günther Jaenicke/Helmut Steinberger* (Hrsg.), Völkerrecht als Rechtsordnung, Internationale Gerichtsbarkeit, Menschenrechte, Festschrift für Hermann Mosler, Berlin 1983

Tsatsos, Dimitris/Morlok, Martin, Parteienrecht, Heidelberg 1982

Varain, Heinz Josef, Die Bedeutung des Mehrheitsprinzips im Rahmen unserer politischen Ordnung, ZfP 1964, S. 239 ff.

Volkmann, Uwe, Parteispenden als Verfassungsproblem, JZ 2000, S. 539 ff.

Veen, Hans-Joachim, Volksparteien: Die fortschrittlichste Organisationsform politischer Willensbildung, ZParl 1999, S. 377 ff.

Wassermann, Rudolf, Von Bonn nach Berlin – Chance für die Demokratie, Zur Überwindung der Krise des Parteienstaates, in: Recht und Politik 1994, S. 63 ff.

Wefelmeier, Christian, Repräsentation und Abgeordnetenmandat: zur aktuellen Bedeutung des Art. 38 Abs. 1 S. 2, Stuttgart, Berlin1991 (zit. Wefelmeier, Repräsentation)

Wiesendahl, Elmar, Die Zukunft der Parteien in *Gabriel, Oscar W./Niedermayer, Oskar/Stöss, Richard* (Hrsg.), Parteiendemokratie in Deutschland, 2. Auflage, Wiesbaden 2002, S. 592 ff.

Ders., Parteien und Demokratie, Eine soziologische Analyse paradigmatischer Ansätze der Parteienforschung, Opladen 1980 (zit. Wiesendahl, Parteien und Demokratie)

Wildenmann, Rudolf, Volksparteien, Ratlose Riesen?, Baden-Baden 1989 (zit. Wildenmann, Volksparteien)

Wolfrum, Rüdiger, Die innerparteiliche demokratische Ordnung nach dem Parteiengesetz, Berlin, 1974 (zit. Wolfrum, Die innerparteiliche demokratische Ordnung)

Zeschmann, Philip, Mitgliederbefragungen, Mitgliederbegehren und Mitgliederentscheide: Mittel gegen Politiker- und Parteienverdrossenheit?, ZParl 28 (1997), S. 698 ff.

Zeuner, Bodo, Innerparteiliche Demokratie, Berlin, 1970

Ders. Wahlen ohne Auswahl – Die Kandidatenaufstellung zum Bundestag, in: *Steffanie, Winfried* (Hrsg.), Kritik, Bd. III, Parlamentarismus ohne Transparenz, Opladen 1971, S. 165 ff.

Ders. Kandidatenaufstellung zur Bundestagswahl 1965, in: Studien zur Regierungslehre und Internationalen Politik II, Den Haag 1965, S. 1ff. (zit. Zeuner, Kandidatenaufstellung)

Zitierte Satzungen, Statute, Geschäftsordnungen, Beschlüsse der Parteien:

SPD:

- Organisationsstatut der SPD vom 01.01.2004
- Richtlinien der Arbeitsgemeinschaft für Arbeitnehmerfragen
- Richtlinien des Virtuellen Ortsverbandes
- Regelungen zur Umsetzung des Modellversuchs „Öffnung für Nichtmitglieder in der Arbeitsgemeinschaft der Jungsozialisten und Jungsozialistinnen"
- Richtlinien der Arbeitsgemeinschaft der Jungsozialisten und Jungsozialistinnen in der SPD
- Beschlusses des Parteivorstands der SPD vom 22.05.2000
- Geschäftsbericht der SPD-Parteizentrale zum Bundesparteitag vom 19. bis 22. November 2001

CDU:

- Statut der CDU vom 01.03.2003
- Geschäftsordnung der CDU
- Kommission Bürgerpartei, Beschluss des Bundesvorstandes der CDU vom 16.12.2002
- Bürgerpartei CDU, Beschluss des Bundesvorstandes der CDU vom 21.06.2003
- Satzung der Mittelstands- und Wirtschaftsunion
- Satzung der Frauenunion
- Ordnung für die Bundesfachausschüsse der CDU (BFAO)

CSU:

- Statut der CSU

FDP

- Bundessatzung der FDP vom 12.05.2002
- Beschluss des 47. Ordentlichen Bundesparteitags der FDP
- Beschluss des 51. Ordentlichen Bundesparteitags der FDP
- Beschluss des Präsidiums der FDP vom 08.12.2003
- Beschluss des Bundesvorstands der FDP vom 02.12.2002
- Satzung des Virtuellen Landesverbandes

Die Grünen

- Bundessatzung Bündnis 90/Die Grünen
- Satzung des Landesverbands Berlin

- Satzung des Landesverbands Thüringen

PDS:

- Statut der PDS
- Geschäftsordnung für die Beratungen des Parteivorstands in der Wahlperiode 2003/2004

A. Einleitung

Die politischen Parteien der Bundesrepublik werden gegenwärtig von der Bevölkerung, die sie in den jeweiligen Parlamenten vertreten sollen, nicht hinreichend akzeptiert. Dies führt zu einem kontinuierlichen Rückgang der Mitgliedszahlen, der die Existenz der Parteien in ihrer derzeitigen Organisationsform als Mitgliederparteien bedroht.[1] Um dieses Problem zu lösen, haben die Parteien in den letzten Jahren umfangreiche Reformen ihrer Organisationsstrukturen vorgenommen bzw. angedacht. Innerhalb dieser Reformvorhaben lassen sich zwei grobe Tendenzen unterscheiden. Zum einen sollen die Mitglieder durch die Erweiterung und Vereinfachung der Partizipationsmöglichkeiten zum Verbleib in der Partei motiviert werden.[2] So versuchen die Parteien, Defizite der Mitgliederpartizipation in den Ortsvereinen durch die Einführung oder Ausweitung von Urwahlen, Mitgliederbefragungen und Mitgliederentscheiden zu beheben.[3] Zum anderen wollen die Parteien die Mitgliederwerbung intensivieren. Um mehr Bürger als bisher zu einem Parteieintritt zu bewegen, haben die Parteien insbesondere mit der Öffnung ihrer Organisationen für eine Mitarbeit Parteifremder begonnen. Nichtmitgliedern soll hierdurch die Chance gegeben werden, die Parteiarbeit intensiv kennen zu lernen, ohne sich den Zwängen einer Mitgliedschaft zu unterwerfen. Das dabei vorgesehene oder bereits eingeführte Spektrum an Partizipationsmöglichkeiten reicht von reinen Teilnahmerechten an den Parteiveranstaltungen ohne Entscheidungskompetenzen[4] über Rede-[5] und Beratungsrechte[6] bis hin zu Stimmrechten[7]. Noch weit reichender sind Überlegungen, die Kandidatenaufstellung für Staatsämter nicht mehr den Mitgliedern zu überlassen, sondern auf die Wähler zu übertragen.[8] All diesen Maßnahmen ist zu Eigen, dass durch sie die Parteimitglieder ihre bisherige Monopolstellung im Prozess der innerparteilichen Willensbildung verlieren.

---

[1] So hat die SPD im Zeitraum zwischen 1991 und 2001 über 202.000 Mitglieder verloren, was einen Rückgang von etwa 22 % bedeutet, Niedermayer, ZParl. 33 (2002), S. 361, 362.

[2] Z.B. Bürgerpartei CDU, Beschluss des Bundesvorstands der CDU vom 21. Juni 2003, S. 12.

[3] Reichart-Dreyer, in: Parteiendemokratie, in Deutschland, S. 570, 575 Siehe z. B. auch § 9 des Organisationsstatuts der SPD, der Ortsvereinen, Unterbezirken, Bezirken und Landesverbänden die Möglichkeit einräumt, in ihren Satzungen Bestimmungen über Mitgliederentscheide und Urwahlen aufzunehmen.

[4] Z.B. Mitarbeit in den Foren der SPD oder die freie Mitarbeit nach § 7 der Bundessatzung der Grünen in der Form, die sie in § 5 der Landessatzung von Berlin erhalten hat.

[5] Z.B. nach § 16 der Geschäftsordnung der CDU für Nichtmitglieder bei Bundesparteitagen.

[6] Vor allem in den Kommissionen, die von den Parteien zur Beratung der Vorstände eingesetzt worden sind, Poguntke, in: Parteiendemokratie in Deutschland, S. 253, 260.

[7] Z.B. für sog. Sympathisanten nach Art. 5 des Statuts der PDS.

[8] So z.B. Müntefering, ZParl 31 (2000), S. 337, 342.

Die vorliegende Arbeit will deshalb die Verfassungsmäßigkeit der von den Parteien bereits geschaffenen oder aber geplanten Mitwirkungsmöglichkeiten für Parteifremde überprüfen. Bedenken ergeben sich vor allem im Hinblick auf Art. 21 Abs. 1 S. 3 GG, der verlangt, dass die innere Ordnung der Parteien demokratischen Grundsätzen entspricht. Um zu beurteilen, ob Mitwirkungsmöglichkeiten für Nichtmitglieder mit dem Grundsatz der innerparteilichen Demokratie zu vereinbaren sind, bedarf es zunächst einer Konkretisierung der dort geforderten demokratischen Grundsätze. Hierzu soll zunächst auf die Gründe eingegangen werden, die zur Öffnung der Parteistrukturen für Parteifremder geführt haben sowie auf deren Alternativen, die ebenfalls von den Parteien zur Lösung der bestehenden Probleme angedacht worden sind. Da auch der Norminhalt von Regelungen des Grundgesetzes von den realen Gegebenheiten beeinflusst wird, [9] erlauben es die Motive der Reformen, etwa bestehende Grenzen der Öffnung genauer zu bestimmen. Hierbei erlangen vor allem die sonstigen Vorschläge Bedeutung, die von den Parteien zur Lösung der gegenwärtigen Probleme in Erwägung gezogen werden. Die mit einer Öffnung der Parteien einhergehende Verschlechterung der Rechtsstellung der Parteimitglieder wäre nicht zu rechtfertigen, wenn sich den Parteien anderweitige Möglichkeiten bieten würden, mit denen gerade das Problem des Mitgliederrückgangs ebenso effektiv gelöst werden kann.

Bei der daran anschließenden rechtlichen Bewertung der Öffnung der Parteiorganisationen sollen zuerst die Funktionen der Parteien in der Demokratiekonzeption des Grundgesetzes dargestellt werden. Die Funktionen, die den Parteien durch das Grundgesetz zugewiesen werden, bilden die Grundlage dafür, dass die Parteiorganisationen demokratischen Grundsätzen entsprechen müssen.[10] Um diese demokratischen Grundsätze näher konkretisieren zu können, ist auch von Bedeutung, welchen Einfluss die Mitarbeit von Parteifremden auf die Funktionserfüllung hat. Erst danach kann untersucht werden, welche Elemente die Organisation einer Partei aufweisen muss, um den Voraussetzungen des Art. 21 Abs. 1 S. 3 GG zu entsprechen. Anhand der so konkretisierten Grundsätze innerparteilicher Demokratie lässt sich dann feststellen, ob allein den Parteimitglieder ein Einwirkungsrecht auf die innerparteiliche Willensbildung zukommt oder ob und ggf. inwieweit eine Übertragung von Partizipationsrechten auf Parteifremde verfassungsrechtlich zulässig ist. Hierzu soll zunächst auf die generelle Vereinbarkeit der Öffnung der Parteiorganisationen mit den von Art. 21 Abs. 1 S. 3 GG geforderten demokratischen Grundsätzen eingegangen werden, unab-

---

[9] Hesse, Die normative Kraft der Verfassung, S. 8; ders., VVDStRL 17 (1959), 11, 12 ff.; Leibholz, Strukturprobleme, S. 279 f.; von Krockow, Die Entscheidung, S. 65 f.

[10] Dreier-Morlok, Art. 21 Rn. 115; Kunig, HStR Bd. II, § 33 Rn. 27; v. Mangoldt/Klein/Starck-Streinz, Art. 21 Abs, 1 Rn. 149; König, Verfassungsbindung, S. 31; Maly-Motta, Parteibürgerrecht, S. 16; Kraft, MMR 2002, S. 733, 734; Morlok, MIP 1998, S. 33, 35.

hängig von der Form, in der die Mitarbeit ermöglicht wird. Daran anschließend wird die konkrete Zulässigkeit der einzelnen Partizipationsformen geprüft sowie auf Möglichkeiten eingegangen, wie sich die Rechtsstellung der Parteimitglieder trotz der Übertragung von Mitwirkungsrechten effektiv sichern lässt. Die abstrakte rechtliche Bewertung der Öffnung für Nichtmitglieder wird mit einer kurzen Analyse abgeschlossen, in der herausgefunden werden soll, ob diese Entwicklung mit den Grundsätzen von Parteienfreiheit und –gleichheit zu vereinbaren ist.

Schließlich werden ausgewählte Maßnahmen einzelner Parteien, mit denen sie Nichtmitgliedern Partizipationsrechte an der innerparteilichen Willensbildung zugebilligt haben, auf ihre Vereinbarkeit mit den zuvor gefundenen Kriterien überprüft. Dies ermöglicht es, diese Kriterien näher zu veranschaulichen und ihre Anwendung in der Realität darzustellen. Anhand dieser Beispiele sollen die konkreten Grenzen einer Öffnung für Nichtmitglieder dargestellt werden. Erst dies lässt es zu, die Verfassungsmäßigkeit der Öffnung der Parteien in all ihren Facetten, die in den jeweils gewählten, konkreten Ausgestaltungen widergespiegelt werden, endgültig zu bewerten. Die Betrachtungen in diesem Teil beschränken sich auf Maßnahmen der derzeit im Bundestag vertretenen Parteien, da diese das gegenwärtige politische Leben der Bundesrepublik bestimmen.

B. Gründe für die Reformen der Parteiorganisationen und Alternativen der Öffnung für Parteifremde

I. Gründe der Reformen

Für die gegenwärtigen Reformen der Parteiorganisationen lassen sich zwei Hauptgründe nennen. Einerseits setzt gerade die Öffnung der Parteien hin zu den Bürgern konsequent eine Entwicklung fort, in deren Zuge sich die Parteien zu Volksparteien in der Form von Mitgliederparteien gewandelt haben. Zum anderen reagieren die Parteien mit den Reformen auf die Probleme, die sich für sie aus der generellen gesellschaftlichen Entwicklung ergeben.

1. Entwicklung der Parteien zu Volksparteien in der Form von Mitgliederparteien

Das gegenwärtige Parteiensystem der Bundesrepublik Deutschland wird von Volksparteien[11] geprägt, d. h. Parteien, die trotz aller gesellschaftlichen Gegensätze für alle Bevölkerungssegmente wählbar und beitrittsfähig sein sollen.[12] Das Grundgesetz legt sich nicht auf diesen Parteientypus fest, aber das seinem Leitbild entsprechende Konzept einer Innensteuerung der Willensbildung der Parteien durch die Parteimitglieder[13] ist vor allem auf die Volkspartei gerade in der Form der Mitgliederpartei zugeschnitten.[14] Ein solches Prinzip ist auf Volksparteien, die im Gegensatz dazu als reine Wählerparteien organisiert sind, nicht anwendbar. Dieser Parteitypus ist nicht auf die Mitwirkung der Mitglieder an der Politik der Partei ausgerichtet; vielmehr werden die Richtlinien der Parteipolitik in reinen Wählerparteien von den Wählern bestimmt.[15] In ihnen kommt es damit notwendigerweise zu einer reinen Außensteuerung der Parteipolitik durch Parteifremde.

Die Entwicklung der Parteien von reinen Klientel- zu Volksparteien wurde maßgeblich durch die Bedingungen der parlamentarischen Demokratie in der

---

[11] Der Begriff der Volkspartei geht ursprünglich auf konservative, christliche, nationalistische und liberale Parteien zurück, die durch die Namensgebung ihren Gegensatz zu den „linken Klassenparteien" betonen wollten, Wildenmann, Volksparteien, S. 26.

[12] Trautmann, Innerparteiliche Demokratie, S. 107; Poguntke, in: Parteiendemokratie in Deutschland, S. 253, 257; Maunz/Dürig-Klein, Art. 21 Rn. 87; Veen, ZParl 99, S. 377 ff.

[13] Bericht Parteienrechtskommission, S. 157.

[14] Berliner Kommentar-Volkmann, Art. 21 Rn. 71.

[15] Trautmann, Innerparteiliche Demokratie, S. 108.

Bundesrepublik beeinflusst.[16] Um die für den politischen Erfolg maßgeblichen Mehrheiten bei Wahlen zu gewinnen, sind die meisten Parteien dazu übergegangen, die gleichen Wählerschichten zu umwerben. Während sie noch zur Zeit der Weimarer Republik als Überzeugungs- und Bekenntnisparteien angesehen wurden, die nicht in der Lage waren, Kompromisse hinsichtlich ihrer Wählerschaft einzugehen, ohne sich selbst untreu zu werden,[17] kam es nach 1945 zu einer Lösung von den spezifischen Sozialmilieus, aus denen die Parteien einst hervorgegangen sind.[18] Die bis zu diesem Zeitpunkt relativ geschlossenen Sozialmilieus selbst lösten sich im Zuge eines Rückgangs von ideologischen und weltanschaulichen Bindungen ebenfalls auf.[19] Die Parteien reagierten auf diesen Prozess, indem sie ihre Wähler nunmehr nicht nur in den sozialen Schichten suchten, in denen sie entstanden waren, sondern schicht- und klassenübergreifend in allen Segmenten der Bevölkerung.[20] Dass die Parteien ihre Wählersuche derart ausgeweitet haben, führte dazu, dass die politischen Zielvorstellungen der Parteien mehr und mehr konvergierten.[21] Folglich wurden ihre programmatischen Differenzen weiter abgebaut.

Die Parteien veränderten sich aber nicht nur auf programmatischer Ebene. Im selben Zeitraum gab es strukturelle Veränderungen, die Voraussetzung dafür waren, dass Mitgliederparteien in der heutigen Form entstehen konnten. Nachdem eine große Zahl neuer Mitglieder den Parteien beigetreten waren, was größtenteils auf das Werben um Mitgliedschaften in allen Bevölkerungssegmenten zurückzuführen ist, entstanden aus ihnen Massenbewegungen. [22] Um diese Massenorganisationen effektiv verwalten zu können, bedurfte es Veränderungen in

---

[16] Trautmann, Innerparteiliche Demokratie, S. 107.

[17] Radbruch, Partei und Staat, S. 42, 45, in: Radbruch, Gesamtausgabe Bd. 12.

[18] Huber, Deutsche Verfassungsgeschichte, Bd. IV, S. 17.

[19] Gluchowski/Graf von Wilamowitz-Moellendorff, in: Parteiendemokratie in Deutschland, S. 181, 186 ff.; Poguntke, ebenda, S. 253, 257; Lepsius, in: Demokratie in Deutschland, S. 25, 37.

[20] Immerfall, Aus Politik und Zeitgeschichte, B 1-2/98, S. 3, 5. Harnischfeger, Parteien in der sozialstaatlichen Demokratie, S. 70; ; Schmid, Politische Parteien, S. 7; Kirchheimer, PVS 1965, S. 20, 27 ff., spricht deshalb von Allerweltsparteien („catch-all-parties") im Gegensatz zu den ehemals klassen- oder konfessionsspezifisch ausgerichteten Parteien. Haungs, ZParl 4 (1973), S. 502, 515, hält diese Analyse als zu stark am Parteiensystem der USA ausgerichtet, geht aber dennoch davon aus, dass sich die heutige Parteienstruktur erheblich von der der Weimarer Republik unterscheidet.

[21] Maunz/Dürig-Klein, Art. 21 Rn. 87; Wiesendahl, in: Parteiendemokratie in Deutschland, S. 592, 612 meint dazu, „dass die Bundestagsparteien ideologisch offensichtlich alle beim gleichen Schneider fertigen lassen."

[22] Die SPD begann bereits mit der Einführung des allgemeinen Wahlrechts damit, sich eine Massenbasis zu beschaffen, die übrigen Parteien zogen jedoch erst nach dem zweiten Weltkrieg nach, da ihre Macht bis zu diesem Zeitpunkt auf den engen Verbindungen zu Bürokratie, Heer und Kirche beruhten, Alternativkommentar-Preuß, 2. Aufl., Art. 21 Abs. 1, 3 Rn. 8.

den Organisationsstrukturen der Parteien. Aus den anfangs nur lose organisierten Bewegungen entwickelten sich in sich geschlossene, bürokratisierte Verbände.[23]

Diese programmatischen und strukturellen Entwicklungen veränderten die Stellung der Parteimitglieder entscheidend. Die Ausweitung der Mitgliederbasis ging einher mit der erheblichen Verringerung des Einflusses des einzelnen Parteimitglieds. Andererseits ermöglichten es diese Veränderungen, dass jedes einzelne Parteimitglied unabhängig von seiner sozialen Position oder konfessionellen Orientierung an der innerparteilichen Willensbildung mitwirken konnte.[24] Durch die stärkere Bürokratisierung der Parteiapparate ist dem einzelnen Parteimitglied darüber hinaus die Möglichkeit gegeben worden, seinen Einfluss nicht nur über die hierarchisch strukturierten Vertretungsorgane geltend zu machen, sondern auch selbst innerhalb dieser Parteigremien aufzusteigen. Die modernen Großparteien geben somit jedem Bürger erstmals die theoretische Möglichkeit, als Parteimitglied effektiv in die Parteipolitik einzugreifen, auch wenn der Einfluss der einzelnen Mitglieder geringer ist als in den ehemals bestehenden Honoratiorenparteien.

Diese Veränderungen wirkten sich gravierend auf das Ansehen der Parteien innerhalb der Bevölkerung aus. Dass die programmatischen Differenzen der Parteien nivelliert wurden, wirkt sich zwar im Falle eines Wahlsiegs mäßigend auf die jeweilige Politik der siegenden Partei aus und fördert sowohl Kompromissfähigkeit als auch –bereitschaft. Folge ist aber auch, dass die Parteien sich nicht mehr einzelnen Teilgruppen des Volkes verbunden fühlen. In ihrer Gründungszeit waren die Parteien noch durch klare Ziele und eindeutige, auf ein bestimmtes Sozialmilieu abgestimmte Parolen differenzierbar. Nunmehr hatten sie sich von den Vertretern bestimmter Bevölkerungssegmente zu „Dienstleistungsanbietern"[25] gewandelt, die dazu dienen, das Ziel der Teilhabe des Volkes an der politischen Willensbildung zu verwirklichen. Konsequenz dieser Entwicklung ist, dass die Parteien durch die Ausdehnung der behandelten Interessen die innere Repräsentativität für die Bedürfnisse und Anliegen der ihnen ehemals traditionell zugeordneten Wählerschaft verlieren. Die modernen Volksparteien mit ihrem allumfassenden *Angebot* wecken Erwartungen, die größtenteils nicht erfüllbar sind, und sie gewinnen eine Allgegenwärtigkeit, die zum Parteiverdruss Anlass gibt. Als Resultat wählen viele Bürger alternative Wege des politischen Engagements - vor allem in so genannte *Non Governemental Organisations*

---

[23] Berliner Kommentar-Volkmann, Art. 21 Rn. 9.
[24] Halbe, Verfassungsrechtliche Stellung und Funktion der pol. Parteien, S. 19.
[25] Selbstbeschreibung der Parteien, BVerfGE 52, 63, 68.

(NGO),[26] die in Bezug auf ihre Anhänger nur noch einen geringen oder gar keinen Organisationsgrad aufweisen - oder bilden eine generelle Politikabstinenz aus.[27] Diese Entfremdung vom potentiellen Wähler ist als Hauptursache dafür zu sehen, dass sich die Parteien nunmehr nicht mehr nur von den Sozialmilieus, denen sie entstammten, lösen, sondern auch von ihren Mitgliedern. Sie billigen Außenstehenden mehr und mehr Einfluss auf die innerparteilichen Entscheidungsprozesse zu, um die fehlende Identifikation der Bürger mit ihren Zielen zu bekämpfen. Es ist mithin eine konsequente Weiterentwicklung der Parteiorganisation von miteinander konkurrierenden Volksparteien, dass sie sich für Nichtmitglieder öffnen und diesen Partizipationsrechte an der innerparteilichen Willensbildung zugestehen.

2. Aus der generellen gesellschaftlichen Entwicklung erwachsende Probleme

Neben den spezifischen Veränderungen von Strukturen und Programmen der Parteien gibt es auch gesellschaftliche Entwicklungen, die die Parteien dazu bewegt haben, sich für die Mitarbeit Parteifremder zu öffnen. Hier lassen sich im Wesentlichen drei Hauptprobleme feststellen: die Zunahme der Konkurrenz im Prozess der politischen Willensbildung des Volkes, Probleme bei der Außendarstellung und die damit verbundene Parteiverdrossenheit sowie Mitgliederprobleme. Abgesehen von der generellen gesellschaftlichen Entwicklung sind aber gerade die negative Außendarstellung der Parteien und die Mitgliederprobleme auch auf die Wandlung der Parteien zu Volksparteien zurück zu führen.

a. Verstärkte Konkurrenz durch andere Meinungsbildner im Prozess der politischen Willensbildung; Auswirkungen des Konkurrenzdrucks

Die Parteien haben zulässigerweise[28] bei der ihnen in Art. 21 Abs. 1 S. 1 GG übertragenen Aufgabe der politischen Willensbildung des Volkes immer stärkere Konkurrenz durch andere Meinungsbildner erhalten. Die Rolle der Parteien bei der Volkswillensbildung ist nicht ein Privileg in dem Sinne, dass sie sich in Konkurrenz zu den anderen Verbänden, Organisationen oder Medien auf einen generell eingeräumten, uneinholbaren Vorsprung berufen können.[29] Sie haben

---

[26] Zu den konkurrierenden und ergänzenden Beziehungen zwischen Bürgerinitiativen und Parteien siehe Taudt, Stellung der Bürgerinitiativen, S. 132 ff.

[27] Grimm, HdbVerfR, § 14, Rn. 81; Wiesendahl, in: Parteiendemokratie in Deutschland, S. 592, 613.

[28] Von Arnim, DÖV 1990, S. 85, 96.

[29] Alternativkommentar-Gusy, 3. Aufl., Art. 21 Rn. 49; Grimm, HdbVerfR § 15 Rn. 1 ff.

ihre auf diesem Gebiet einstmals bestehende dominierende Position verloren und sind in diesem Prozess zu einem Teilnehmer unter vielen geworden. Als Konkurrenten der Parteien im Prozess der politischen Willensbildung des Volkes sind hier vor allem Verbände, Bürgerinitiativen, Kirchen, Massenmedien sowie andere Mitgestalter der öffentlichen Meinung zu nennen.[30] Besonders die Verbände haben dabei eine ungeheure politische Durchschlagskraft entwickelt, da sie - ebenso wie die Parteien im Verhältnis zur Wählerschaft - organisierte Gruppen sind, die Interessen zusammenfassen, artikulieren und durchsetzen können. Anders als die Parteien seit ihrer Wandlung zu Volksparteien sind die Verbände aber in der Lage, sich auf ein klar begrenztes Themengebiet zu konzentrieren. Infolgedessen besitzen sie für dieses Gebiet eine größere Sachkompetenz und einen qualifizierteren Expertenstab.[31] Um diesen Wissensrückstand zumindest teilweise aufzuholen, sind die Parteien dazu übergegangen, externen Sachverstand durch beratende Gremien in die innerparteilichen Entscheidungsprozesse mit einzubeziehen. Dies geschieht vor allem durch die Einsetzung von Kommissionen, deren Aufgabe die Beratung der Entscheidungsorgane der Parteien ist.[32]

Abgesehen von diesen Kompetenzproblemen lastet auf den Parteien aber generell ein doppelter Druck, der sich aus ihrer Vermittlungsfunktion zwischen Volks- und Staatswillensbildung ergibt. Sie müssen zum einen an der Basis der Konkurrenz der eben genannten Teilnehmer am Willensbildungsprozess des Volkes standhalten. Diese anderen Meinungsbildner haben aber im Gegensatz zu ihnen grundsätzlich keinen universellen Anspruch. Sie können sich allein auf eng umgrenzte Themenfelder konzentrieren und dadurch ein spezifisches Bevölkerungssegment gezielt ansprechen. Dementsprechend erhöht sich die Identifikation der Zielgruppe mit dem jeweiligen Meinungsbildner. Zum anderen haben die Parteien anders als ihre Konkurrenz die undankbare Aufgabe der Legitimitätsbeschaffung für die dem Bürger lästigen staatlichen Entscheidung. Hierfür versuchen sie, einen größtmöglichen Wahlerfolg anzustreben. Um diesen Erfolg zu erreichen, vollzieht sich nunmehr auch der Wahlkampf als wesentlicher Teil der Beeinflussung der politischen Willensbildung des Volkes auf zwei Ebenen und zwar sowohl in der traditionellen Form wirkungsarmer Versammlungen als auch in dem damit verglichen wirkungsmächtigeren Einsatz der neu entstandenen Massenmedien. Da sich gerade die Massenmedien in den Händen weniger konzentrieren, wird durch diese Veränderung der Wahlkämpfe an sich die Tendenz der Annäherung der politischen Positionen der Parteien, die bereits

---

30 Stolleis, VVDStRL 44 (1986), S. 7, 15; Schmidt, NJW 84, S. 762 ff.; von Beyme, in: Parteiendemokratie in Deutschland, S. 315, 334.

31 Lohmar, Innerparteiliche Demokratie, S. 97.

32 Poguntke, in: Parteiendemokratie in Deutschland, S. 253, 260.

in der Umwandlung zu Volksparteien angelegt ist, weiter verstärkt.[33] Der Wandel des Stils der Verbreitung von politischen Programmen führt dazu, dass man kaum mehr von Wahlkämpfen, sondern allenfalls von Wahlkampagnen oder noch treffender von Werbefeldzügen sprechen kann.[34] Gerade hinsichtlich ihres Aufbaus entsprechen moderne Wahlkämpfe Marketingkampagnen.[35] Das Neue dieser Form des Wahlkampfes liegt dabei nicht in der Tatsache, dass er generell auf einfachen, leicht verständlichen Parolen basiert, sondern vielmehr, dass er in seiner Botschaft darauf ausgerichtet ist, den gemeinsamen Nenner des Jedermann zu finden, aber dennoch den Einzelnen zugleich herauszuheben.[36]

Polarisierende Parolen werden von den um den Wähler der Mitte werbenden Wahlkämpfern kaum mehr verwendet, da jede Partei ihre Wahlkampagnen anhand demoskopischer Mittel optimiert. Folglich bieten alle politischen Parteien für die von der Wählerschaft als entscheidend eingestuften Fragen die von den Wählern verlangten Lösungen an.[37] Von ihrer Grundidee sind die politischen Parolen des Wahlkampfs, die einstmals der Verdichtung komplexer politischer Sachaussagen zu einem mehrheitsfähigen Kompromiss dienen sollten, zu einem arithmetischen Mittel im Hinblick darauf geworden, was den Wähler zu einer den Parteien günstigen Stimmabgabe führt.[38] Die Wahlkämpfe werden also nicht mehr nach der politischen Überzeugung ausgerichtet, sondern anhand der von Meinungsforschern ermittelten Motivstruktur der Wähler. Es werden Techniken angewendet, die eher dem Konsum- als dem politischen Bereich zuzuordnen sind. Die Folge von derart organisierten Wahlkämpfen ist eine unweigerliche Banalisierung der Politik. Dadurch wird die Frage, wer die Parolen vorträgt,

---

[33] Niedermayer, in: FS Max Kaase, S. 192, 194.

[34] Dies ist nur folgerichtig, wenn man die Art der Konkurrenten der Parteien betrachtet, wobei es absolut übertrieben und zumindest für den Bereich der politischen Willensbildung unrichtig ist, wie Machnig (Von der Kampa zur Netzwerkpartei – Politisches Themenmanagement und Kampagnenarbeit der SPD, http://www.spd.de/servlet/PB/menu/1010774/index.htm) davon zu sprechen, dass die Parteien in diesem Bereich nicht mehr miteinander konkurrierten, „sondern mit Seifenopern und Autoreklame, politischem Desinteresse und Spielshows".

[35] Lohmar, Innerparteiliche Demokratie, S. 103. Dies zeigte sich vor allem bei der Wahlkampagne der SPD zum Bundestagswahlkampf 1998, beschrieben u.a. bei Machnig, Von der Kampa zur Netzwerkspartei – Politisches Themenmanagement und Kampagnenarbeit der SPD, http://www.spd.de/servlet/PB/menu/1010774/index.htm, der als Bundesgeschäftsführer der SPD davon spricht, dass die Änderung des Images der Partei nicht nur durch eine programmatische Neuausrichtung, sondern auch durch den „veränderten kommunikativen Auftritt der Partei" herbeigeführt wurde. Des Weiteren war eine gewisse Kommunikationsdisziplin notwendig, die „die Konzentration auf einige wenige Kernbotschaften" voraussetzte.

[36] Lohmar, Innerparteiliche Demokratie, S. 103.

[37] Niedermayer, in: FS Max Kaase, S. 192, 195, 200 f.; Gellner, in: Medien und politischer Prozeß, S. 169, 170.

[38] Lohmar, Innerparteiliche Demokratie, S. 103.

maßgeblicher als der eigentliche politische Inhalt.[39] Auch hierin ist eine der Ursachen für das Schrumpfen der Stammwählerschaft der großen Volksparteien zu sehen. [40] Eine weitere Konsequenz ist, dass die Zahl der von den Parteien besonders hart umkämpften, gleichzeitig aber sehr flexibel entscheidenden und damit politisch schwer einschätzbaren Wechselwähler anwächst.[41] Da diese Wechselwähler keine festen Parteibindungen aufweisen, können sich die Parteien auch nicht auf deren Wahlverhalten verlassen, so dass sie in ihrer Politik gerade diese Gruppe berücksichtigen müssen. Diese Zurückhaltung führt dazu, dass fast alle für das Wahlvolk nachteiligen Entscheidungen nicht mehr getroffen werden. Diese vermeintliche Rücksichtnahme, die in Wirklichkeit allein auf der Angst vor möglichen Wahlniederlagen basiert, erzeugt in der Bevölkerung das Bild der Reformunfähigkeit der entscheidenden politischen Parteien. Letztendlich ist das Ergebnis einer derartigen Wahlkampfpolitik eine weitere Abkehr des Wahlvolkes von den Parteien.

Die verstärkte Konkurrenz im politischen Willensbildungsprozess des Volkes hat insofern auch dazu beigetragen, die weltanschauliche Geschlossenheit und Verfestigung, die viele moderne Massenparteien anfangs noch gekennzeichnet hat, aufzulösen.[42] Weiter gesteigert wird diese Tendenz durch die tatsächliche oder zumindest stets latente Übernahme von Regierungsverantwortung und das dadurch erzwungene Maß an Rücksichtnahme auf sämtliche Bevölkerungsseg-

---

[39] Niedermayer, in: FS Max Kaase, S. 192, 195, 198 ff.; Wiesendahl, in: Parteiendemokratie in Deutschland, S. 590, 601. Als wesentliche, sich gegenseitig bedingende Ursachen dieser als Dealignment bezeichneten generellen Lockerung von Parteibindungen werden die Pluralisierung und Individualisierung der einzelnen Lebensläufe jenseits der traditionellen Sozialmilieus, die Aufgabenausweitung des modernen Sozialstaats, der durch die Übernahme gesellschaftlicher Aufgaben die einstmals bestehende gemeinschaftsbildende Funktion von diesen übernommen hat, ein stark gestiegenes Bildungsniveau, dass zusammen mit der Ausweitung des Informationsangebots die individuelle Meinungsbildung erleichtert und dadurch die Integrationsfunktion der Parteien teilweise überflüssig gemacht hat, sowie das Entstehen von Problemsichten, die von den modernen Massenparteien nicht berücksichtigt werden, angesehen, Gluchowski/Graf von Wilamowitz-Moellendorff, in: Parteiendemokratie in Deutschland, S. 181, 184 f.

[40] Siehe zB Machnig, Kompetenzen moderner Parteien, Anforderungen an Organisationsreform, http://www.spd.de/servlet/PB/menu/1010767/index.htm und derselbe, Organisation ist Politik – Politik ist Organisation, Moderne Parteistrukturen als Voraussetzung für strategische Mehrheitsfähigkeit, http://www.spd.de/servlet/PB/menu/1010770/index.htm , der Bezug auf eine Repräsentativbefragung der SPD (Herbst 2000 bei einer Basis von 5.000 Befragten) nimmt, nach der die SPD über eine Kernwählerschaft (Personen, die immer SPD gewählt haben und dies auch in Zukunft sicher tun wollen) von 13 % und einen Randwähleranteil (Personen, die mit hoher Wahrscheinlichkeit SPD wählen werden) von 12 % verfügt. Die CDU verfügt über 12 bzw. 11 % in beiden Gruppen, Die Grünen kommen zusammengenommen auf 7 %.

[41] Sontheimer/Bleek, Grundzüge, S. 259 f.

[42] Schmid, Politische Parteien, S. 8.

mente.[43] Auch die Deutungs- und Definitionsmacht der Parteien ist in Bezug auf die herrschenden gesellschaftlichen Verhältnisse gemindert worden, so dass es zu einem erheblichen Bedeutungsverlust innerhalb der öffentlichen Wahrnehmung kam.[44] Durch das Auftreten anderer Meinungsbildner und der daraufhin von den Parteien ergriffenen Gegenmaßnahmen ist die den Parteien übertragene Vermittlungsfunktion, insbesondere die in ihr enthaltene Informationsfunktion, geschwächt worden.[45] Politische Energien wurden im Zuge dieses Prozesses auf andere Meinungsbildner verteilt, die zum Teil antiparteilich sind bzw. an den Parteien vorbeigehen. Dies bewirkt nicht nur, dass die Führungsrolle und die Integrationskraft der Parteien, sondern auch der repräsentative Charakter der Demokratie selbst geschwächt wird.[46]

Indem parteilich nicht organisierte Bürger stärker in die Arbeit der Parteien eingebunden werden, soll der (Wahl-)Bürger nun wieder näher an die Parteien herangeführt werden, um die ehemals durch die Sozialmilieus gekennzeichnete Stammwählerschaft zu vergrößern bzw. neu zu etablieren. Der Vorteil für die Parteien würde darin bestehen, dass das Wahlverhalten des einzelnen wieder stärker kalkulierbar und die Neigung zu einem Wechsel der Partei reduziert wird. Die Parteien selbst hätten eine größere Resistenz gegen die Konkurrenz der anderen Meinungsbildner im Prozess der politischen Willensbildung des Volkes. Durch diese Integration von Parteifremden soll auch den derzeit eher kurzfristigen Wählerkoalitionen wieder längerfristiger Bestand gegeben werden.

b. Parteiverdrossenheit

Die beschriebenen Veränderungen und die faktische Monopolstellung im Bereich der Staatswillensbildung haben sich insofern negativ auf das Ansehen der Parteien ausgewirkt, als sie im Bewusstsein der Bevölkerung immer häufiger den Anschein eines elitären, arroganten Führungszirkels erwecken, der sich durch mangelnde Sensibilität im Umgang mit den Problemen und Wünschen der Bürger auszeichnet.[47] Sie geraten daneben periodisch in das Dilemma, politische Entscheidungen gegenüber dem Wahlvolk rechtfertigen zu müssen, für die sie nicht alleine verantwortlich sind.[48] Dies folgt teilweise aus der Tatsache, dass sich aufgrund der Komplexität des politischen Systems die Entscheidungsbeiträ-

---

[43] Schmid, Politische Parteien, S. 8.
[44] Wiesendahl, in: Parteiendemokratie in Deutschland, S. 592, 613.
[45] Stolleis, VVDStRL 44 (1986), S. 7, 22.
[46] Stolleis, VVDStRL 44 (1986), S. 7, 22.
[47] Huber, JZ 94, S. 689, 692/693.
[48] Stöss, in: Parteiendemokratie in Deutschland, S. 13, 33.

ge und Verantwortlichkeiten nicht mehr klar unterscheiden und den am politischem Betrieb beteiligten Akteuren zuordnen lassen.[49]

Die Zunahme organisierter öffentlicher Proteste, die insgesamt schärfer werdende Medienkritik und vor allem die in immer mehr Entscheidungen des Bundesverfassungsgerichts zum Ausdruck kommende Skepsis gegenüber der Leistungs- und Durchsetzungsfähigkeit des parteipolitisch strukturierten Gesetzgebers zeigen jedoch auch, dass zwischen Staat und dem von ihm regierten Volk verstärkte Kommunikationsprobleme bestehen. Die Kritik an der Entscheidungsschwäche der politischen Institutionen und an den langwierigen parlamentarischen Entscheidungsprozessen beruht zwar zu einem Teil darauf, dass diesen Kritiker teilweise die Funktionsweise des demokratischen Systems nicht bekannt ist. Insofern ist ein Teil der Bevölkerung nicht in der Lage, seine Rolle als Souverän im notwendigen Umfang wahrzunehmen. Da diese Probleme aber vor allem zeigen, dass der in erster Linie den politischen Parteien in die Hand gegebene Prozess der Vermittlung von Volks- und Staatswillen ins Stocken geraten bzw. abgebrochen ist, sind sie hauptsächlich Probleme der Parteien.[50] Dabei liegt gerade in der derzeitigen Unfähigkeit der Parteien, die Interessen politisch schwacher oder nichtorganisierter Schichten innerhalb der innerparteilichen Organisation und damit letztendlich im Bereich der organisierten Staatlichkeit zu vertreten, eine Schwächung der Parteiaufgaben insgesamt.[51] Um dieser Schwächung entgegenzuwirken, müssen die Parteien gerade für diese Interessen durchlässiger werden.[52]

Obwohl dies zwar häufig angedeutet wird, ist das Verhältnis der stimmberechtigten Aktivbürger zur Politik aber nicht generell von Apathie geprägt. Vielmehr zeigt sich der sinkenden Beteiligung an den Wahlen zum Bundestag zum Trotz [53] in dem unverändert großen Engagement der Bevölkerung in Nichtregierungsorganisationen ein unvermindert großes Interesse der Gesamtbevölkerung an der Politik.[54] Lediglich das Interesse der Jugendlichen zwischen 15 und 24 Jahren ist

---

[49] Grimm, Die Zukunft der Verfassung, S. 250; Stöss, in: Parteiendemokratie in Deutschland, S. 13, 33.

[50] Huber, JZ 94, S. 689, 693.

[51] Trautmann, Innerparteiliche Demokratie, S. 52.

[52] Trautmann, Innerparteiliche Demokratie, S. 53.

[53] 1949: 78, 5 %; 1953: 85,5 %; 1957: 87,8 %; 1961: 87,7 %; 1965: 86,8 %; 1969: 86,7 %; 1972: 91,1 %; 1976: 90,7 %; 1980: 88,6 %; 1983: 89,1 %; 1987: 84,3 %; 1990: 77,8%; 1994: 79,0 %; 1998: 82,3 %; 2002: 79, 1 %.

[54] Wassermann, Recht und Politik 94, S. 63.

nach demoskopischen Untersuchungen in den letzten Jahrzehnten rückläufig gewesen.[55]

Es ist insofern falsch, von einer generellen Politikverdrossenheit zu sprechen. Die derzeitige Situation spricht eher für eine Politiker- oder Parteienverdrossenheit, wobei ersteren persönliche Unzulänglichkeiten und letzteren Unvermögen zur Lösung anstehender Probleme vorgeworfen wird.[56] Generell wird den Parteien geringeres Vertrauen entgegengebracht als parteiunabhängigen Institutionen wie z.B. Justiz oder Polizei.[57] Aus dieser Parteiverdrossenheit folgt aber nicht nur, dass sich die Bürger von den institutionalisierten Parteien abwenden.[58] Sie hat sich daneben auch als wesentliches Stimulans für das Wachstum von Bürgerinitiativen oder anderer außerparteilicher Gruppen erwiesen.[59] Diese Entwicklung ist ein Beleg dafür, dass es den Parteien trotz des massiven Einsatzes demoskopischer Mittel und moderner Kommunikationsmethoden nicht gelungen ist, den Bürgern das Bild zu vermitteln, dass sie die notwendige Sensibilität im Umgang mit deren Anregungen und Wünschen besitzen.[60]

Die Mitarbeit breiter Schichten der Bevölkerung an der aktiven Parteiarbeit hat deshalb auch die Aufgabe, die Parteien wieder stärker an den Bürger heranzuführen und das immer noch bestehende Interesse der Bevölkerung an Politik in ein Interesse an der Parteipolitik zu kanalisieren. Damit könnte die herrschende negative Wahrnehmung der Parteien und ihrer Rolle im politischen Prozess revidiert und ihre Akzeptanz und Unterstützung entscheidend gefördert werden. Da die herkömmlichen Methoden zur Verbesserung des Ansehens der Parteien, z.B. Medienkampagnen, die bestehenden Informationsdefizite beheben sollen, wenig Erfolg versprechend sind, scheint das letzte Mittel hierfür darin zu bestehen, dass für Parteifremde Mitwirkungsmöglichkeiten geschaffen werden. Die

---

[55] So bezeichnen sich nach der Shell-Jugendstudie vom August 2002 nur noch 34 % dieser Altersgruppe als politisch interessiert, nach 55 % im Jahre 1984 und 57 % 1991, http://www.shell-jugendstudie.de/he_07_politik.htm .

[56] Wassermann, Recht und Politik 94, S. 63; nach der Shell-Jugendstudie vom August 2002 trauen 37 % der Befragten keiner politischen Partei die Kompetenz zu, die anstehenden Probleme in Deutschland zu lösen und weitere 19 % geben auf diese Frage keine Antwort, http://www.shell-jugendstudie.de/he_07_politik.htm .

[57] Siehe zum Beispiel wiederum die Shell-Jugendstudie vom August 2002, http://www.shell-jugendstudie.de/he_08_demokratie.htm.

[58] So hat die Mobilisierungsfähigkeit vor allem der beiden Großparteien SPD und CDU kontinuierlich abgenommen. Niedermayer, in: Parteiendemokratie in Deutschland, S. 107, 108 misst diese Mobilisierungsfähigkeit anhand des Anteils der für diese beiden Parteien abgegebenen Stimmen an der Gesamtzahl der Wahlberechtigten. Dieser sank von 82 % im Jahr 1976 auf 62 % 1990 (Wahlgebiet Westdeutschland). Bis zum Jahr 1998 (Gesamtdeutschland) blieb die Mobilisierungsfähigkeit mit 61,7 % relativ konstant, ebenda S. 110.

[59] Stolleis, VVDStRL 44 (1986), S. 7, 19.

[60] Trautmann, Innerparteiliche Demokratie, S. 47.

Unzulänglichkeit von reinen Medienkampagnen ergibt sich daraus, dass es durch die Vielzahl der derzeit bestehenden Informationsquellen zu einer Fragmentierung der Öffentlichkeit gekommen ist, mit der Folge, das die Reichweite der einzelnen Angebote immer kleiner werden.[61] Der Trend geht also zu immer kleiner werdenden Publikumsfragmenten, die sich ihrem je speziellen Medienmenü zuwenden.[62] Gerade der politisch uninformierte und auch uninteressierte Teil des Publikums hat demnach die Möglichkeit, alternative Informationsquellen ohne politische Inhalte zu nutzen und wird dementsprechend reine Medienkampagnen der Parteien meiden, so dass ihre Wirkung erheblich reduziert wird.[63]

c. Mitgliedschwund und Probleme bei der Mitgliedermobilisierung

Für die Existenz der Parteien am bedrohlichsten sind die derzeitigen Mitgliederprobleme der Parteien. Diese lassen sich in drei Aspekte unterteilen, nämlich den erheblichen Rückgang der Mitgliedszahlen, die damit einhergehenden deutlichen Überalterung der Mitgliedschaft und schließlich das erhebliche Defizit der innerparteilichen Partizipation der verbleibenden Mitglieder.

aa. Rückgang der Mitgliedszahlen

Das für die Parteien evidenteste Problem ist, dass die Mitgliedszahlen erheblich zurückgegangen sind.[64] Dieser Rückgang beruht auf den genannten Gründen. Innerhalb der Bevölkerung herrscht ein derart negatives Parteienbild vor, dass eine Parteimitgliedschaft den meisten Bürger nicht mehr attraktiv erscheint. Die durch den wachsenden Medieneinfluss bedingte Inszenierung der Parteitätigkeit vermittelt den Bürgern darüber hinaus den Eindruck, dass die politischen Handlungsmöglichkeiten der einfachen Mitglieder insgesamt eingeschränkt sind. Durch diesen Mangel an Einflussmöglichkeiten wird eine der Hauptmotivationen für die Parteimitgliedschaft reduziert.[65] Des Weiteren erschwert die Konkurrenzsituation, in der sich die Parteien befinden, eine Mitgliederrekrutierung. Die Bürger sind in ihrem Streben nach politischem Einfluss nicht mehr allein auf die Parteien angewiesen. Sie können auf andere Beteiligungsformen wie Bürgerini-

---

[61] Vgl. Holtz-Bacha, Aus Politik und Zeitgeschichte, B 42/97, S. 13 ff.
[62] Holtz-Bacha, Aus Politik und Zeitgeschichte, B 42/97, S. 15.
[63] Wiesendahl, in: Parteiendemokratie in Deutschland, S. 590, 605; Schulz, Politische Kommunikation, S. 132 ff., 145 ff.; ders., Aus Politik und Zeitgeschichte, B 42/97, S. 3, 10 f.
[64] Siehe Fn. 69
[65] Morlok, MIP 8 (1998), S. 33, 39; Gabriel/Niedermayer, in: Parteiendemokratie in Deutschland, S. 274, 281.

tiativen ausweichen, die vielen wegen ihrer thematischen und oft auch temporären Begrenzung attraktiver erscheinen als die langfristige organisatorische Bindung an eine Partei.[66] Im Zuge dieser neuen informellen Organisationsentwicklungen ist die Bereitschaft zu formalen und dauerhaften Mitgliedschaften in den traditionellen Feldern und Organisationen bürgerschaftlichen Engagements deutlich gesunken. Dies gilt für die Parteien ebenso wie für Gewerkschaften und Vereine. Auch die Erosion der traditionellen Sozialmilieus wirkt sich negativ auf die Mitgliedschaft in Parteien aus. Nachdem sich diese Sozialmilieus aufgelöst hatten, ist der durch sie aufgebaute politische Konformitätsdruck entfallen, der ein wesentlicher Bestimmungsfaktor des Eintritts in die jeweilige politische Partei war. Parallel dazu ist die für einen Parteiaustritt zu überwindende Hemmschwelle gesunken.[67]

Die Folgen für die Mitgliedszahlen der Parteien sind gravierend. Zwar konnten die Parteien nach der Wiedervereinigung im Jahr 1990 infolge des Beitritts der DDR-Parteien kurzfristig einen Mitgliederzuwachs verzeichnen. Aber auch dieser war bald darauf wieder aufgebraucht. So verloren alle Parteien mit Ausnahme der Grünen in den 90er Jahren weite Teile ihrer Mitgliederschaft.[68] Dieser Trend setzte sich auch im Jahr 2003 fort; allein bei der CSU und den Grünen stiegen die Mitgliederzahlen.[69] Dass es den Grünen gelungen ist, ihre Mitgliedersituation zu verbessern, liegt auch daran, dass sie die Partei für Nichtmitglieder geöffnet haben. So nahmen allein innerhalb der ersten sechs Monate des Bestehens 2400 Bürger die Möglichkeit einer Mitgliedschaft auf Probe wahr.[70] Insofern stellt die Einführung von Partizipationsmöglichkeiten für Parteifremde offensichtlich ein effektives Mittel zur Bekämpfung des Mitgliederschwunds dar.

---

66 Gabriel/Niedermayer, in: Parteiendemokratie in Deutschland, S. 274, 280, 295 f; Wiesendahl, in: Parteiendemokratie in Deutschland, S. 592, 595; Kießling, Aus Politik und Zeitgeschichte, B 10/2001, S. 29, 31.

67 Gabriel/Niedermayer, in: Parteiendemokratie in Deutschland, S. 274, 280.

68 Mitgliederschwund 1991-2001: SPD – 202.358 (- 22 %); FDP - 73.810 (- 53, 5 %); PDS - 89.104 (-51, 6 %); CDU – 147.028 (- 19,6 %); CSU – 7851 (- 3, 8 %); Grüne (bis 2000) insgesamt + 8095 (+ 20, 8 %) jedoch seit 1998 ein Verlust von über 12 %, Niedermayer, ZParl. 33 (2002), S. 361, 362. Nach dem Rechenschaftsbericht des Jahres 2000, BT-Drucksachen 14/8022, hatte die SPD am 31.12.2000 734.693 (S. 36), die CDU 616.722 (S. 60), die CSU 181.021 (S. 76), die Grünen 46.631 (S. 98), die PDS 83.475 (S. 124) und die FDP 62.721 (S. 148) Mitglieder. Bis zum 31.12.2001 sanken diese Mitgliedszahlen laut Rechenschaftsbericht 2001, BT-Drucksachen 15/700, bei der SPD auf 717.513 (S. 21), bei der CDU auf 604.135 (S. 41), bei der CSU auf 177.852 (S. 55), bei den Grünen auf 44.053 (S. 73), bei der FDP auf 64.063 (S. 110) und bei der PDS auf 77.845 (S. 131).

69 DPA-Meldung vom 14.8.2003.

70 Mitteilung „Grüne mehren sich ständig" vom 08.07.2003, http://www.gruene-partei.de. Nach den ersten drei Monaten waren es etwa 1000 Probemitglieder, Gabriel, Berliner Tageszeitung, 14.03.2003, S. 6.

bb. Nachwuchssorgen und Überalterung der Mitglieder

Eine mit dem Mitgliederschwund unmittelbar zusammenhängende Folge ist, dass es zu immer größer werdenden Nachwuchssorgen kommt. So waren von den Ende 2001 verbliebenen 717.513 Mitgliedern der SPD[71] nur 11 % unter 35 Jahren alt und lediglich 1,3 % unter 21 Jahren.[72] Mit dieser Mitgliederentwicklung ist untrennbar ein Alterungsprozess der Parteien verbunden, der unweigerlich zu einer Abnahme der Beteiligung der einzelnen Mitglieder an Prozessen der innerparteilichen Entscheidungsfindung führt.[73] Als Folge kommt es zu einer Verstärkung des organisationsinternen Gefälles zwischen einflussreichen und einflussarmen Mitgliedern, und damit zu einer Entdemokratisierung des innerparteilichen Willensbildungsprozesses. In Anbetracht der Tatsache, dass z.B. in der SPD 50.000-70.000 Funktionen zu besetzen sind,[74] wird außerdem klar, dass die Parteien eine mit einer Verjüngung einhergehende Ausweitung der Mitgliederbasis dringend benötigen, um ihre Parteiorganisation aufrecht erhalten zu können. Indem Parteifremden die Möglichkeit gegeben wird, innerhalb der Parteiorganisationen mitzuarbeiten, kann gerade dieses Problem gelöst werden, da die Motivation der Nichtmitglieder allein darin besteht, innerhalb der Organisation mitzuarbeiten, also die für sie geschaffenen Mitwirkungsmöglichkeiten wahrnehmen.

cc. Fehlende Mitgliederpartizipation

Da die Parteien als politische Großorganisationen ihre Aktionsfähigkeit nicht allein aus der Zahl ihrer Mitglieder, sondern vor allem aus deren Aktivität oder Aktivierbarkeit beziehen, stellt die weitgehende Passivität der verbleibenden Mitgliedsmassen[75] ein ebenso drängendes Problem dar. Da zum Beispiel in der SPD nur 10 % der Mitglieder aktiv tätig sind,[76] bedarf es neben neuen Angeboten, um einen größeren Anteil der bereits vorhandenen Mitglieder zu aktivieren,

---

[71] Rechenschaftsbericht 2001, BT-Drucksachen 15/700, S. 23; Niedermayer, ZParl 33 (2002), S. 361, 362.

[72] Machnig, Netzwerkpartei und Netzwerkgesellschaft, http://www.spd.de/servlet/PB/menu/1010779/index.htm.

[73] Bieber, in: Parteiendemokratie in Deutschland, S. 553, 567.

[74] Machnig, Organisation ist Politik – Politik ist Organisation http://www.spd.de/servlet/PB/menu/1010770/index.htm; Bei der CDU sind etwa 60.000 Mitglieder Funktions- und Mandatträger, Reichart-Dreyer, in: Parteiendemokratie in Deutschland, Fn. 4; siehe auch das Beispiel des CDU-Landesverbands Sachsen in: Rüttgers, Dinosaurier der Demokratie, S. 241.

[75] Seifert, Die politischen Parteien, S. 195

[76] Machnig, Organisation ist Politik – Politik ist Organisation, Moderne Parteistrukturen als Voraussetzung für strategische Mehrheitsfähigkeit, http://www.spd.de/servlet/PB/menu/1010770/index.htm.

einer Ausweitung der Mitgliederbasis. Die damit einhergehende Zunahme der sich innerhalb der Partei engagierenden Mitglieder wird die Aktionsfähigkeit der Partei als Ganzes erhöhen und damit die Chancen zur Erfüllung ihrer Aufgaben verbessern.[77]

II. Alternativen zu einer Öffnung

Neben der Öffnung für die Mitarbeit von Nichtmitgliedern existieren noch eine Reihe anderer Reformvorhaben, mit denen die genannten Probleme gelöst werden sollen. Bei ihnen steht vor allem die Stärkung der Rechte der einzelnen Mitglieder im Vordergrund. Häufig genannt wird dabei die Vitalisierung der Ortsvereine, indem ihnen innerhalb der innerparteilichen Willensbildung ein erhöhtes Gewicht zufallen soll,[78] die Ausweitung von Mitgliederbefragungen und –entscheiden,[79] das Angebot innerparteilicher Qualifizierungsmöglichkeiten für Mitglieder,[80] eine gezielte Förderung des Nachwuchs[81] sowie die Verbesserung der parteiinternen Kommunikationsprozesse. Daneben wird aber teilweise auch erwogen, das Parteiprogramm noch weiter als bisher zu verbreitern.[82]

---

[77] Dem steht auch nicht entgegen, dass mehrere empirische Analysen gezeigt haben, dass der Anteil aktiver Mitglieder bzw. die Intensität individueller Mitgliederpartizipation mit zunehmender Größe der lokalen Parteigliederung abnimmt (z.B. Niedermayer, in: Stand und Perspektiven der Parteienforschung in Deutschland, S. 230, 241 ff.). Als Erklärung hierfür wird unter anderem ein gruppenpsychologischer Faktor angeführt, nämlich, dass in kleineren Gruppen günstigere Voraussetzungen und stärkere Anreize zur Partizipation bestehen, da die soziale Kontrolle der Mitglieder und die Ausübung von Gruppendruck in solchen Gruppen leichter erfolgen als in Großgruppen (Niedermayer, in: Stand und Perspektiven der Parteienforschung in Deutschland, S. 230, 247). Trotz dieser Ergebnisse käme es durch eine signifikante Steigerung der Mitgliedszahlen insgesamt zu einer Erhöhung der sich engagierenden Mitglieder, was bei gleich bleibender Zahl von zu übernehmenden Parteipositionen die Aktionsfähigkeit insgesamt verbessern würde, auch wenn die Intensität der individuellen Mitgliederpartizipation auf der Ebene der lokalen Parteigliederung abnehmen würde. Die Partizipation innerhalb der Parteien ist die einzige Motivation der Parteifremden, die für sie geschaffenen Mitwirkungsmöglichkeiten wahrzunehmen.

[78] Immerfall, Aus Politik und Zeitgeschichte, B 1-2/98, S. 3, 7; Stöss, in: Parteiendemokratie in Deutschland, S. 13, 35.

[79] Reichart-Dreyer, in: Parteiendemokratie in Deutschland, S. 570, 575.

[80] Bartsch, Politische Handlungsfähigkeit und innerparteiliche Entwicklung der PDS, Pressedienst 28/2001, http://www.pds-online.de/politik/publikationen/pressedienst/view_html?zid=9471&bs=1&n =10

[81] Z.B durch die Selbstverpflichtung der SPD, 30 Abgeordneten unter 40 Jahren den Einzug in den Bundestag zu ermöglichen, Machnig, Für eine offensive Nachwuchspolitik, http://www.spd.de/servlet/PB/menu/1010763/index.htm.

[82] Z.B. der Beschluss des Bundesvorstands der CDU vom 21.06.2003, S. 9 f.

Durch diese Reformen sollen die Mitglieder stärker zu einer aktiven Parteiarbeit motiviert werden. Hierzu könnte insbesondere beitragen, dass die Willensbildung in den Ortsvereinen aufgewertet wird, da der überwiegende Teil der Parteimitglieder allein auf dieser untersten Ebene der Parteihierarchie tätig werden kann.[83] Dazu ist aber zwingend erforderlich, dass die innerparteiliche Kommunikation verbessert wird. Anderenfalls ist es den untersten Gliederungsebenen nicht möglich, die Aufgaben, die ihnen bereits jetzt zufallen – v.a. die Kontrolle der Funktions- und Mandatsträger –, wahrzunehmen. Sollte die innerparteiliche Kommunikation im Zuge der verstärkten Einführung plebiszitärer Elemente verbessert werden, hätte dies also nicht nur zur Folge, dass die einfachen Parteimitglieder eher das Gefühl vermittelt bekommen, etwas „bewirken" zu können. Ihnen würde durch das verbesserte Informationsangebot auch die Möglichkeit gegeben, ihre derzeitigen Aufgaben effektiv zu erfüllen.

Insofern stellt die Verbesserung der Mitwirkungsmöglichkeiten sowie der innerparteilichen Kommunikationsprozesse eine potentielle Alternative zur Öffnung für Parteifremde dar. Die Aussicht, tatsächlichen und sichtbaren Einfluss innerhalb der Partei ausüben zu können, stärkt auf jeden Fall die Stellung der Parteimitglieder an der Basis und steigert damit auch die Anreize für einen Parteieintritt. Zwei Punkte ergeben allerdings Anlass zu Bedenken ob solche Veränderungen ausreichend sind, um die derzeitigen Probleme der Parteien zu lösen.

Zum einen besteht die Gefahr, dass sich der gewünschte Mobilisierungseffekt der Mitglieder nicht einstellt. Vielmehr könnte es dazu kommen, dass die Bemühungen der Mitglieder, die auf den höheren Gliederungsebenen der Partei als Funktionsträger und Delegierte aktiv sind, nachlässt. Indem die Mitgliederrechte erweitert werden, verschlechtert sich die Position dieser Mitglieder der „2. Klasse" und zwar sowohl gegenüber den einfachen Mitgliedern als auch gegenüber der Parteispitze. Gerade die Führungsgruppe der Partei wäre in der Lage, ihren bisherigen Einsatz für eine innerparteiliche Kommunikation durch eine verstärkte plebiszitäre Legitimation zu ersetzen.[84] Die Funktionsträger und Delegierten der Partei könnten also in den Entscheidungsprozessen teilweise übergangen werden. Insofern steht es zu befürchten, dass die Mobilisierung der bisher akti-

---

[83] Generell wird von der Volkspartei als Dreiklassenpartei ausgegangen, wobei das Gros der Mitglieder zu der untersten „3. Klasse" gezählt wird. Hierbei handelt es sich um die in den Ortsvereinen versammelten „Bloßmitglieder", die von den Wählern kaum zu unterscheiden sind. In der „2. Klasse" befinden sich die karriereorientierten Mandats- und Funktionsträger, die „1. Klasse" wird von der Parteispitze gebildet, die das Außenbild der Partei bestimmen. Siehe hierzu anstatt vieler Reichart-Dreyer, in: Parteiendemokratie in Deutschland, S. 570, 572 f.

[84] Reichart-Dreyer, in: Parteiendemokratie in Deutschland, S. 570, 573.

ven Mitglieder nachlässt, sich die gewünschten Effekte der Reformvorhaben in ihr Gegenteil verkehren.

Zum anderen ergibt sich ein rechtliches Problem. Einige Entscheidungen sind durch das Parteiengesetz ausdrücklich den Repräsentativorganen der Parteien zugewiesen. So bestimmt § 9 Abs. 4 des ParteiG, dass die Wahl der Vorstände und der Vorsitzenden von der Kreisebene an aufwärts Aufgabe des Parteitags ist. In diesem Bereich könnten damit lediglich Mitgliederbefragungen zur Kandidatenauswahl durchgeführt werden, während die verbindliche Wahl weiterhin Angelegenheit der Delegierten wäre.[85] So bleibt es fraglich, ob diese unverbindlichen Entscheidungsbefugnisse den gewünschten Mobilisierungseffekt erzielen, der den mit den Mitgliederbefragungen verbundenen organisatorischen und finanziellen Aufwand rechtfertigt.[86] Die verstärkte Nutzung plebiszitärer Elemente ist also nicht uneingeschränkt geeignet, die derzeit bestehenden Probleme der Parteien zu lösen.

Auch die vorgeschlagenen verbesserten Qualifikationsmöglichkeiten sind alleine nicht geeignet, die Probleme zu lösen. Die Mitglieder bringen sich nicht zwangsläufig aktiver in die Parteiarbeit ein, weil die abstrakte Möglichkeit besteht, an Qualifizierungsmaßnahmen teilnehmen zu können. Würden die Qualifikationsmöglichkeiten dagegen an bestimmte Positionen innerhalb der Parteihierarchie gekoppelt, so dass zunächst eine verstärkte Mitarbeit erforderlich ist, um sie wahrnehmen zu können, so ergäben sich keinerlei Unterschiede zu der bisher von den Parteien verfolgten Ausbildungspraxis. Meiner Ansicht nach ergeben sich aus verbesserten Qualifikationsmöglichkeiten auch keine Impulse für einen Parteieintritt, da es zumindest fraglich erscheint, ob sie in der Öffentlichkeit überhaupt wahrgenommen werden. Es bestünde viel eher die Gefahr, dass diese Möglichkeiten von Personen genutzt werden, die an einer aktiven Parteiarbeit nicht interessiert sind und nur zur Wahrnehmung dieser Qualifikationsmöglichkeiten in die Partei eintreten.

Gänzlich kontraproduktiv ist es, dass Parteiprogramm stärker zu erweitern. Ein solcher Ansatz ist ungeeignet, zu der Lösung der gegenwärtigen Probleme beizutragen, da diese ihre Ursache zu einem guten Teil in dieser Praxis haben.

---

[85] Schmidt-Bleibtreu/Klein-Sannwald, Art. 21 Rn. 79.

[86] Die bisherigen Versuche einer solchen unverbindlichen Mitgliederbefragung waren jedoch insgesamt recht erfolgreich. So hatten sich 70, 5 % der 79.270 Mitglieder der CDU Baden-Württemberg an der Mitgliederbefragung über den Spitzenkandidaten für die Landtagswahlen am 02.12.2004 beteiligt, vgl. FAZ vom 03.12.2004, S. 1. Die Kosten von 120.000 Euro (FAZ vom 04.12.2004, S. 4) zeigen aber auch, dass eine solche Mitgliederbefragung nur in Ausnahmefällen vorgenommen werden können.

Zusammenfassend kann also gesagt werden, dass zwar Alternativen zur Öffnung für Parteifremde denkbar sind. Die Effektivität dieser Maßnahmen allein steht jedoch meiner Meinung nach hinter denen einer Öffnung zurück. Am ehesten versprechen deshalb Reformen Erfolg, die – wie von den Parteien derzeit projektiert – beide Elemente kombinieren, also aus einer Öffnung hin zu den Bürgern und der zusätzlichen Verbesserung der Stellung der einzelnen Mitglieder bestehen.

III. Fazit

Die Parteien sind mit schwerwiegenden Problemen konfrontiert. Wegen der Konkurrenz durch andere Meinungsbildner mit attraktiveren Partizipationsmöglichkeiten bleibt bei ihnen der Mitgliedernachwuchs aus, der notwendig ist, um den Parteibetriebs aufrechtzuerhalten sowie Führungsnachwuchs ausbilden zu können. Auch die gewachsene Wechselbereitschaft des Wahlvolks ist für sie problematisch. Die ehemals bestehenden traditionellen Lagereffekte des Wählens wurden zwar nicht komplett ausgelöscht, aber die Parteien können sich nicht mehr auf die einstmals vorhandene Stammwählerschaft verlassen. Damit einher geht eine anhaltende Unzufriedenheit der Wähler mit der Arbeit der Parteien, ein erheblicher Mangel an Glaub- und Kreditwürdigkeit der Politiker, sowie ein Gefühl mangelnder Einflussmöglichkeiten bzw. der Perspektivlosigkeit innerhalb der Parteien für Bürger, die sich politisch nicht nur interessieren, sondern auch engagieren wollen.

Festzuhalten bleibt, dass nicht das demokratische System des Grundgesetzes als Ganzes in der Kritik steht, sondern die etablierten Parteien. Deren Defizite sind es, die Wahlabstinenz, Mitgliederschwund, komplementäre Partizipationsmodelle, neue Bewegungen und neue Parteien erzeugen und damit die Parteien zwingen, ihre bisherigen Strukturen zu reformieren. Bei diesen Reformbemühungen der Parteien sind zwei grobe Trends zu beobachten: Zum einen ein Bemühen um die Integration direkt-demokratischer Elemente, welche die Position und auch den Einfluss der Mitglieder aufwerten sollen, zum anderen die Öffnung und Flexibilisierung der Parteistrukturen. Dabei stellt die Kombination dieser beiden Reformtendenzen das effektivste Mittel dar, die bestehenden Probleme zu lösen. Allein die Partizipationsmöglichkeiten der Mitglieder auszuweiten, ist aus organisatorischen, rechtlichen und faktischen Gründen problematisch und nicht unbedingt Erfolg versprechend.

Diese Öffnung für Nichtmitglieder ist auch ein Mittel, mit dem potentielle Gefahren für die Aufgaben der Parteien abgewehrt werden können. Die den Parteien zufallende Vermittlerrolle[87] ist dadurch gefährdet, dass die Interessen politisch schwacher oder nichtorganisierter Schichten im Bereich der innerparteilichen Diskussion nur unzulänglich wahrgenommen werden.[88] Um die Schwächen bei der Interessenwahrnehmung dieser Schichten zu beheben, müssen die Parteien durchlässiger für nichtorganisierte und nichtorganisierbare Interessen des Volkes werden.[89] Dies kann aber nur in der Form geschehen, dass sie sich wieder verstärkt auf den Bürger zu bewegen. Dabei ist es ein wichtiger Schritt, dass Parteifremde in die Parteiarbeit eingebunden werden, da sich die Interessenvertretung Externer oft nur über Personen und Gruppen im Parteiapparat vollziehen kann.[90]. Hierdurch können nicht nur den Parteien bisher vielleicht schon nahe stehende, aber zu einem Eintritt noch nicht bereite Bürger mit der Arbeit und den innerparteilichen Entscheidungsprozessen vertraut gemacht werden. Dass breite Schichten der Bevölkerung mit den Problemen, die im innerparteilichen Willensbildungsprozess auftreten, konfrontiert werden, führt auch unweigerlich dazu, dass die Akzeptanz innerhalb der Bevölkerung generell zu verbessern. Die Parteifremden können mit ihren Kompetenzen ferner dazu beitragen, die innerparteilichen Willensbildungsprozesse zu optimieren. So würden auch bisher noch nicht in den Parteien vertretenen Interessenströme in die innerparteiliche Willensbildung aufgenommen.

Dieser Weg der Öffnung wird von den Parteien damit einerseits aus reinem Selbstzweck beschritten. Angesichts der breiten Masse von Wechselwählern hat sich in den Führungsebenen der einzelnen Parteien die Erkenntnis durchgesetzt, dass eine einmal unter dieser Wählerschaft errungene Mehrheit allein durch die Integration der in diesen Allianzen befindlichen Interessengruppen eine Chance auf dauerhaften Bestand hat.[91] Mittels der Öffnung für Nichtmitglieder wird neben dem Erhalt der Partei selbst auch der einmal errungene politische Erfolg gesichert. Dieser Weg der Öffnung wird andererseits aber auch als Reaktion auf die generell zu beobachtende Oligarchisierung der Parteien gewählt, die ihre Gründe unter anderem in der Passivität der Mitglieder hat. Diese Passivität stellt eine schlechthin unüberwindbare Schranke der Demokratisierung der innerparteilichen Ordnung dar.[92] Der innerparteilichen Demokratie fehlt es damit an einer ihrer wichtigsten Voraussetzungen, nämlich dem dauernden Antrieb sach-

---

[87] Dazu ausführlich unter C I.
[88] Trautmann, Innerparteiliche Demokratie, S. 53
[89] Trautmann, Innerparteiliche Demokratie, S. 52.
[90] Trautmann, Innerparteiliche Demokratie, S. 53
[91] So z.B. Machnig, Kompetenzen moderner Parteien, Anforderungen an Organisationsreform, http://www.spd.de/servlet/PB/menu/1010767/index.htm und derselbe, Organisation ist Politik – Politik ist Organisation, Moderne Parteistrukturen als Voraussetzung für strategische Mehrheitsfähigkeit, http://www.spd.de/servlet/PB/menu/1010770/index.htm.
[92] Seifert, Die politischen Parteien, S. 195.

kundiger, engagierter und aktionsbereiter Kräfte „von unten".[93] Die verstärkte Mitarbeit Parteifremder könnte nicht nur für diesen Antrieb von außen sorgen, sondern durch die zu erwartenden Gegenreaktionen des bisher untätigen Teils der Parteibasis selbst die dort herrschende Passivität überwinden. Insgesamt ist also festzuhalten, dass die Öffnung für Nichtmitglieder nicht nur für das Überleben der großen Volksparteien als Mitgliederparteien von enormer Bedeutung ist. Sie ist daneben auch politisch wünschenswert, da durch sie die Apathie weiter Teile der Parteimitglieder überwunden und so eines der Defizite innerparteilicher Demokratie zumindest teilweise ausgeglichen werden könnte.

Die mit der Öffnung für Nichtmitglieder angestrebte Steigerung der Mitgliedszahlen würde daneben nicht nur dabei helfen, den für die Parteien zu einer existenziellen Gefahr werdenden Mitgliederschwund zu überwinden. Sie würde ihnen als Nebeneffekt sowohl besseren moralischen Kredit geben, ihre personelle Kapazität und ihren Sachverstand steigern, als auch ihre finanzielle Situation verbessern.[94]

Unter den gegebenen Voraussetzungen stellt die Öffnung der politischen Parteien hin zum Bürger daher eines der effektivsten Mittel dar, die bestehenden Probleme, zu lösen. Auch unter den Gesichtspunkten der tatsächlich existierenden Probleme sowie der nur unzureichenden Alternativen zur Lösung dieser Probleme ist nun die Verfassungsmäßigkeit der von den Parteien ermöglichten Einflussmöglichkeiten für Nichtmitglieder zu beurteilen.

---

[93] Seifert, Die politischen Parteien, S. 195.
[94] Stolleis, VVDStRL 44 (1986), S. 7, 34.

C. Verfassungsrechtliche Maßstäbe der Öffnung für die Mitarbeit Parteifremder

Nachdem die Ausgangssituation der Parteien dargestellt worden ist, die zur Öffnung für die Mitarbeit Parteifremder geführt hat, soll es nun zu einer verfassungsrechtlichen Bewertung dieser Maßnahme kommen. Entscheidend wird dabei die Vereinbarkeit mit der in Art. 21 Abs. 1 S. 3 GG aufgestellten Forderung einer demokratischen Grundsätzen entsprechenden Parteiorganisation sein. Dieses Postulat kann nicht zusammenhangslos von den übrigen Normen des Grundgesetzes, die auf die Parteien bezogen sind, konkretisiert werden. Besonderes Gewicht haben dabei die Funktionen, die den Parteien vom Grundgesetz zugedacht werden. Es kann nicht unberücksichtigt bleiben, dass die Forderung nach einer demokratischen Binnenstruktur gleichzeitig mit der Anerkennung des Parteifunktionen bei der politischen Willensbildung des Volkes Eingang in das Grundgesetz gefunden haben.[95] Es liegt also nahe, die Forderung vor allem im Hinblick auf die Parteifunktionen zu konkretisieren.[96] Deshalb sollen zunächst diese Funktionen aufgezeigt werden. Dabei wird insbesondere auf die Frage eingegangen, ob die Mitwirkung Parteifremder auf die innerparteiliche Willensbildung die Erfüllung dieser Funktion beeinträchtigt. Daran anschließend ist es möglich, die Elemente zu ermitteln, die maßgeblich sind für eine Parteiorganisation, die den von Art. 21 Abs. 1 S. 3 GG geforderten demokratischen Grundsätzen entspricht. Anhand dieser Elemente kann dann untersucht werden, ob die Mitarbeit Parteifremder mit dem Grundsatz der innerparteilichen Demokratie zu vereinbaren ist.

I. Funktion der Parteien

Art. 21 Abs. 1 S. 1 GG als Basisnorm des Parteienrechts umreißt die Aufgaben der Parteien mit der Aussage, dass die Parteien an der politischen Willensbildung des Volkes mitwirken. Diese Formulierung an sich ist jedoch zu ungenau, um die Funktion der politischen Parteien in der Demokratiekonzeption des Grundgesetzes definitiv bestimmen zu können. Auch die Formulierung in § 1 Abs. 1 S. 2 ParteiG, nach der diese Mitwirkung an der politischen Willensbildung des Volkes eine „ihnen nach dem Grundgesetz obliegende und von ihm verbürgte öffentliche Aufgabe" ist, hilft so wenig weiter wie die Konkretisierung der Mitwirkung als ein mitwirken „auf allen Gebieten des öffentlichen Lebens" in § 1 Abs. 2 ParteiG. Diese Normen stellen lediglich den Versuch einer

---

[95] Wolfrum, Die innerparteiliche demokratische Ordnung, S. 26.

[96] Müller, Die innere Ordnung der Parteien, S. 95; Wolfrum, Die innerparteiliche demokratische Ordnung, S. 95; Hesse, VVDStRL 17 (1959), S. 11, 16.

Begriffsbestimmung dar, ohne einen Anspruch auf Vollständigkeit zu erheben.[97] Bei einer näheren Bestimmung der Parteifunktionen ist bereits fraglich, was unter dem Begriff der politischen Willensbildung des Volkes zu verstehen ist.[98] Bevor die Rolle der Parteien in diesem Prozess näher bestimmt werden kann, ist deshalb ein kurzer Überblick über den Vorgang der politischen Volkswillensbildung erforderlich. Erst daran anschließend ist es möglich, die den Parteien übertragenen Aufgaben genauer zu bestimmen.

1. Allgemeines

Ausgangspunkt einer Untersuchung der Funktionen der politischen Parteien bildet grundsätzlich der normative Gehalt der grundgesetzlichen Regelung. Es darf jedoch nicht vergessen werden, dass die Parteien nicht deshalb eine verfassungsrechtliche Anerkennung im Grundgesetz erhalten haben, um ihnen diese Funktionen zu übertragen, sondern weil sie bereits vorher eine wichtige Stellung in dem Prozess der Konstituierung und Erhaltung der politischen Einheit hatten.[99] Um die Parteifunktionen näher zu umschreiben darf deshalb auch das Umfeld, in dem die Parteien ihre Tätigkeitsfelder besitzen, nicht außer Acht gelassen werden.

a. Die grundsätzliche Trennung von Volks- und Staatswillensbildung

Unter politischer Willensbildung des Volkes gemäß Art. 21 Abs. 1 S. 1 GG ist zunächst einmal nicht die Ausübung von Staatsgewalt im Sinne des Art. 20 Abs. 2 S. 2 GG zu sehen. Art. 21 Abs. 1 S. 1 GG legitimiert also keine Einschaltung der Parteien überall dort, wo Staatsgewalt ausgeübt wird.[100] Vielmehr knüpft Art. 21 Abs. 1 S. 1 GG an Art. 20 Abs. 2 GG, der die Ausübung der vom Volk ausgehenden und unter Umständen auch vom Volk selbst als Staatsorgan wahrgenommenen Staatsgewalt regelt, insofern an, als er den Parteien in dem von Art. 20 Abs. 2 gesetzten Rahmen maßgebliche Funktionen zuweist.[101]

---

[97] Wolfrum, Die innerparteiliche demokratische Ordnung, S. 27; Mühlen, Parteiunabhängigkeit, S. 23.

[98] Kunig meint sogar, dass „politische Willensbildung ein Begriff ist, der fassbare Schranken nicht errichtet", HStR, Bd. II, § 33, Rn. 20; so auch v. Mangoldt/Klein/Starck-Dreier, Art. 21 Rn. 77, da das Grundgesetz keine Barrieren kennt, die den durch die Zuwendung des Geistes auf politische Gegenstände geschaffenen Räume für staatsrechtlich strukturierte Mitwirkungsbefugnisse gesetzt wären.

[99] Wolfrum, Die innerparteiliche demokratische Ordnung, S. 27; Scheuner, DÖV 1967, S. 343.

[100] Hesse, VVDStRL 17 (1959), S. 11, 25/26.

[101] Maurer, JuS 91, S. 881, 882; Grimm, DÖV 1983, S. 538, 539.

Die den Parteien übertragenen Funktionen können deshalb zunächst in die Mitwirkung an der Volkswillensbildung gemäß Art. 21 Abs. 1 S. 1 GG und die Mitwirkung an der Staatswillensbildung nach Art. 20 Abs. 2 GG unterteilt werden. Diese beiden Bereiche sind aber nicht gänzlich von einander getrennt, sondern es ergeben sich zwischen ihnen zahlreiche Interdependenzen.[102] Eine strikte Trennung der Willensbildung in eine Stufe der „Vorformung des politischen Willens“[103] innerhalb des Volkes und eine der staatlich institutionalisierten Willensbildung durch die verfassten Organe ist nicht nur unrealistisch, sondern auch mit der Konzeption der demokratischen Willensbildung nach dem Grundgesetz unvereinbar.[104] Die Folge einer solch rigorosen Trennung wäre nämlich, dass das Volk nicht einmal durch unverbindliche organisierte Artikulation seines politischen Wollens die repräsentativen Staatsorgane zu bestimmen suchen dürfte, während umgekehrt die politische Willensbildung des Volkes gänzlich staatsfrei erfolgen müsste.[105] Bestimmte von dem Grundgesetz vorgesehene Verfahren zeigen aber, dass eine solche Einteilung der politischen Willensbildung nicht aufrecht zu erhalten ist. Als Beispiel sind vor allem Wahlen zu nennen, die nach diesem zweistufigen Konzept keiner der beiden Stufen zugerechnet werden könnten, da sie sowohl im Bereich der Volks- als auch der Staatswillensbildung Auswirkungen erzeugen.[106]

Dennoch ist es nicht nur geboten, trotz aller gegenseitigen Beeinflussungen grundsätzlich zwischen Volks- und Staatswillensbildung zu unterscheiden, sondern auch notwendig. Eine freiheitliche Willensbildung des Volkes ist nur dadurch möglich, dass der Staat weitestgehend darauf verzichtet, diese Willensbil-

---

[102] Stolleis, VVDStRL 44 (1986), S. 7, 14; BVerfGE 20, 56, 98; 8, 104, 113; BVerfGE 91, 262, 268 spricht davon, dass sich „Willensbildung des Volkes und Willensbildung in den Staatsorganen in vielfältiger und tagtäglicher, von den Parteien mitgestalteter Wechselwirkung vollziehen“; Die Staatswillensbildung wird gem. Art. 20 Abs. 2 GG außer dem Volk auch noch durch besondere Organe der Gesetzgebung, der Rechtsprechung und der vollziehenden Gewalt vorgenommen.
Henke, Das Recht der politischen Parteien, S. 18, geht davon aus, dass es dem Wesen der politischen Parteien entspreche, im Bereich freier und spontaner Willensbildung des Volkes (im Gegensatz dazu sei die Staatswillensbildung an die engen Formen des Staatsrechts gebunden) zu wirken, aber auch in einem engen Verhältnis zu der staatlichen Gewalt und damit der staatlichen Willensbildung zu stehen, indem sie dem Staat die lebendigen Kräfte der Gesellschaft zuführen.

[103] Der Begriff stammt von Scheuner, Zeitschrift für evangelische Ethik, 1957, S. 34 ff. und wurde später auch von BVerfGE 8, 104, 113, 115; 20, 56, 98 übernommen. Mühlen, Parteiunabhängigkeit, S. 26 f.

[104] Becker, Mitgliederbeteiligung, S. 25.

[105] Trautmann, Innerparteiliche Demokratie, S. 42.

[106] Trautmann, Innerparteiliche Demokratie, S. 42/43.

dung zu beeinflussen, unabhängig davon, ob er Mittel des hoheitlichen Zwangs oder sonstige ihm zur Verfügung stehenden Druckmittel anwendet.[107]

Man kann also zunächst die Funktionen der Parteien in solche im Prozess der politischen Volkswillensbildung und solche im Prozess der Staatswillensbildung einteilen, auch wenn diese beiden Bereiche aufgrund der zahlreichen Überschneidungen nicht komplett voneinander getrennt werden können.

b. Grundzüge des Prozesses politischer Willensbildung

Bevor auf die Parteifunktionen näher eingegangen werden kann, soll als Vorfrage der dem demokratischen System des Grundgesetzes immanente Prozess der politischen Willensbildung dargestellt werden, in dem die Parteien ihre Tätigkeit entfalten. Generell ist zu sagen, dass dieser Prozess im demokratischen Verfassungsstaat ein ständiger kommunikativer Prozess des Austauschs von Informationen und Meinungen ist, und zwar sowohl innerhalb der Gesellschaft selber als auch zwischen dieser und den staatlichen Einrichtungen. Anders als in autoritären Staatsformen vollzieht sich die politische Willensbildung in demokratischen Rechtsstaaten also nicht allein staatsintern, sondern in einem nach der Gesellschaft hin offenen System. [108] Der Staatswillen als Oberbegriff für die Handlungen der staatlichen Organe wird somit aus der Gesellschaft heraus gebildet.[109] Gesellschaft und Staat sind zu einer funktionellen Einheit verbunden worden und sowohl der Volks- als auch der Staatswillensbildung liegt ein einheitlicher Geschehensablauf zugrunde. Als politisch ist dabei prinzipiell jegliche Willensbildung anzusehen - unabhängig davon, ob es sich um Volks- oder Staatswillensbildung handelt –, die sich auf die Tätigkeit der öffentlichen Gewalt bezieht oder die den Zustand der Gesellschaft verändern oder durch Machtgebrauch stabilisieren will.[110]

---

[107] Maunz/Dürig-Klein, Art. 21 Rn. 154; jedoch findet auch in einem demokratischen Staat in der politischen Wirklichkeit immer auch ein rückkoppelnder Einfluss des Staates auf die Willensbildung des Volkes allein durch das Setzen von politischen Tatsachen sowie durch das Handeln der Staatsorgane samt ihrer Begründung und Rechtfertigung vor der Öffentlichkeit statt. Da ein solcher Rückfluss aber praktisch nicht auszuschließen ist und die Demokratie wie jede größere Gemeinschaft der Führung bedarf, ist dieser auch nicht von der Verfassung ausgeschlossen. Entscheidend ist allein, dass der Weg vom Volk zum Staat dominant bleibt und jede Gegentendenz auf das Minimum beschränkt wird. Seifert, Die politischen Parteien, S. 73/74.

[108] Bericht Parteienrechtskommission, S. 70.

[109] Seifert, Die politischen Parteien, S. 72.

[110] Maunz/Dürig-Klein, Art. 21 Rn. 153; Bonner Kommentar-Henke, Art. 21 Rn. 70; Alternativkommentar-Preuß, 2. Aufl., Art. 21 Abs. 1, 3 Rn. 25; Abendroth, PVS 1964, S. 306, 307.

Politische Willensbildung ist nicht mit dem Begriff der öffentlichen Meinungsbildung identisch; wegen ihrer unmittelbaren Beziehung auf gesellschaftliche Herrschaftsverhältnisse ist der Begriff der politischen Willensbildung teils enger – öffentliche Meinungsbildung muss sich nicht notwendig auf Herrschaftsverhältnisse beziehen –, teils weiter.[111] Darüber hinaus unterscheidet sich politische Willensbildung von der Meinungsbildung durch das Stadium, das im Zuge der Bewusstseinsbildung bereits erreicht worden ist. Die Meinungsbildung ist als Vorstufe der Entstehung des Willens anzusehen, da eine Willensbildung erst mit dem Abschluss eines Meinungsbildungsprozesses einsetzen kann.[112]

2. Mitwirkung der Parteien an der Willensbildung des Volkes[113]

a. Der politische Willen des Volkes

Von dem Grundgesetz wurde den Parteien in Art. 21 Abs. 1 S. 1 GG ausdrücklich die Aufgabe übertragen, an der politischen Willensbildung des Volkes mitzuwirken. Diese Aussage lässt zunächst den Schluss zu, dass der politische Wille des Volkes sowohl unformiert als auch der Formung bedürftig ist.[114] Dies ist eine Folge der Tatsache, dass der politische Volkswille nicht unabhängig und losgelöst von Einzelwillen existiert, diese aber vielschichtig und unterschiedlich sind.[115] Dieser Erkenntnis wird mit der Verlagerung der Entscheidungsbefugnisse auf vom Volk gewählte und diesem verantwortliche Organe durch Art. 20 Abs. 2 S. 2 GG Rechung getragen.[116] Dem Wesen der Demokratie des Grundgesetzes entspricht mithin die Grundeinsicht, dass nicht ein natürlicher Gesamtwil-

---

[111] Alternativkommentar-Preuß, 2. Aufl., Art. 21 Abs. 1, 3 Rn. 25.

[112] Köppler, Mitwirkung, S. 58.

[113] Dem Wortsinn nach ist der Begriff der politischen Willensbildung des Volkes ein Begriff aus der Staatslehre, die in der ersten Hälfte des 20. Jahrhunderts von den Staatsvorstellungen Georg Jellineks beherrscht wurde. Dessen staatstheoretische Ansichten hatten auch auf den Grundgesetzgeber größten Einfluss. Hiernach bestimme die Art der staatlichen Willensbildung die Staatsform (Georg Jellinek, Allgemeine Staatslehre, S. 665), so dass in der Demokratie der Volkswille maßgebend sei (S. 717/718). Hier wird die Staatsgewalt aus dem vereinigten, ursprünglich souveränen Willen der aus der Natur- in den staatlichen Zustand hinübertretenden Menschen gebildet (S. 724).

[114] Kaufmann, in: Grundprobleme der Demokratie, S. 9 f.; Maunz/Dürig-Klein, Art. 21 Rn. 155; Grimm, HdbVerfR, § 14 Rn. 13; Grimm, DÖV 1983, S. 538, 539; Hesse, VVDStRL 17 (1959), S. 11, 18.

[115] So schon Kaufmann, in: Grundbegriffe der Demokratie, S. 23; Wolfrum, Die innerparteiliche demokratische Ordnung, S. 27; Schumpeter, Kapitalismus, S. 400; Kelsen, Parlamentarismus, S. 6 f.; Maunz/Dürig-Klein, Art. 21 Rn. 155; Böckenförde, HStR, Bd. II, § 30, Rn. 4; derselbe, Demokratie und Repräsentation, S. 9.

[116] Wolfrum, Die innerparteiliche demokratische Ordnung, S. 27.

le, sondern nur ein pluralistisch aufgespaltener Volkswille mit seiner wesensimmanenten Unformiertheit und Formungsbedürftigkeit besteht.[117] Politische Willensbildung des Volkes ist deshalb generell der Prozess der Formung eines einheitlichen Gesamtwillens aus diesen differierenden Individualwillen. Die individuellen und kollektiven Bedürfnisse, Interessen und Meinungen der Bürger werden im Zuge dieser Willensbildung angeglichen und zusammengefasst.[118] Ein solches Verfahren ist notwendig, da die widerstreitenden Interessen und Meinungen im Volk nur durch einen Kompromiss ausgeglichen werden können.[119] Ein Kompromiss kommt prinzipiell dadurch zustande, dass den Beteiligten die Möglichkeit für einen Meinungsaustausch und die Erörterung der verschiedenen Standpunkte gegeben wird.[120] Die Größe des Volkes einer modernen Massendemokratie und damit die Vielzahl an Individualwillen machen es aber unmöglich, diesen Kompromiss durch einen direkten Meinungsaustausch der Einzelindividuen zu erlangen.[121] Insofern ist es erforderlich, die Individualwillen zunächst zusammenzufassen und anzugleichen. Sind sämtliche Einzelindividuen an diesem Verfahren der Nivellierung der Interessengegensätze gleich und frei beteiligt, entsteht so ein gemeinschaftlicher oder zumindest ein allen zumutbarer Gesamtwille. Dieser Willen wird dann, wenn er als Staatswille umgesetzt worden ist, Recht und gibt dem gemeinsamen Handeln Maß und Ziel.[122]

Deshalb kann man vor allem das Recht zur Teilnahme am kommunikativen Vorgang, der nach einer Vereinheitlichung der divergierenden Einzelinteressen in den staatlichen Entscheidungsprozess einmündet, als politische Willensbildung des Volkes im Sinne des Art. 21 Abs. 1 S. 1 GG sehen. Durch die Grundrechte der Meinungs-, der Versammlungs- und Vereinigungsfreiheit, sowie den Grundsatz der allgemeinen, freien, gleichen und geheimen Wahl, das parlamentarische Prinzip und das Verfahren der Gesetzgebung wird diesem Prozess staatsrechtlich eine Ordnung gegeben.[123] Diese Prinzipien sollen gewährleisten, dass jeder Bürger an diesem Prozess teilnehmen kann und eine Verfestigung geschlossener Meinungsmärkte verhindert wird. Dem Einzelnen wird die Möglichkeit gegeben, sich in der Gemeinschaft zu entfalten und über den Prozess, in

---

[117] Hesse, VVDStRL 17 (1959), S. 11, 18.
[118] Alternativkommentar-Preuß, 2. Aufl., Art. 21 Abs. 1, 3 Rn. 25; Schmitt Glaeser, HStR, Bd. II, § 31, Rn. 2; Grimm, DÖV 1983, S. 538, 540.
[119] Wolfrum, Die innerparteiliche demokratische Ordnung, S. 28.
[120] Wolfrum, Die innerparteiliche demokratische Ordnung, S. 28.
[121] So bereits Michels, Soziologie, S. 25; Eschenburg, Staat und Gesellschaft, S. 133; Friedrich, Verfassungsstaat, S. 299.
[122] Bonner Kommentar-Henke, Art. 21 Rn. 70; Wolfrum, Die innerparteiliche demokratische Ordnung, S. 28.
[123] Maunz/Dürig-Klein, Art. 21 Rn. 154; Bonner Kommentar-Henke, Art. 21 Rn. 70.

dem die öffentlichen Meinung und damit letztendlich auch der Volkswille gebildet wird, auf die Staatswillensbildung gewissen Einfluss zu nehmen.[124]

b. Die Funktionen der Parteien in dem Prozess der Volkswillensbildung

Zunächst ist festzuhalten, dass mit der Benutzung des Wortes *mitwirken* in Art. 21 Abs. 1 S. 1 durch den Grundgesetzverfasser positivrechtlich festgestellt wurde, dass die Parteien kein Monopol beim Prozess der politischen Willensbildung des Volkes haben, sondern sich diese Aufgabe mit einzelnen Bürgern, vor allem aber anderen Verbänden, Gruppen und Vereinigungen teilen müssen.[125] Dies gilt unabhängig davon, dass ihnen rechtlich durch die ausdrückliche Erwähnung im Grundgesetz und faktisch durch die allein ihnen gegebenen Möglichkeit, an überregionalen Wahlen erfolgreich teilzunehmen, eine Sonderstellung zufällt.[126] Trotzdem müssen sie sich im Wettbewerb mit den anderen an der Volkswillensbildung beteiligten gesellschaftlichen Gruppen behaupten und durchsetzen.[127] Historisch war aber es so, dass die Parteien in dem Bereich der Volkswillensbildung eine Vorrangstellung eingenommen hatten. Und trotz der massiven Konkurrenz anderer Meinungsbildner gibt es nach wie vor keine politischen Entscheidungen, die nicht an sie herangetragen, von ihnen vorbereitet und schließlich auch von ihnen gefällt werden.[128] Dies steht auch nicht im Widerspruch zur Verfassung, da eine Mitwirkung vor allem verlangt, dass die Parteien die Volkswillensbildung nicht allein betreiben und bestimmen. Der Umfang ihrer Mitwirkung ist jedoch nicht festgelegt. Es ist aber ausreichend, wenn der Prozess der öffentlichen Meinungs- und damit auch der Willensbildung offen gehalten wird, um dadurch die Kontrolle der von den Parteien mitgestalteten Ausübung öffentlicher Gewalt zu sichern.[129] Die im Einzelfall zu ermittelnden Grenzen liegen jedoch dort, wo das Betätigungsfeld anderer nach der Verfassung Mitwirkungsberechtigter von den Parteien usurpiert wird.[130] Erst jenseits dieser Grenzen ist ein Verhalten der Parteien nicht mehr von dem ihnen in Art. 21 Abs. 1 S. 1 GG erteilten Mitwirkungsauftrag gedeckt.

---

[124] Schmitt Glaeser, HStR, Bd. II, § 31, Rn. 24.
[125] So schon BVerfGE 2, 10; Stern, Staatsrecht Bd. I, § 13 IV 4.
[126] Hennis, Recht und Staat 373/374, S. 9, hat in Anbetracht des tatsächlichen Einflusses der Parteien an der Volkswillensbildung die Formulierung des Art. 21 Abs. 1 S. 1 GG als „arges Understatement" bezeichnet. Ebenso Menzel, DÖV 1970, S. 433, 437.
[127] Siehe dazu oben B I 2 a.
[128] Trautmann, Innerparteiliche Demokratie, S. 46; Sontheimer/Bleek, Grundzüge, S. 217.
[129] Schmidt, NJW 84, S. 762, 764.
[130] Trautmann, Innerparteiliche Demokratie, S. 47.

Grundsätzlich sind die Parteien berechtigt, von allen existierenden, auch von anderen Willensbildnern genutzten Möglichkeiten der Bildung, Propagierung und Durchsetzung eines politischen öffentlichen Willens Gebrauch zu machen. In Anbetracht der Tatsache, dass die Parteien Organisation sind, die speziell für die Mitwirkung am Willensbildungsprozess geschaffen wurden, wäre es widersinnig, ihnen die Nutzung der allgemein zulässigen Möglichkeiten zur Meinungsbildung zu verwehren.[131]

aa. Integrationsfunktion

Grundsätzlich kommen den Parteien bei ihrer Mitwirkung verschiedene Funktionen zu. Als wichtigste dieser Funktionen kann man die *Integrationsfunktion* ansehen. Die Unformiertheit des Volkswillens bedarf der Integration, damit er eine Grundlage für staatliche Entscheidungen darstellen kann. Die Parteien nehmen im Rahmen ihrer Integrationsfunktion die Selektion der gesellschaftlichen Vielfalt auf wenige entscheidungsfähige Alternativen vor. Dies geschieht in einem Prozess, in dem die Parteien verwandte Meinungen und Interessen zusammenfassen, in sich ausgleichen und zu politischen Programmen verdichten.[132] Erst diese Hilfe der Parteien bei der Zusammenfassung der diffusen Meinungen und Ansichten innerhalb der Volkes ermöglicht es, dass eine für die Gesamtwillensbildung brauchbare Willensäußerung des Volkes gewonnen wird. Eine solche Integrationsleistung bedarf aufgrund der immer geringeren Überschaubarkeit und Durchsichtigkeit der politischen Zusammenhänge in den komplizierten Massendemokratien organisierter Gruppen. Nur durch Kompromisse können die rivalisierenden Interessen miteinander ausgeglichen und untereinander abgestimmt werden. Einzelne sind außerhalb kleinsträumigster gesellschaftlicher Gebilde nicht mehr in der Lage, diese Kompromisse herbeizuführen. Wegen ihrer Sonderstellung sind die Parteien prädestiniert, diese Integration vorzunehmen. Sie sind noch vor den anderen Meinungsbildnern in der Lage, die im Volk vorhandenen politischen Meinungen aufzunehmen, zu erforschen und zum Ausgleich zu bringen. Folgerichtig sind sie als „Instanzen zur Konfliktregulierung“ im politischen Prozess,[133] sowie als Kräfte der „politischen Einheitsbildung“[134] bezeichnet worden.

---

[131] Bonner Kommentar-Henke, Art. 21, Rn. 70.
[132] Seifert, Die politischen Parteien, S. 86.
[133] Badura, Schriftenreihe der juristischen Gesellschaft zu Berlin, Heft 101, 1986, S. 18.
[134] Bericht Parteienrechtskommission, S. 66.

bb. Sammlungsfunktion

Um der Integration der innerhalb der Bevölkerung vorhandenen Meinungsströmungen nachkommen zu können, müssen die Parteien in der Lage sein, die Vielfalt der politischen Meinungen und Interessen des Volkes aufzunehmen.[135] Insofern kommt ihnen auch die Funktion zu, diese Meinungen zu sammeln (*Sammlungsfunktion*), da das Integrationsergebnis verfälscht würde, wenn nur ein Teil des bestehenden Meinungsspektrums in den Angleichungsprozess eingehen würde.[136] Diese Sammlungsfunktion der Parteien muss so ausgeübt werden, dass das Volk davon ausgehen kann, in den Parteien Gebilde zu besitzen, die seine Meinungen und Ansichten ausreichend vertreten und zur Geltung bringen.[137]

cc. Funktionen der Parteien bei Wahlen

Wahlen stellen eines der wichtigsten Mittel zur Formung eines einheitlichen Volkswillens dar. Hier verlässt der Volkswille die ihn kennzeichnende Sphäre der Unverbindlichkeit und individuellen oder auch gruppenmäßigen Vereinzelung und geht unmittelbar in den Staatswillen über.[138] In der besonderen Wahlsituation handelt das Volk selbst und unmittelbar uno actu als Staatsvolk und politische Gesellschaft. Es bestellt hierbei das zentrale legitimationsspendende Organ, das Parlament, von dem aus sich der Legitimationsstrom dann weiter verzweigt.[139] Der bis dahin pluralistisch aufgespaltene, wenig artikulierte und schwankende Volkswille wird zur einheitlichen Willensäußerung der Aktivbürgerschaft konzentriert.[140] Die Parteifunktionen in diesem Bereich bedeuten eine der sichtbarsten und zugleich auch wesentlichsten Formen ihrer Mitwirkung bei der politischen Willensbildung des Volkes.[141] Bei Wahlen handelt es sich aber nur um Momentaufnahmen, deren scharfes Bild auf der streng formalisierten Verkürzung des politischen Spektrums auf wenige Alternativen beruht.[142] Der

---

[135] Wolfrum, Die innerparteiliche demokratische Ordnung, S. 57.
[136] Wolfrum, Die innerparteiliche demokratische Ordnung, S. 57; Fraenkel, Recht und Staat, Heft 219/220, S. 31.
[137] Wolfrum, Die innerparteiliche demokratische Ordnung, S. 57.
[138] Herzog, Allgemeine Staatslehre, S. 340; Ossenbühl, BayVBl. 00, S. 161, 163; Halbe, Verfassungsrechtliche Stellung und Funktion der pol. Parteien, S. 49.
[139] Grimm, HdbVerfR, § 14 Rn. 13.
[140] Seifert, Die politischen Parteien, S. 76; Wolfrum, Die innerparteiliche demokratische Ordnung, S. 57.
[141] Wolfrum, Die innerparteiliche demokratische Ordnung, S. 57.
[142] Trautmann, Innerparteiliche Demokratie, S. 41; Geiger, Verfassungsrechtliche Problematik des Einflusses der Parteien, S. 25.

Prozess der Willensbildung beginnt jedoch bereits vor dem Wahlakt selbst. Durch Medien, Schulen, gesellschaftliche Organisationen und vor allem die Parteien wird der politische Wille der Bürger von seiner generellen Vielschichtigkeit auf wenige Alternativen verengt, werden Grundkonsens und Meinungstendenzen gebildet, die durch einen Wahlkampf nur noch akzentuiert werden und in dem Ergebnis des Wahlaktes ihren Ausdruck finden.[143] Es ist insofern nicht möglich, einen so dynamisch-komplexen Vorgang wie die politischen Willensbildung des Volkes auf eine punktuelle Betrachtung bei den Wahlen zu verkürzen.[144] Wahlen stellen lediglich einen Zwischenhöhepunkt im ansonsten kontinuierlichen Prozess der Volkswillensbildung dar, bei denen zum Ausdruck kommt, was sich in den vorangehenden Jahren angebahnt hat.[145] Dennoch zeigen sich bei der Vorbereitung und Durchführung von Wahlen die Parteifunktionen besonders deutlich.

Neben der *Integrationsfunktion*, die die Parteien bei Wahlen dadurch wahrnehmen, dass sie die komplexen gesellschaftlichen Vorgänge und Bedürfnisse in der Gestalt generalisierter Handlungsprogramme zur Auswahl stellen, trifft sie vor allem die Funktion zur *Elitenrekrutierung*.[146] Die erstere ist notwendig, da die in Wahlen und Abstimmungen zum Ausdruck kommende Entscheidung des gesamten Volks einer derartigen Vorbereitung bedarf, dass die Willensäußerung allein Ablehnung oder Zustimmung enthält. Die darin liegende Beschränkung der Wähler wird gemildert, indem ihnen die Möglichkeit gegeben wird, in den Parteien Einfluss auf die Fragestellung zu nehmen.[147] Die Elitenrekrutierungsfunktion der Parteien ist notwendig, da einzelne Bürger in der modernen Massendemokratie nicht die Möglichkeit hat, die Wahl der Person durchzusetzen, der er das meiste Vertrauen schenkt; vielmehr ist dafür die vorbereitende Tätigkeit einer organisierten Gruppe notwendig.[148] Die Parteien stellen deshalb in dem Wahlprozess das Führungspersonal, das sich den Programmzielen verschreibt, wodurch die jeweiligen Programme für den Wähler identifizierbar werden.[149] Dem Wähler verbleibt dabei allein die Möglichkeit, aus den Perso-

---

[143] Schauer, Staatsorganisationsrecht und politische Willensbildung, S. 29.
[144] Grimm, HdbVerfR, § 14, Rn. 15.
[145] Seifert, Die politischen Parteien, S. 87; Gem. BVerfGE 8, 68; 14, 132 äußert sich das Recht der Teilhabe an der politischen Willensbildung in der lebendigen Demokratie nicht nur in der Stimmabgabe bei den Wahlen, sondern auch bei der Einflussnahme auf den ständigen Prozess der politischen Meinungsbildung.
[146] Maunz/Dürig-Klein, Art. 21 Rn. 168.
[147] Wolfrum, Die innerparteiliche demokratische Ordnung, S. 28; Grimm, HdbVerfR, § 14 Rn. 13; König, Verfassungsbindung, S. 33.
[148] Wolfrum, Die innerparteiliche demokratische Ordnung, S. 57; von der Heydte/Sacherl, Soziologie , S. 62 f.
[149] Grimm, HdbVerfR, § 14, Rn. 13; Berliner Kommentar-Volkmann, Art. 21 Rn. 16; Seifert, Die politischen Parteien, S. 86; so auch BVerfGE 91, 262, 268; 91, 276, 286.

nen, die von den Parteien benannt werden, diejenige auszuwählen, mit der er anhand des Wahlprogramms am ehesten harmoniert oder zu der er persönlich Vertrauen hat.[150] Das Führungspersonal wird dabei im Wege der innerparteilichen Auswahl durch die Parteimitglieder oder ihre Vertreter ausgesucht. Hierbei handelt es sich um einen komplexen Vorgang, dem ein langer innerparteilicher Willensbildungsprozess vorausgeht. Durch diesen Prozess wird jenem Teil der Bevölkerung, der bereit ist, in ihnen mitzuarbeiten die Möglichkeit gegeben, einen Einfluss auf die Bestellung der Repräsentanten auszuüben, der über die in der Wahlhandlung liegenden Beeinflussungsmöglichkeit hinaus geht. Dieser innerparteiliche Auswahlprozess ist daneben die einzige Möglichkeit für politisch interessierte und auch engagierte Bürger, sich auf die Übernahme politischer Verantwortung und öffentlicher Ämter vorzubereiten. In den innerparteilichen Diskussionen erwirbt er die Fähigkeit, zu überzeugen, in öffentlicher Rede aufzutreten und für sich und eine von ihm vertretene Sache zu werben.[151]

Von diesen beiden Funktionen beruht gerade die Integrationsleistung der Parteien auf den vorangehenden Reduktionsleistungen anderer gesellschaftlicher Institutionen, die z.B. von Interessenverbänden, Massenmedien und Industrie, aber auch auf den von den Parteien selbst vorgenommenen wurden. Die Mitwirkung der Parteien bei der Wahl ist dabei prinzipiell auf das Ziel ausgerichtet, den größtmöglichen Erfolg zu erlangen. Dies führt gerade in den großen Volksparteien zu einer Angleichung einzelner Interessenschwerpunkte,[152] durch die sie auf programmatischer Ebene nur noch als „Tendenzbetriebe"[153] unterscheidbar sind. Sie sind aber die einzigen gesellschaftlichen Gebilde, die in der Lage sind, wählbare Alternativen zu entwickeln und das Personal heranzubilden, dass diese Alternativen vertritt, so dass die Durchführung von Wahlen ohne die Mitwirkung der Parteien außerhalb kleinsträumiger Verhältnisse praktisch nicht möglich ist.[154] Sie sind insofern zutreffend vom Bundesverfassungsgericht als *Wahl-*

Zu diesem Zweck stellen die Parteien abstrakt-generelle Programme auf, die Zielformulierungen sind jedoch aufgrund der Evolution der Parteien zu sog. Volksparteien immer ähnlicher geworden. Zur Aufstellung dieser Programme sind sie verpflichtet (§§ 1 III, 6 I 1 ParteiG) und in diesen formulieren sie konkrete Ziele, die sie anschaulich machen, indem sie sie bestimmten Exponenten zuordnen.

150 Wolfrum, Die innerparteiliche demokratische Ordnung, S. 57.

151 Wolfrum, Die innerparteiliche demokratische Ordnung, S. 58.

152 Siehe bereits oben B I 1.

153 Mintzel, in: Parteien in der Bundesrepublik Deutschland, S. 485, 487.

154 Maunz/Dürig-Klein, Art. 21 Rn. 168; von Arnim, DÖV 1985, S. 593, 594; Wolfrum, Die innerparteiliche demokratische Ordnung, S. 63; insofern ist es verständlich, dass durch § 2 Abs. 1 und 2 ParteiG die regelmäßige Beteiligung der Parteien an den Wahlen quasi als ihre Hauptpflicht ausgestaltet worden ist, deren Nichterfüllung zum Verlust der Rechtsstellung als Partei führt.

vorbereitungsorganisationen bezeichnet worden[155], deren Vorhandensein für das Funktionieren einer demokratischen Ordnung des Gemeinwesens schlechthin unerlässlich und erforderlich ist.[156]

dd. Sonstige Funktionen der Parteien bei der Volkswillensbildung

Neben den gerade beschriebenen Funktionen eröffnet sich den Parteien innerhalb des verfassungsrechtlich zulässigen Bereichs ein weites Feld an Möglichkeiten, das von der Gründung der Partei über die Mitgliederwerbung und die innerparteiliche Meinungsbildung bis hin zur Beeinflussung der öffentlichen Meinung, zur Teilnahme an Wahlen und schließlich zur Vertretung des Volkes in den Parlamenten reicht.

Zu den verfassungsrechtlich zulässigen Formen der Mitwirkung an der politischen Willensbildung des Volkes gehören deshalb auch die in § 1 Abs. 2 ParteiG nicht genannten Funktionen, z.B. die Ausübung der Opposition. Die Mitwirkung der Parteien an der politischen Willensbildung des Volkes kann sich also in einer Vielzahl von Formen vollziehen, die weder im Grundgesetz noch im Parteiengesetz erschöpfend geregelt worden sind. Eine abschließende Regelung ist aufgrund der Vielzahl von möglichen Beteiligungsformen aber auch nicht möglich.[157] Dies folgt zum einen aus der Fülle von Interessen und Meinungsströmungen, die in der Gesellschaft vorhanden sind und ihrerseits individuelle Beteiligungsformen erfordern. Zum anderen bringen gesellschaftliche Wandlungen immer wieder neue Formen der Mitwirkung zu Tage.

Es bleibt also festzuhalten, dass die Parteien nicht die alleinigen Meinungsbildner im Prozess der Volkswillensbildung sind. Sie sind aber berechtigt, in jeder Form an der Willensbildung teilzunehmen, die auch ihren Konkurrenten zusteht. Daneben kommt den Parteien gerade im Wahlprozess eine Sonderstellung mit den damit verbundenen speziellen Aufgaben der Integration der in der Gesellschaft vorhandenen Meinungsströme sowie der Auswahl des politischen Führungspersonals zu.

---

[155] So zum Beispiel BVerfGE 8, 51, 63; 12, 276, 280; 20, 56; 113; 91, 262, 268.

[156] So zuletzt BVerfGE 91, 276, 285; Diese Beurteilung hat sich auch nicht in Folge der durch BVerfGE 85, 264 eingeleiteten Wende in Bezug auf die staatliche Parteienfinanzierung geändert; Stern, Staatsrecht Bd. I, § 13 IV 1.

[157] Vgl. z.B. die nur partiell übereinstimmenden Funktionskataloge bei Wiesendahl, Parteien und Demokratie, S. 184, 188 m. w. N.; Haungs, Parteiendemokratie, S. 26; Schmid, Politische Parteien, S. 21; v. Beyme, Parteien, S. 25.

3. Einwirken auf die Staatswillensbildung

Neben der Mitwirkung an der Volkswillensbildung, zu der die Parteien in Art. 21 Abs. 1 S. 1 GG ausdrücklich ermächtigt sind, haben sie auch eine Funktion im Prozess der Staatswillensbildung. An dieser wirken sie aber nicht mit, wie bei der Volkswillensbildung, sondern es kommt allein zu einer „Einwirkung" auf den Staatswillen.[158] Das „Einwirken" ist eine Folge davon, dass sie das Recht zur Mitwirkung an der Volkswillensbildung nach Art. 21 Abs. 1 S. 1 GG wahrnehmen.[159] In ihren Funktionen im Bereich der Staatswillensbildung üben sie insofern kein verfassungsmäßiges Recht aus, sondern diese Funktionen stellen allein einen Reflex auf die Erfüllung ihrer Aufgaben bei der Willensbildung des Volkes dar.[160] Die im Bereich der Staatswillensbildung bestehenden Aufgaben werden ihnen also auch nicht explizit zugewiesen. Sie ergeben sich vielmehr aus der Tatsache, dass die Parteien als einzige Organisation in der Lage sind, erfolgreich an Wahlen teilzunehmen und damit die Staatsämter mit den von ihnen ausgesuchten Kandidaten zu besetzen.[161]

Unter Staatswillensbildung kann man dabei grundsätzlich die Tätigkeit der formierten Verfassungsorgane des Staates verstehen, das heißt, die Äußerung des Willens eines Staatsorgans in amtlicher Form.[162] Dies umfasst auch die Willensäußerung des für diesen Zeitpunkt zum Staatsorgan konstituierten Volkes in Wahlen und Abstimmungen. Beim Wahlvorgang kommt es insofern zu einer Überschneidung von Volks- und Staatswillensbildung.[163] Wahlen stellen deshalb die eigentliche oder zumindest wesentliche und wichtigste Stelle funktioneller Verklammerung von Volk und Staat dar,[164] die eine strikte Trennung von Staats- und Volkswillensbildung unmöglich macht.[165]

Die Parteien sind für die Staatswillensbildung theoretisch nicht wesensnotwendig, da die in Art. 20 Abs. 2 S. 2 GG genannten besonderen Staatsorgane grundsätzlich auch in der Lage wären, ihren politischen Willen aus sich heraus zu bilden.[166] Die politische Staatswillensbildung ist trotz allen Einflusses, den die Parteien auch hier besitzen - vor allem durch Besetzung der Staatsorgane mit par-

---

[158] BVerfGE 20, 56, 98 f.
[159] Bonner Kommentar-Henke, Art. 21 Rn 71.
[160] Bonner Kommentar-Henke, Art. 21 Rn 71; Seifert, Die politischen Parteien, S. 91/92.
[161] Maunz/Dürig-Klein, Art. 21 Rn 170 ff.; Wolfrum, Die innerparteiliche demokratische Ordnung, S. 57.
[162] Seifert, Die politischen Parteien, S. 72; Herzog, Allgemeine Staatslehre, S. 340.
[163] Seifert, Die politischen Parteien, S. 72; Stein/Frank, Staatsrecht, § 41 III 2 b.
[164] Seifert, Die politischen Parteien, S. 72.
[165] Tsatsos, in: Parteiendemokratie in Deutschland, S. 131, 138.
[166] Seifert, Die politischen Parteien, S. 85.

teigebundenen Personen - in erster Linie Sache der verfassten Staatsorgane. Die Parteien sind aber dazu ausersehen, die Ergebnisse des Prozesses der Volkswillensbildung in die Staatswillensbildung zu transformieren.[167]

Man kann dennoch nicht davon sprechen, dass die Staatswillensbildung generell von der Volkswillensbildung abhängt - sieht man einmal von den Vorgängen der Wahl und der (kaum bedeutsamen) Abstimmung ab, bei denen das Volk direkt in die Staatswillensbildung eingreift, der Staatswillen also direkt vom Volkswillen geformt wird. Ansonsten vollzieht sich die Staatswillensbildung autonom und ihr Ergebnis kann durchaus konträr zum Volkswillen sein. Dies schließt nicht aus, dass der Prozess der Staatswillensbildung durch die öffentliche Meinung und damit durch den politischen Willen des Volkes beeinflusst wird, sondern besagt allein, dass die Staatsorgane nicht einfach Vollzugsorgane des Volkswillens sind.[168] In einem demokratischen Staat moderner Prägung ist es aber wünschenswert, dass ein enger Kontakt zwischen der Staatswillensbildung und dem politischen Willen der großen im Volk vorhandenen Willensströmungen besteht, da eine demokratische Staatsführung weder ihrem verfassungsmäßigen Auftrag gerecht würde, noch politisch gut beraten wäre, wenn sie auf die im Volk bestehenden Auffassungen keinerlei Rücksicht nehmen würde.[169] Idealtypisch stellen Volkswillen und staatliche Entscheidungen damit keine Gegensätze dar, vielmehr besteht das Ziel der demokratischen Verfahrensweisen darin, aus der Pluralität der im Volk vorhandenen Meinungen durch Mehrheitsentscheide Entscheidungen zu formen, die als Ausdruck des Volkswillens verbindlich werden können.[170]

Die Parteien sind nicht die einzigen, die die Willensbildung der staatlichen Organe beeinflussen; solche Einflüsse werden von allen ausgeübt, die an staatlichen Entscheidungen interessiert sind und sie nicht bloß passiv auf sich zukommen lassen wollen. Faktisch besitzen die Parteien aber ein Monopol bei der Staatswillensbildung, da es politische Realität ist, dass nur die von ihnen benannten Kandidaten über Wahlen legitimierte Macht und politische Verantwortung erlangen können. Dadurch sind es auch allein die Parteien, die die verfassten Staatsorgane als Träger der Staatswillensbildung mit parteigebundenen Mandatsträgern beschicken.[171] Diese Mandatsträger werden auch nach der Wahl in den programmatischen Vorgaben ihrer Partei denken und handeln. Ein anderes Verhalten der Mandatsträger ist – solange es sich mit den Vorgaben, die Art.

[167] v. Mangoldt/Klein/Starck-Streinz, Art. 21 Abs. 1 Rn. 17.
[168] Schmitt Glaeser, HStR, Bd. II, § 31, Rn. 30.
[169] Herzog, Allgemeine Staatslehre, S. 340.
[170] Wolfrum, Die innerparteiliche demokratische Ordnung, S. 50; Fraenkel, 45. D.J.T., S. B 3, 8; Ehmke, in: FS Smend, S. 23, 47; Scheuner, DÖV 1958, S. 641, 643.
[171] Grimm, HdbVerfR, § 14 Rn. 14.

38 Abs. 1 S. 2 GG an das freie Mandat der Abgeordneten stellt, noch in Einklang bringen lässt - auch grundsätzlich nicht erforderlich, da die Wahl eben nicht nur Personal-, sondern ebenso sehr Sach- wie Programmentscheidung ist.[172]

Der Einfluss der Parteien auf die Staatswillensbildung ist jedoch in vielerlei Hinsicht begrenzt, da nach dem Willen des Verfassungsgebers allein die den politischen Willen bildenden Verfassungsorgane, insbesondere Parlament und Regierung[173], nicht aber die Behörden von Justiz und Verwaltung, dem Parteieinfluss offen stehen sollen.[174] Darüber hinaus ist der Einfluss auf die eigene Fraktion und die von der jeweiligen Partei gestellten Regierungsmitglieder beschränkt, wobei auch hier die letztendliche Entscheidungsfreiheit und die Gesetzesbindung der staatlichen Organträger zu respektieren ist.[175]

Insgesamt gibt das Grundgesetz den Parteien keinen Anspruch auf die Besetzung von Staatsämtern, die Bildung einer Regierung unter Ausschluss der Parteien wäre verfassungskonform.[176] Im Gegenzug besteht aber auch keine Pflicht der Regierungsbeteiligung der Parteien.[177] Ihnen kommt jedoch bereits faktisch ein gegenüber anderen gesellschaftlichen Gruppen dominanter Einfluss auf den Prozess der Staatswillensbildung zu.[178]

4. Die sich aus der Trennung von Volks- und Staatswillensbildung ergebenden Funktionen der Parteien

Mit die wichtigsten Aufgaben der Parteien ergibt sich aus der Binnendifferenzierung des politischen Systems in Volk einerseits und Staatsorgane andererseits. Zwischen diesen beiden stellen die Parteien eigene, selbständige Faktoren dar.[179] Ihnen kommt eine Vermittlerrolle zwischen diesen beiden Bereichen zu.[180] Da

---

[172] Maunz/Dürig-Klein, Art. 21 Rn. 170.
[173] Siehe dazu auch § 1 Abs. 2 ParteiG: „ auf die politische Entwicklung in Parlament und Regierung Einfluss nehmen“; Alternativkommentar-Preuß, 2. Aufl., Art. 21 Abs. 1, 3 Rn. 28.
[174] Seifert, Die politischen Parteien, S. 93; Bonner Kommentar-Henke, Art. 21 Rn. 71.
[175] Bonner Kommentar-Henke, Art. 21 Rn. 71; Seifert, Die politischen Parteien, S. 93/94.
[176] Seifert, Die politischen Parteien, S. 92.
[177] Seifert, Die politischen Parteien, S. 92, Fn. 122.
[178] Maunz/Dürig-Klein, Art. 21 Rn. 170; Seifert, Die politischen Parteien, S. 92.
[179] Seifert, Die politischen Parteien, S. 99.
[180] Wolfrum, Die innerparteiliche Demokratische Ordnung, S. 46 und 48 f.; Seifert, Die politischen Parteien, S. 100. Nach § 1 Abs. 2 ParteiG ist es ihre Aufgabe, für eine ständige lebendige Verbindung zwischen dem Volk und den Staatsorganen zu sorgen.

ein einheitlicher Volkswille, den die Parteien quasi als *Sprachrohr*[181] in die Sphäre des Staatswillens übermitteln könnten, nicht besteht, haben sie eine Transformationsfunktion bei der Strukturierung und Bildung der politischen Auffassungen der Bevölkerung einerseits sowie bei der Umsetzung dieser politischen Auffassungen des Volkes in Entscheidungen der staatlichen Organe andererseits.[182] Damit ist ihnen eine systematische Stellung gegeben, die zwischen dem von grundrechtlicher Freiheit geprägten Bereich des gesellschaftlichen Geschehens in all seiner Pluralität und dem verfassten Bereich der staatlichen Institutionen liegt.[183] Trotz dieser Mittlerstellung können die Parteien angesichts ihrer geschichtlichen Entwicklung[184] und ihres Standorts im Verfassungssystem des Grundgesetzes[185] als gesellschaftliche Gebilde angesehen werden, deren Funktion in der Transformation des Volks- in den Staatswillen liegt.[186] Sie haben ihren Standort in der Gesellschaft, ragen aber in den Bereich des Staatlichen hinein.[187]

a. Vermittlungsfunktion

Die Vermittlungsfunktion der Parteien ergibt sich daraus, dass das Grundgesetz die staatliche Herrschaft zwar auf das Volk und damit auch auf den von diesem gebildeten Volkswillen zurück führt, die Staatsgewalt aber nach dem Willen des Grundgesetzgebers aber regelmäßig nicht von diesem, sondern von gewählten Organen ausgeübt wird, Art. 20 Abs. 2 S. 2 GG. Es ergibt sich also das Problem, dass der Volkswillen der Vermittlung bedarf, um in staatliche Entscheidungen umgesetzt zu werden. Diese Vermittlung kann in vielerlei Formen stattfinden, etwa in privaten Meinungsäußerungen, in Willensbekundungen großer Massen-

---

[181] So aber eine ehemals gebräuchliche Formulierung von Leibholz in DVBl. 1950, S. 194, 196. Zu der Problematik der zugrundeliegenden parteienstaatlichen Theorien (Der Begriff geht auf Koellreutter, Parteien, S. 86 ff. zurück) siehe Leibholz, Strukturprobleme, S. 72 ff. und bereits in: Das Wesen der Repräsentation, S. 118. Zur Kritik an der Theorie des Parteienstaats siehe z.B. Hecker, Der Staat 1995, S. 287 ff.; Henke, NVwZ 1985, S. 616 ff.; Kimminich, DÖV 1983, S. 217 ff.; Stöss, in: Parteiendemokratie in Deutschland, S. 13 ff.

[182] Kaufmann, in: Grundprobleme der Demokratie, S. 23; Trautmann, Innerparteiliche Demokratie, S. 48, 50; Wolfrum, Die innerparteiliche demokratische Ordnung, S. 48.

[183] Dreier-Morlok, Art. 21 Rn. 22.

[184] In Deutschland kamen die wesentlichen Impulse zur Entwicklung des Parteiwesens aus der Gesellschaft, Maunz/Dürig-Klein, Art. 21 Rn 47.

[185] Nach Art. 21 Abs. 1 S. 1 GG ist den Parteien gerade die Mitwirkung an der politischen Willensbildung des Volkes zugewiesen.

[186] Tsatsos, in: Parteiendemokratie in Deutschland, S. 131, 138, Seifert, Die politischen Parteien, S. 100.

[187] Maunz/Dürig-Klein, Art. 21 Rn. 171; Isensee, Grundrechte und Demokratie, S.16, der ihnen deshalb auch ein grundrechtliches Fundament zubilligt.

verbände, in Versammlungen oder Demonstrationen kleiner Gruppen.[188] Als wichtigsten, klarsten und auch folgenreichsten Mechanismus der Vermittlung zwischen Volk und Staat sieht das Grundgesetz die Wahl an. Durch sie wird die rechtliche Verbindung zwischen dem Volk und seinen Repräsentanten hergestellt,[189] die notwendig ist, um das Staatshandeln zu legitimieren.

Ohne die Parteien sind Wahlen aber nicht durchzuführen. An die Parteien werden die Forderungen des Volkes, die eigentlich an die Staatsorgane adressiert sein müssten, herangetragen.[190] Diese Forderungen vermitteln die Parteien dann in den staatlichen Organen, indem sie sie mit den von ihnen benannten und vom Volk demokratisch legitimierten Kandidaten beschicken[191]. Ihre Transformationsfunktion nehmen die Parteien bei den Wahlen also wahr, indem die von ihnen gestellten und vom Volk ausgewählten Repräsentanten den Volkswillen in den Staatsorganen zum Ausdruck bringen. Handlungseinheiten der Parteien in den Parlamenten sind dabei die Fraktionen.[192] Dies sind die Institutionen, mit deren Hilfe die Parteipolitik auf die parlamentarische Ebene hinübergeleitet und ihre Fortsetzung in den Staatsorganen möglich gemacht wird.[193]

In einer repräsentativen Demokratie ist es jedoch notwendig, dass die Ausübung der Staatsgewalt durch die Repräsentanten stets auf den Konsens der Gesamtheit bezogen und auch auf ihn zurückzuführen ist.[194] Die Verbindungen zwischen Vertretern und Vertretenen müssen so eng sein, dass das Handeln der ersteren als das des Ganzen zu gelten vermag.[195] Das Volk muss dementsprechend dieses Handeln anerkennen, wovon nur dann gesprochen werden kann, wenn es den durch die Repräsentanten geformten Staatswillen als eigenen akzeptiert und auch als solchen trägt.[196] Dies wird man nur dann annehmen können, wenn zwischen den Repräsentanten und dem Volk eine dauernde, über den eigentlichen Wahlakt hinausgehende Kommunikation besteht.[197] Nur so kann erreicht wer-

---

[188] Herzog, Allgemeine Staatslehre, S. 339; Geiger, Verfassungsrechtliche Problematik des Einflusses der Parteien, S. 23; Ellwein, Das Regierungssystem der BRD, S. 135.

[189] Wolfrum, Die innerparteiliche demokratische Ordnung, S. 47; Friedrich, Verfassungsstaat, S. 344 f.

[190] Trautmann, Innerparteiliche Demokratie, S. 48.

[191] Trautmann, Innerparteiliche Demokratie, S. 48; Maunz/Dürig-Klein, Art. 21 Rn. 168.

[192] Wolfrum, Die innerparteiliche demokratische Ordnung, S. 49; Hättich, Aus Politik und Zeitgeschichte, B 49/1969, S. 28; Rausch, Parlament und Regierung, S. 56.

[193] Wolfrum, Die innerparteiliche demokratische Ordnung, S. 49, Roth, Fraktionen, S. 132.

[194] Fraenkel, Aus Politik und Zeitgeschichte, S. 3, 9; Hättich, Begriff und Formen, S. 12; Scheuner, DÖV 1965, S. 577, 579.

[195] Wolfrum, Die innerparteiliche demokratische Ordnung, S. 46.

[196] Wolfrum, Die innerparteiliche demokratische Ordnung, S. 46; Hennis, in: FS Smend, S. 51, 55.

[197] Scheuner, DÖV 1965, S. 577, 580; Abendroth, Politica, Bd. III, S. 228, 231.

den, dass der Volkswille und der in den staatlichen Entscheidungen zum Ausdruck kommende Staatswille keine dauerhaften Gegensätze darstellen, sondern dass sich letzterer aus der Pluralität der im Volk vorhandenen Meinungen formiert.[198] Den Parteien kommt also auch außerhalb der Wahlen die Aufgabe zu, dem Volk eine dauerhafte Kommunikation mit den staatlichen Entscheidungsträgern zu ermöglichen. Insofern hängt die Lebensfähigkeit einer repräsentativen Demokratie davon ab, dass sich das Volk von den Parteien so vertreten fühlt, dass es das von diesen getragene Parlament trotz dessen repräsentativen Charakters als Exponent seines politischen Willens anerkennt.[199]

b. Informationsfunktion

Eine Vermittlungsfunktion kommt den Parteien auch in der Hinsicht zu, dass sie im Rahmen des Einflusses von Regierung und Parlament auf die Willensbildung des Volkes deren Informationen und Impulse weiterzuleiten haben.[200] Regierung und Parlament besitzen Entscheidungskompetenzen und vermögen Tatsachen zu schaffen, die die gesellschaftlichen Bedingungen für die vom Volk ausgehenden Einflussnahmen auf die staatliche Willensbildung modifizieren.[201] Der Willensbildungsprozess im Volk wird im wesentlichen von dem vorhandenen Informationsstand bestimmt. Je eher der Bürger durch ausreichende Information in die Lage versetzt wird, die im staatlich organisierten Bereich getroffenen Entscheidungen im einzelnen nachzuvollziehen, umso eher wird er bereit sein, diese Entscheidungen als für ihn verbindlich zu akzeptieren. Diese Form der Verbindung zwischen der staatlichen Willensbildung und der Volkswillensbildung ist insofern ebenso integrierend, wie die gegenläufige Beziehung, durch die die Impulse vom Volk in den staatlichen Bereich vermittelt werden. Die Vermittlung durch die Parteien läuft damit nicht nur eindimensional vom Volk zu den institutionalisierten staatlichen Organen. Sie ist vielmehr durch ein Wechselspiel zwischen der Einwirkung der Regierenden auf das Volk und der Einflussnahme des Volkes auf die Regierenden gekennzeichnet,[202] wobei die Parteien das jeweilige Zwischenglied bilden.[203]

---

[198] Schäfer, in: FS Eschenburg, S. 287; Fraenkel, Recht und Staat, Heft 219/220, S. 30.

[199] Wolfrum, Die innerparteiliche demokratische Ordnung, S. 49.

[200] Wolfrum, Die innerparteiliche demokratische Ordnung, S. 49; Hättich, Innerparteiliche Demokratie, S. 43, 64.

[201] C. Müller, Das imperative und freie Mandat, S. 230 ff.; Wolfrum, Die innerparteiliche demokratische Ordnung, S. 49; Maunz/Dürig-Klein, Art. 21 Rn. 169; s. auch BVerfGE 85, 264, 285 m.w.N.

[202] Wolfrum, Die innerparteiliche demokratische Ordnung, S. 50.

[203] Maunz/Dürig-Klein, Art.2 1 Rn. 169; Grimm, HdbVerfR, § 14 Rn. 17; s. auch Klein, in: Repräsentation oder plebiszitäre Demokratie, S. 33 ff.

Obwohl in einer modernen Massendemokratie auch andere Kommunikationsmittel zur Verfügung stehen, mittels derer es möglich ist, die Bürger öffentlich anzusprechen, kommt den Parteien bei der Information des Volkes eine eigenständige Rolle zu. Ihre Aufgabe erschöpft sich anders als die der Massenmedien nicht bereits darin, lediglich Informationen über das politische Geschehen weiterzugeben. Sie haben vielmehr über Hintergründe getroffener Entscheidungen sowie über geplante Vorhaben und weit reichende Zielvorstellungen zu informieren, da es erst diese Transparenz dem Bürger ermöglicht, die politischen Entscheidungsvorgänge nachzuvollziehen.[204]

5. Auswirkungen der Mitarbeit Parteifremder auf die Parteienfunktionen

Der parteiinterne Vorgang, in dem die im Volk vorhandenen, breit gefächerten politischen Vorstellungen auf einzelne Handlungsalternativen, Kompromisse und schließlich Entscheidungen zusammengefasst werden, muss gegen eine unverhältnismäßige Beeinflussung durch einzelne Interessengruppen von außen abgesichert, aber gleichzeitig auch für die Anregungen und Konzepte aus dem parteilich nicht organisierten Volk offen gehalten werden.[205] Nur unter diesen Voraussetzungen kann ein freier und demokratischer innerparteilicher Willensbildungs- und Entscheidungsprozess zustande kommen, der grundsätzlich unverzichtbar für den demokratischen Willensbildungsprozess des Volkes ist.[206] Insofern ist zu untersuchen, ob die Mitwirkung Parteifremder am Prozess der innerparteilichen Willensbildung prinzipiell eine Gefährdung der Integrations- oder Transformationsfunktion der Parteien darstellt.

Indem in der Partei vorhandene Willensströmungen durch externe Interessen unterdrückt werden, kommt es zu einem Verlust von sowohl Freiheit als auch Offenheit der innerparteilichen Willensbildung.[207] Die Öffnung der Parteien für die Mitarbeit von Nichtmitgliedern stellt grundsätzlich auch eine Beeinflussung der parteiinternen Willensbildung durch die Interessen von Externen dar. Entscheidend ist jedoch, ob diese Beeinflussung als unverhältnismäßig angesehen werden muss oder ob es sich hierbei allein um die notwendige Offenheit des innerparteilichen Willensbildungsprozesses für die Bedürfnisse des Volkes handelt, die für die Erfüllung der Parteifunktionen, v. a. der Vermittlungs- und der Integrationsaufgabe, unverzichtbar ist.

---

[204] Wolfrum, Die innerparteiliche demokratische Ordnung, S. 51.

[205] Trautmann, Innerparteiliche Demokratie, S. 50.

[206] Trautmann, Innerparteiliche Demokratie, S. 52; Maunz/Dürig-Klein, Art. 21 Rn. 320; Bonner Kommentar-Henke, Art. 21 Rn. 255, 262; Kunig, HStR, Bd. II, § 33 Rn. 27.Siehe dazu unten C II 1.

[207] Trautmann, Innerparteiliche Demokratie, S. 52.

Hierzu ist zunächst zu sagen, dass sich die durch die hier untersuchte Öffnung der Parteien ermöglichte Einflussnahme im Vergleich zu der Beeinflussung durch Verbände oder Unternehmen wohl eher als vernachlässigbar darstellt. Anders als bei Verbänden kann sich die Interessenvertretung der Parteifremden prinzipiell nicht über Personen und Gruppen in den obersten Gliederungen der Parteien vollziehen, sondern allein mittels der Mitwirkungsmöglichkeiten, die auch den einfachen Parteimitgliedern offen stehen. Die Mitwirkung der Nichtmitglieder ist also zum einen nicht so wirkungsmächtig wie der Einfluss, den Verbände auf die innerparteiliche Willensbildung ausüben können. Die Einflussmöglichkeiten der Parteifremden setzen prinzipiell auf der untersten Ebene der Parteihierarchie an. Zum anderen bringen die Nichtmitglieder anders als Verbände heterogene Interessen in den Willensbildungsprozess ein. Auch hierdurch wird es den Parteifremden im Vergleich zu Verbänden erschwert, ihre Interessen innerhalb der Parteien durchzusetzen. Deshalb ist die Einflussnahme grundsätzlich nicht als unverhältnismäßig anzusehen.

Man kann also nicht davon ausgehen, dass die Öffnung der Parteien für Nichtmitglieder die Integrations- und Transformationsaufgabe der Parteien prinzipiell gefährdet. Vielmehr wird hierdurch die Legitimation der handelnden Staatsorgane eher verstärkt. Diese Legitimation beruht auf einer engen Verbindung zwischen Volk und Staat, die durch die Vermittlung der Parteien zustande kommt.[208] Sollte nun die Übernahme der Interessen politisch schwacher oder nichtorganisierter Schichten in den Bereich der innerparteilichen Diskussion blockiert werden, ist die Integrationsaufgabe der Parteien in Bezug auf die partizipatorischen Bestrebungen der Aktivbürger bedroht.[209] Insofern müssen die Parteien für die nichtorganisierten bzw. nicht organisierbaren Interessen des Volkes durchlässig sein.[210] Dies ist aber am ehesten möglich, wenn die Interessen durch Einzelne innerhalb der Parteien vertreten werden. Obwohl dies regelmäßig durch die Mitarbeit der Parteimitglieder geschieht, ist es für die Integrationsfunktion der Parteien grundsätzlich unbeachtlich, ob es sich bei diesen Einzelnen um Parteimitglieder handelt oder nicht. Die Erfüllung der Integrationsfunktion ist nicht daran gebunden, dass die innerparteiliche Willensbildung allein durch Parteimitglieder erfolgt. Neben der Integrationsfunktion sprechen auch die Sammlungs- und die Informationsfunktion der Parteien nicht gegen eine Öffnung für Parteifremde. Für eine legitimierende Integration und auch Vermittlung der im Volk vorhandenen Meinungspluralität ist es erforderlich, dass diese möglichst vollständig ihren Eingang in die innerparteiliche Willens-

---

208 Wolfrum, Die innerparteiliche demokratische Ordnung, S. 46/47; Scheuner, DÖV 1965, S. 577, 580; Abendroth, Politica Bd. 26, S. 228, 231.

209 Trautmann, Innerparteiliche Demokratie, S. 52.

210 Trautmann, Innerparteiliche Demokratie, S. 53; Müller, Die innere Ordnung der Parteien, S. 134.

bildung findet.[211] Insofern sind die Parteien verpflichtet, möglichst alle Meinungsströmungen im Volk abzubilden. Dies wird um so eher erreicht, je höher die Zahl der innerhalb der Parteien vertretenen Meinungsalternativen ist. Dies wird vor allem durch die Mitarbeit von Vertretern dieser Meinungen in den Parteien erreicht. Die Mitarbeit von Parteifremden es den Parteien daher, ihrer Sammlungsfunktion eher gerecht zu werden.

Gleiches gilt für die Informationsfunktion. Indem sich die Parteien für Nichtmitglieder öffnen, wird mehr Bürgern als bisher die Möglichkeit gegeben, am parteiinternen Informationsfluss zu partizipieren. Das Volk ist nicht mehr auf die Informationen angewiesen, die von den Parteien weitergegeben werden, sondern kann sich direkt über seine Beteiligung an der innerparteilichen Willensbildung über die Hintergründe staatlicher Entscheidungen erkundigen.

Die Öffnung der Parteien für die Mitarbeit von Nichtmitgliedern stellt in dieser Hinsicht grundsätzlich keine Gefährdung für die Ausübung der Parteienfunktionen dar. Sie verbreitert vielmehr die Basis der Legitimation staatlichen Handelns, indem einem größeren Teil der Aktivbürgerschaft die Möglichkeit zur aktiven Beeinflussung der Staatswillensbildung gegeben wird.

Dies gilt insbesondere für Volksparteien, die mitten unter dem Volk sein müssen, da sie anders als reine Klientelparteien nicht nur bestimmte Interessen im Integrationsprozess bedienen. Sie sind also mit der Vermittlung eines viel breiteren Meinungsspektrums betraut. Dazu bedarf es der Interessenvertretung aller dieser Meinungen im innerparteilichen Willensbildungsprozess. Nur so kann sichergestellt werden, dass es den für die Legitimation staatlichen Handelns notwendigen Austausch von Ideen und Konzepten zwischen Staatsorganen und Volk gibt. Insofern ist es für die Erfüllung ihrer Aufgabe existenziell, ein größtmögliches Meinungsspektrum abzubilden, was durch die Mitarbeit Parteifremder, die bisher unorganisierte Auffassungen in den innerparteilichen Willensbildungsprozess einbringen, am ehesten gewährleistet ist.

Dementsprechend schwächt oder bedroht die Öffnung der Parteien für die Mitarbeit von Nichtmitgliedern nicht die Ausübung der ihnen übertragenen Aufgaben. Vielmehr kann die Mitarbeit von Parteifremden dazu beitragen, die Mittlerrolle der Parteien in der Demokratiekonzeption des Grundgesetzes zu stärken, indem hierdurch die bereits vorhandene Abkoppelung der Parteien von den Wählern überwunden wird.[212] Durch die den Parteien übertragenen Aufgaben und hier speziell die Vermittlungsfunktion zwischen Volks- und Staatswillen

---

211 Siehe dazu bereits oben C I 2 b bb.

212 Machnig, Auf dem Weg zur Netzwerkpartei, Frankfurter Hefte 11/2000, 654, 659.

ergeben sich damit keinerlei Bedenken gegen eine Öffnung der Parteien für die Mitwirkung von Nichtmitgliedern.

II. Innerparteiliche Demokratie

Obwohl die Öffnung der Parteien für die Mitwirkung von Nichtmitgliedern nicht die Aufgaben der Parteien beeinträchtigen, ergeben sich Bedenken, ob diese Mitarbeit mit dem Grundsatz der innerparteilichen Demokratie nach Art. 21 Abs. 1 S. 3 GG zu vereinbaren ist. Die Forderung nach einer demokratischen Organisation der Parteien ist einerseits eine Reaktion auf die Erfahrungen mit Parteien, die nach dem Führerprinzip organisiert waren, und soll das Wiederaufleben autoritärer Parteistrukturen verhindern.[213] Andererseits ist das Erfordernis einer demokratischen Grundzügen entsprechenden Parteiorganisation Voraussetzung dafür, dass die Parteien in der Lage sind, die ihnen übertragenen Aufgaben erfüllen zu können.[214] Intention der Regelung des Art. 21 Abs. 1 S. 3 GG ist, dass die Übermacht von Parteiführung und Parteibürokratie gegenüber der Parteibasis eingedämmt und der anderenfalls unvermeidlichen Entmachtung der Parteimitglieder eine Schranke gesetzt wird. Um die Stellung der Parteimitglieder effektiv zu sichern, kommt es durch den Grundsatz der innerparteilichen Demokratie aber auch zu einer Begrenzung des zulässigen Einflusses von Parteifremden, deren Mitwirken nicht zu einer Außensteuerung der Parteien führen darf.[215] Mittels der Forderung des Art. 21 Abs. 1 S. 3 GG hat das Grundgesetz das Leitbild einer Innensteuerung der Parteien durch die Parteimitglieder aufgestellt.[216]

Der Regelung des Art. 21 Abs. 1 S. 3 GG stellt damit zunächst eine Absage des Verfassungsgebers an ein rein außenplurales Demokratiekonzept dar, nach dem die Machtkonkurrenz der einzelnen Parteien ausreichen würde, um den demokratischen Charakter des Staates gem. Art. 20 Abs. 1 GG sicherzustellen.[217] Vielmehr wird diese Machtkonkurrenz der Parteien nach dem Willen des Grundgesetzes durch das Erfordernis einer gewissen binnenpluralen Organisation ergänzt.[218] Die notwendige Binnenpluralität soll dabei durch eine Parteiorganisation erreicht, die demokratischen Grundzügen entspricht. Hierdurch wird

---

213 V. Doemming/Füßlein/Matz, JöR N.F. 1 (1951), S. 207; Maunz/Dürig-Klein, Art. 21 Rn. 332; Berliner Kommentar-Volkmann, Art. 21 Rn. 64.

214 S. dazu C II 1.

215 Berliner-Kommentar-Volkmann, Art. 21 Rn. 71; Bericht Parteienrechtskommission, S. 157.

216 Bericht Parteienrechtskommission, S. 157.

217 Alternativkommentar-Preuß, 2. Aufl., Art. 21 Abs. 1, 3 Rn. 63. Siehe auch C II 1.

218 Berliner Kommentar-Volkmann, Art. 21 Rn. 64, 66.

sichergestellt, dass über die Parteien eine enge Verbindung zwischen der politischen Führung und der Bevölkerung besteht. Diese enge Verbindung ist aufgrund der Entscheidung des Grundgesetzes für eine repräsentative Demokratie und angesichts der damit verbundenen Tatsache, dass das Volk nur bei der Wahlentscheidung auch bei der Staatswillensbildung aktiv wird, für den demokratischen Charakter des Gesamtstaates von entscheidender Bedeutung.[219] Für eine solche Verbindung ist es unerlässlich, dass es dem Bürger auch neben den Wahlen möglich ist, ständigen Einfluss auf die Parteien und damit auch auf den Staat auszuüben. Um dies gewährleisten, verlangt Art. 21 Abs. 1 S. 3 GG von den Parteien, das „ihre innere Ordnung demokratischen Grundsätzen entsprechen“ muss. Durch dieses Erfordernis wird zunächst die Abhängigkeit der Parteispitze von der Basis festgeschrieben und damit mittelbar auch die Chance der Bürger, als Parteimitglieder indirekt, d.h. über die Parteien, an der Staatsleitung teilzuhaben. Der innerparteilichen Demokratie kommt deshalb eine egalisierende Funktion zu, die in der für alle Bürger gleichen Möglichkeit besteht, über die Parteimitgliedschaft kontinuierlich an der Staatsgewalt zu partizipieren.[220]

Durch das Zugeständnis von Einflussmöglichkeiten für Nichtmitglieder innerhalb der Parteien könnte es aber zu einer Beeinträchtigung der innerparteilichen Demokratie kommen, falls den Parteifremden Entscheidungskompetenzen übertragen werden, die die Beteiligung der Parteimitglieder an der innerparteilichen Willensbildung auf ein unzumutbares Maß reduziert. Um beurteilen zu können, ob eine solche Beeinträchtigung durch die Mitarbeit Parteifremder gegeben ist oder nicht, muss zunächst einmal festgestellt werden, was genau unter dem Gebot der innerparteilichen Demokratie des Art. 21 Abs. 1 S. 3 GG zu verstehen ist. Dazu soll zunächst dargestellt werden, welche Bedeutung Art. 21 Abs. 1 S. 3 GG für den vom Grundgesetz vorgesehenen demokratischen Staatsaufbau hat.

1. Innerparteiliche Demokratie als Voraussetzung der Wahrnehmung der Parteifunktionen und das Erfordernis einer positiven Regelung der innerparteilichen Ordnung

a. Die Parteifunktionen als Rechtfertigung der Forderung des Art. 21 Abs. 1 S. 3 GG

Eine demokratische Parteiorganisation wird durch die Mitwirkung der Parteien an der politischen Willensbildung des Volkes nach Art. 21 Abs. 1 S. 1 GG und

---

[219] S. dazu ausführlich C II 1.
[220] Trautmann, Innerparteiliche Demokratie, S. 126.

der sich daraus ergebenden Transformationsfunktion notwendig.[221] Die Parteien sind ein wichtiges Bindeglied in der Legitimationskette zwischen dem Volk als Souverän und den staatlichen Entscheidungen. Nach der Demokratiekonzeption des Grundgesetzes partizipiert das Volk über die Parteien an der Staatsleitung. Die Effektivität dieser Partizipation ist ihrerseits aber abhängig von einem demokratischen innerparteilichen Willensbildungsprozess.[222] Ein diktatorisch oder undemokratisch gebildeter Parteiwille könnte an der politischen Willensbildung des Gesamtvolkes nicht mitwirken, ohne deren demokratischen Charakter zu verderben; ein demokratisch gebildeter Volkswille ist seinerseits aber Voraussetzung für den demokratischen Charakter des Staates an sich.[223] Zeigen also entweder Aufbau der Parteien oder die innerparteilichen Verfahren auch nur Züge einer oligarchischen Verengung, so wird dadurch bereits die Legitimation der Parteien vermindert, dem Willen des Volkes in den handelnden Staatsorganen Ausdruck zu geben.[224] Ein undemokratischer Willensbildungsprozess innerhalb der Parteien würde mithin dazu führen, dass es bei der Transformation des Volkswillens in staatliche Entscheidungen zu einem Bruch der durch die Parteien zu schaffenden Legitimationskette kommt[225] Deshalb ist es notwendig, zu vermeiden, dass dieser Transformationsprozess durch eine undemokratische Willensbildung innerhalb des zwischengeschalteten Bindeglieds gehemmt wird.[226]

Das Erfordernis binnendemokratischer Strukturen des Art. 21 Abs. 1 S. 3 GG ist mithin die Konsequenz daraus, dass der Parteiwille als Transformator des Volkswillens den Staatswillen vorwegnimmt und in diesen eingeht. Eine freie, im politischen Sinn demokratische Bildung des Parteiwillens, an dem der einzelne Wähler und mehr noch jedes einzelne Parteimitglied jederzeit mitwirken kann, ist also generell Voraussetzung für den demokratischen Charakter des Staates selbst.[227]

---

[221] Dreier-Morlok, Art. 21 Rn. 115; Kunig, HStR Bd. II, § 33 Rn. 27; v. Mangoldt/Klein/Starck-Streinz, Art. 21 Abs. 1 Rn. 149; König, Verfassungsbindung, S. 31; Maly-Motta, Parteibürgerrecht, S. 16; Kraft, MMR 2002, S. 733, 734; Morlok, MIP 1998, S. 33, 35.
[222] Trautmann, Innerparteiliche Demokratie, S. 51; Morlok/Streit, ZRP 1996, S. 447, 449.
[223] Maunz/Dürig-Klein, Art. 21 Rn. 320; Bonner Kommentar-Henke, Art. 21 Rn. 255, 262; Kunig, HStR, Bd. II, § 33 Rn. 27.
[224] Bericht Parteienrechtskommission, S. 156.
[225] Wolfrum, Die innerparteiliche demokratische Ordnung, S. 64.
[226] Wolfrum, Die innerparteiliche demokratische Ordnung, S. 64.
[227] Bonner Kommentar-Henke, Art. 21 Rn. 262; Maunz/Dürig-Klein, Art. 21 Rn. 320; König, Verfassungsbindung, S. 34.

Die Geltung des auf den Staat bezogenen Grundsatzes einer demokratischen Organisation auf nichtstaatliche Organisationen, wie sie die Parteien darstellen,[228] lässt sich durch die Stellung der Parteien rechtfertigen. Sie stellen zwar freie Vereinigungen im gesellschaftlichen Bereich dar, durch ihre Funktionen können sie aber so unmittelbar auf die staatlichen Ämter einwirken, dass sie den Staat mit einem undemokratisch gebildeten innerparteilichen Willen infizieren würden.[229] Würde es sich bei den Parteien um staatliche Organisationen handeln, so wäre das Erfordernis einer binnendemokratischen Struktur selbstverständlich, ohne dass es einer positiven Regelung bedürfte. Da die Parteien aber grundsätzlich in der Rechtsform bürgerrechtlicher Vereine existieren, kann man in der Regelung des Art. 21 Abs. 1 S. 3 GG eine Reaktion auf die ihnen als Vereinen zukommende Vereinsautonomie sehen. Dieser Eingriff in die Vereinsautonomie wird durch die Bedeutung der Parteien für die Demokratie an sich gerechtfertigt. Art. 21 Abs. 1 S. 3 GG fordert also, dass die Parteien eine ähnliche Struktur aufweisen müssen wie sämtliche anderen Bestandteile des demokratisch organisierten Gemeinwesens.[230]

b. Das Erfordernis einer positiven Regelung einer binnendemokratischen Ordnung

Die positive Regelung des Art. 21 Abs. 1 S. 3 GG ist erforderlich, weil sich eine den dort geforderten demokratischen Grundsätzen entsprechende innere Ordnung der Parteien nicht bereits zwingend aus der Konkurrenzsituation ergibt, in der sich die Parteien in einem Mehrparteiensystem befinden.[231] Diese Situation führte ohne die in Art. 21 Abs. 1 S. 3 GG vorgenommene Festlegung auf eine demokratische Parteistruktur eher zu einer Entdemokratisierung der Parteien. Eine demokratische Willensbildung hat zur Folge, dass die Flexibilität der Entscheidungsprozesse aufgrund der Partizipation eines möglichst großen Teils der Parteimitglieder insgesamt gehemmt wird. Ein Höchstmaß an Flexibilität verspricht aber am ehesten einen größtmöglichen Wahlerfolg. Ergebnis dieser Konkurrenzsituation ist also das Bedürfnis der Parteien, eine Machtkonzentration an der Parteispitze herzustellen. Diese Oligarchisierungstendenzen bedürfen zwin-

---

[228] Sie lassen sich eher dem gesellschaftlichen Bereich zuordnen, siehe C I 4, und sind in den Rechtsformen des Vereinsrechts organisiert, z.B. v. Mangoldt/Klein/Starck-Streinz, Art. 21 Abs. 1 Rn. 53; Bonner Kommentar-Henke, Art. 21 Rn. 17.

[229] Bonner Kommentar-Henke, Art. 21 Rn. 262.

[230] Der Bericht der Parteienrechtskommission, S. 157 spricht von „der strukturellen Homogenität der Parteien mit den Grundsätzen des demokratischen Staates"; Maunz/Dürig-Klein, Art. 21 Rn.334; v. Mangoldt/Klein/Starck-Streinz, Art. 21 Abs. 1 Rn. 150; Sachs-Ipsen, Art. 21 Rn. 62; Henke, Das Recht der politischen Parteien, S. 49.

[231] Alternativkommentar-Preuß, 2. Aufl., Art. 21 Abs. 1, 3 Rn. 63.

gend des normativen Gegengewichts in Art. 21 Abs. 1 S. 3 GG, damit sich die Parteien nicht zu inhaltsleeren, undemokratisch strukturierten Machtinstrumenten entwickeln.[232]

Die Regelung des Art. 21 Abs. 1 S. 3 GG bezweckt insofern weniger einen effektiven Schutz der Verfassung.[233] Durch sie soll vielmehr die Teilnahme eines möglichst großen Teils der Wählerschaft außerhalb der Wahlen am Staatsleben gefördert und gewährleistet werden, da nur durch diese Mitwirkung die Konzentration der Staatsmacht in den Händen der Staatsorgane legitimiert werden kann.[234]

Damit ist das Bedürfnis einer demokratischen Ordnung der Parteien sowie dessen Normierung in Art. 21 Abs. 1 S. 3 GG wesentlicher Bestandteil der Sicherung der freiheitlichen demokratischen Ordnung des Grundgesetzes. Man kann im Gebot innerparteilicher Demokratie mithin eine notwendige Konsequenz des als Parteiendemokratie verfassten Staates sehen.[235] Dass die Organisation der Parteien den demokratischen Grundsätzen des Staates entsprechen müssen, ist somit eine Funktionsvoraussetzung des demokratischen Prozesses überhaupt.[236]

2. Voraussetzungen innerparteilicher Demokratie

Grundsätzlich kommt es darauf an, die Parteiorganisationen so zu demokratisieren, wie dies von ihrer verfassungsrechtlichen Aufgabe vorausgesetzt wird. Sie müssen also in die Lage versetzt werden, die legitimierende Verbindung zwischen dem Willensbildungsprozess im Volk und den im verfassungsrechtlich organisierten institutionellen Bereich getroffenen Entscheidungen zu schaffen

---

[232] Alternativkommentar-Preuß, 2. Aufl., Art. 21 Abs. 1, 3 Rn. 64.

[233] Bericht Parteienrechtskommission, S. 156; Die Frage der Verfassungswidrigkeit einer Partei ist eine selbständige Frage, wobei das BVerfG anerkannt hat, dass die innere Ordnung für eine Beurteilung der Verfassungswidrigkeit nur eine begleitende Rolle spielt. Nicht jedes Zurückbleiben hinter dem von Art. 21 GG geforderten Minimums an demokratischer Ausgestaltung bedeutet, dass eine Partei verfassungswidrig erscheint. Um ein Indiz für eine verfassungswidrige Einstellung der Partei zu begründen bedarf es einer Abwendung der Partei von demokratischen Grundsätzen oder einer inneren Abkehr von den demokratischen Grundlagen der Verfassung, BVerfGE 2, 1; 14, 46,47.

[234] Trautmann, Innerparteiliche Demokratie, S. 51 f.; Wolfrum, Die innerparteiliche demokratische Ordnung, S. 64; Hesse, Grundzüge, S. 72; Abendroth, PVS 64, S. 306, 312.

[235] Seifert, Die politischen Parteien, S. 189.

[236] Wolfrum, Die innerparteiliche demokratische Ordnung, S. 64; Seifert, Die politischen Parteien, S. 189.

und aufrecht zu erhalten.[237] Es handelt sich dabei um das Anliegen der Herstellung einer weitestgehenden strukturellen Gleichheit der Organisation der einzelnen Parteien und den Grundsätzen des demokratischen Staates an sich.[238] Unter dem Begriff der inneren Ordnung, die demokratischen Strukturen entsprechen muss, ist dabei vor allem die Organisation der innerparteilichen Willensbildung zu verstehen.[239] Für eine demokratische Willensbildung sind insbesondere die Gliederung der Parteien, die Bildung und die Befugnisse der Parteiorgane sowie Rechte und Pflichten der Mitglieder entscheidend.[240] Diese Willensbildung muss auch bei einer Mitwirkung von Nichtmitgliedern ebenso wie die des Staates demokratischen Grundsätzen entsprechen, um dem Verfassungsauftrag des Art. 21 Abs. 1 S. 3 GG gerecht zu werden.

Um die Mitarbeit von Parteifremden rechtlich bewerten zu können, bedarf es daher zunächst der Klärung, wann eine Parteiorganisation den von Art. 21 Abs. 1 S. 3 GG aufgestellten demokratischen Voraussetzungen entspricht. Erst daran anschließend ist es möglich, festzustellen, ob eine Partizipation von Parteifremden grundsätzlich zulässig ist. Sollte eine Einflussnahme von Parteifremden mit Art. 21 Abs. 1 S. 3 GG vereinbar sein, muss des Weiteren ermittelt werden, welche Partizipationsformen möglich und bis zu welcher Grenze noch von einer binnendemokratischen Organisation gesprochen werden kann.

Da jedoch der normative Gehalt der Vorschrift des Art. 21 Abs. 1 S. 3 GG nicht unmittelbar evident ist, muss zunächst sein Inhalt geklärt werden. Im Negativen ist eine Abgrenzung sowohl zu den nach dem Führerprinzip organisierten Parteien der Zwischenkriegszeit als auch zu den selbstherrlichen Oligarchien früherer Parteien möglich.[241] Kennzeichen dieser Parteien war ein eindimensionaler Entscheidungsfluss von der Parteispitze hin zu der Parteibasis.[242] Es besteht also eine einseitige Willensbildung von „oben nach unten“. Eine Parteiorganisation, innerhalb derer die Entscheidungen von der Führung der Basis aufoktroyiert werden, weist demnach keine demokratischen Grundzügen entsprechende innere Ordnung auf. Diese negative Abgrenzung zu undemokratisch organisierten Par-

---

[237] Wolfrum, Die innerparteiliche demokratische Ordnung, S. 64; Fraenkel, Recht und Staat, Heft 219/220, S. 30; Friesenhahn, Zeitschrift für Schweizerisches Recht, S. 245, 268; Müller, Die innere Ordnung der Parteien, S. 97.

[238] Bericht Parteienrechtskommission, S. 157; Grimm, HdbVerfR, § 14 Rn. 36; Maunz/Dürig-Klein, Art. 21 Rn. 334.

[239] BGHZ 101, 193, 202; Sodan, DÖV 1988, S. 828, 832; Wolfrum, Die innerparteiliche demokratische Ordnung, S. 64; Hesse, Grundzüge, S. 72.

[240] Berliner Kommentar-Volkmann Art. 21 Rn. 67; Maunz/Dürig-Klein, Art. 21 Rn. 337.

[241] Seifert, Die politischen Parteien, S. 190; v. Mangoldt/Klein/Starck-Streinz, Art. 21 Abs. 1 Rn. 150.

[242] Seifert, Die politischen Parteien, S. 190; v. Mangoldt/Klein/Starck-Streinz, Art. 21 Abs. 1 Rn. 150.

teimodellen ist aber insgesamt zu ungenau, um die Verfassungsmäßigkeit der Mitarbeit von Nichtmitgliedern in den Parteien zu beurteilen. Eine Orientierung an ihr zeigt nur, dass die Mitarbeit Parteifremder nicht dazu führen darf, dass der allein Parteiführung Entscheidungskompetenzen zukommen dürfen. Daneben ist aber eine positive Feststellung dessen, was genau unter den demokratischen Grundzügen zu verstehen ist, notwendig, um die Mitarbeit der Parteifremden rechtlich zu beurteilen.

Eine positive Orientierung könnte zunächst am Demokratieprinzip des Art. 20 erfolgen.[243] Zur Ermittlung der Reichweite des Grundsatzes der innerparteilichen Demokratie bedarf es damit vorab der Klärung, ob der Demokratiebegriff des Art.20 Abs. 1 GG und die in Art. 21 Abs. 1 S. 3 GG geforderten demokratischen Grundsätze deckungsgleich sind und – wenn dies zumindest in Grundzügen bejaht werden kann - was unter dem Demokratiebegriff im Sinne des Grundgesetzes überhaupt zu verstehen ist. Anschließend soll anhand der dabei gefundenen Ergebnisse eine Präzisierung dessen vorgenommen werden, was mit der Bezeichnung „demokratische Grundsätze" in Art. 21 Abs. 1 S. 3 GG gemeint ist. Von Kritikern der Organisationsform der Volksparteien wird aber bereits bezweifelt, dass dieser Parteientypus überhaupt demokratischen Grundzügen entsprechen kann.[244]

a. Möglichkeit der Einführung innerparteilicher Demokratie in Volksparteien

Zunächst soll deshalb festgestellt werden, ob der Typus der Volkspartei mit ihrem allumfassenden Wirkungsanspruch bzw. der breit gefächerten Interessenvertretung die Chancen innerparteilicher Demokratie nicht generell verschlechtert. Kritiker sehen in diesem Parteitypus ein Instrument der (Partei-) Oligarchien, dass den etablierten Parteiführungen die Macht erhalten sollen.[245] Nach deren Ansicht ist eine Volkspartei strukturell ungeeignet, entsprechend demokratischen Grundzügen organisiert zu werden.

Diesen Kritiken ist insoweit Recht zu geben, als die Verbreiterung des Spektrums der Parteipolitik einen Machtzuwachs der Parteien und damit auch der Parteiführungen bewirkt, solange die von den Volksparteien aufgestellte politische Rechnung aufgeht und die Wähler verschiedener Interessenschichten einer Partei zur Mehrheit verhelfen. Des Weiteren begünstigen sowohl Größe und Kom-

---

[243] V. Mangoldt/Klein/Starck-Streinz, Art. 21 Abs. 1 Rn. 150; Wolfrum, Die innerparteiliche demokratische Ordnung, S. 19; Jarass/Pieroth, Art. 21 Rn. 23.
[244] Dittberner, PVS 1970, S. 236, 267; Trautmann, Innerparteiliche Demokratie, S. 135.
[245] Dittberner, PVS 1970, S. 236, 267; Trautmann, Innerparteiliche Demokratie, S. 135.

plexität der Volksparteien als Massenparteien sowie die Apathie vieler Mitglieder einen Machtzuwachs der Parteiführung.

Von den Kritikern der Volksparteien wird jedoch übersehen, dass die konsequente Nutzung der Strukturen von Volksparteien – sie decken nicht nur ein weites Meinungsspektrum ab, sondern zeichnen sich auch dadurch aus, dass dieser Meinungspluralismus eine Vielzahl unterschiedlicher Parteigruppierungen hervorbringt – im Gegensatz zu reinen Interessenparteien grundsätzlich eher dazu führt, das generell in Parteien bestehende Oligarchieproblem zu verringern.[246] Die in der Organisation der Volkspartei angelegte Fraktionsbildung[247] ist förderlich für die innerparteiliche Demokratie, da der dadurch entstehende innerorganisatorische Wettbewerb eine Steigerung der Chancen einer angemessenen Artikulation und Aggregierung der Mitgliederinteressen sowie der Beteiligung der Mitglieder an den organisationsrelevanten Entscheidungen bedeutet.[248] Aufgrund der spezifischen Eigenschaften von Volksparteien erhöht sich zum einen die Chance auf Kontrolle der Parteiführung durch die innerparteiliche Gruppenkonkurrenz.[249] Anders als bei homogenen Interessenparteien sind nämlich „Fraktionsbildung und Integration bei einer Volkspartei keine Gegensätze".[250]

Zum anderen tritt der Nachteil der Interessenparteien, dass die Mitglieder allenfalls an der Formulierung von vorneherein relativ unstreitigen, einseitigen politischen Forderungen beteiligt werden, bei den Volksparteien nicht auf. Die politischen und programmatischen Kompromisse, die von den Interessenparteien erst in Koalitionsverhandlungen nach erfolgten Wahlen erreicht werden müssen, werden innerhalb von Volksparteien bereits parteiintern in der Auseinandersetzung der einzelnen Parteigruppierungen während der Wahlvorbereitung getroffen. Bei den Volksparteien läuft also schon intern ein intensiver Meinungsbildungsprozess der einzelnen Interessengruppen ab.[251] Die Einebnung der dabei auftretenden Interessendifferenzen erfordert ein hohes Maß an Kompromissbereitschaft und vor allem einen regen argumentativen Meinungsaustausch. Die Vertreter der in diesem Prozess letztendlich unterlegenen Meinungsgruppe werden viel eher zu der Kontrolle einer Parteiführung bereit sein, welche die obsiegende Gegenposition vertritt, als Mitglieder reiner Interessenparteien. Auch die Tatsache, dass in Volksparteien insgesamt eher heterogene Meinungspositionen

---

[246] Trautmann, Innerparteiliche Demokratie, S. 131, 135 sieht unter organisationstheoretischen Geschichtspunkten sogar eher positive Voraussetzungen für die innerparteiliche Demokratie in den Volksparteien.

[247] Zeuner, Innerparteiliche Demokratie, S. 31.

[248] Naschold, Organisation und Demokratie, S. 31, 91.

[249] Trautmann, Innerparteiliche Demokratie, S. 136.

[250] Trautmann, Innerparteiliche Demokratie, S. 132.

[251] Trautmann, Innerparteiliche Demokratie, S. 136.

vertreten werden, führt dazu, dass die Parteiführung selbst regelmäßig aus Vertretern dieser verschiedenen Gruppen gebildet wird. Dadurch erhöht sich ebenfalls ihre Kompromissbereitschaft, da auch innerhalb der Führung dieser Meinungskonflikt gelöst werden muss, um entscheidungsfähig zu bleiben. Auch hier wird also infolge der Meinungskonkurrenz ein Kontrolleffekt eintreten.

Insgesamt kann somit festgehalten werden, dass der Typus der Volkspartei die Durchsetzung einer binnendemokratischen Ordnung nicht erschwert.[252] Weil die Strukturen von Volksparteien die innerparteiliche Demokratie nicht in Frage stellen, haben sie keinen Einfluss auf die Frage, welche verfassungsrechtlichen Konsequenzen die von den Parteien geschaffenen Partizipationsrechte für Nichtmitglieder haben.

b. Identität der demokratischen Grundsätze nach Art. 21 Abs. 1 S. 3 GG mit dem Demokratiebegriff des Art. 20 Abs. 1 GG oder Vorliegen eines durch die Parteien zu konkretisierenden Gestaltungsspielraums?

Unter dem Begriff der *demokratischen Grundsätze* kann man zunächst grundlegende, das jeweilige Demokratieverständnis bestimmende Werte verstehen, die unter anderen in den institutionellen Vorkehrungen der Parteien ihren Ausdruck gefunden haben müssen.[253] Generell ist damit bei der näheren Konkretisierung des Begriffs der *demokratischen Grundsätze* eine grobe inhaltliche Orientierung am Demokratiebegriff des Art. 20 Abs. 1 und 2 GG möglich.[254] Über das genaue Verhältnis dieser beiden Begriffe zueinander wird dadurch jedoch noch keine Aussage getroffen.

aa. Der Wortlaut der Vorschrift

Der Wortlaut des Art. 21 Abs.1 S. 3 GG liefert einen ersten Anhaltspunkt zur Konkretisierung dieses Verhältnisses. Zunächst einmal spricht gegen Identität, dass die in Art. 21 Abs. 1 S. 3 GG gewählte Formulierung nicht mit der des Art. 20 GG kongruent ist. Des Weiteren kann aus der Tatsache, dass die Organisation

---

[252] Laufer, Die demokratische Ordnung, S. 156 f.; Trautmann, Innerparteiliche Demokratie, S. 137.

[253] Heinz, Organisation innerparteilicher Willensbildung, S. 9.

[254] V. Mangoldt/Klein/Starck-Streinz, Art. 21 Abs. 1 Rn. 150; Jarass/Pieroth, Art. 21 Rn. 23; Blank, DVBl. 1976, S. 564, 565; Lenz/Sasse, JZ 1962, S. 233, 239; Sodan, DÖV 1988, S. 828, 832; Tsatsos, in: Parteiendemokratie in Deutschland, S. 131, 145, hält den Begriff der demokratischen Grundsätze in Art. 21 Abs. 1 S. 3 sogar für identisch mit dem Demokratiebegriff des Art. 20 Abs. 1.

der Parteien „demokratischen Grundsätzen" entsprechen muss, darauf geschlossen werden, dass bei der Ausgestaltung der innerparteilichen Ordnung ein gewisser Gestaltungsspielraum besteht.[255] Dies folgt einerseits daraus, dass nur eine *grundsätzliche* Übereinstimmung mit dem Demokratieprinzip des Grundgesetzes gefordert wird, also keine absolute Deckungsgleichheit. Zum anderen wird der Begriff der „demokratischen Grundsätze" außer in Art. 21 GG auch in Art. 28 GG verwendet. Trotz der Bindung an die leitenden Prinzipien des Staatsaufbaus ist bei Art. 28 GG aber anerkannt, dass kein identischer Aufbau gefordert wird, sondern dass den Bundesländern bei der Konkretisierung ihrer verfassungsmäßigen Ordnung ein gewisser Gestaltungsspielraum eingeräumt worden ist.[256]

In Bezug auf die Weite des jeweils gewährten Spielraums ergibt ein Vergleich der Formulierung in Art. 21 Abs. 1 S. 3 GG mit der des Art. 28 Abs. 1 GG, dass die Spanne zur Ausgestaltung der innerparteilichen Organisation weiter sein muss als die den Ländern eingeräumte Organisationsfreiheit. Dies zeigt sich daran, dass in Art. 28 Abs. 1 GG nicht nur eine Entsprechung mit „demokratischen Grundsätzen" gefordert wird, sondern mit „den Grundsätzen des republikanischen, demokratischen und sozialen Rechtsstaats".[257] Art. 28 Abs. 1 GG fordert demzufolge eine weiter gehende Übereinstimmung der Organisation der Bundesländer mit den Strukturprinzipien des Gesamtstaats als es Art. 21 Abs. 1 S. 3 GG von den Parteien verlangt.

Aufgrund der in Art. 21 Abs. 1 S. 3 GG gewählten Formulierung kann man also zunächst einmal festhalten, dass der Demokratiebegriff des Grundgesetzes in Art. 20 GG mit den demokratischen Grundsätzen in Art. 21 Abs. 1 S. 3 GG nicht identisch ist. Es bedarf allein einer grundsätzlichen Übereinstimmung.[258] Bei der Ausgestaltung der innerparteilichen Ordnung besteht damit ein gewisser Gestaltungsspielraum, der weiter ist als der den Bundesländern in Art. 28 GG zugebilligte Organisationsspielraum.

---

[255] BVerfGE 2, 1, 40; statt vieler Maunz/Dürig-Klein, Art. 21 Rn. 334.

[256] BVerfGE 9, 268, 279.

[257] Wolfrum, Die innerparteiliche demokratische Ordnung, S. 25; v. Mangoldt/Klein/Starck-Streinz, Art. 21 Abs. 1 Rn. 150; Sachs-Ipsen, Art. 21 Rn. 55; König, Verfassungsbindung, S. 37.

[258] Alternativkommentar-Preuß, 2. Aufl., Art. 21 Abs. 1, 3, Rn. 63; v. Mangoldt/Klein/Starck-Streinz, Art. 21 Abs. 1 Rn. 150; Bericht Parteienrechtskommission, S. 157.

bb. Differenzen zwischen dem Demokratiebegriff des Art. 20 GG und den demokratischen Grundsätzen des Art. 21 Abs. 1 S. 3 GG aufgrund der Parteiaufgaben

Auch aus den Funktionen der Parteien im System des Grundgesetzes ergibt sich, dass es keine absolute Deckungsgleichheit des Demokratiebegriffs in Art. 20 GG und den demokratischen Grundsätzen des Art. 21 Abs. 1 S. 3 GG geben kann.

Anders als der Staat befinden sich die Parteien in einer Konkurrenzsituation. Ihre Aufgaben bringen es mit sich, dass sie periodisch um die Wählergunst werben müssen. Um in dieser Wettbewerbssituation erfolgreich bestehen zu können, bedarf es einer Handlungs- und Durchsetzungsfähigkeit sowie einer Geschlossenheit in der Darstellung nach außen, welche innerhalb des Staats nicht erforderlich ist.[259] Das für eine erfolgreiche Teilnahme an den Wahlen erforderliche Maß an Geschlossenheit ist bei einer direkten Übernahme der Voraussetzungen, die an die Demokratie auf Staatsebene mit ihren langwierigen Entscheidungsprozessen gestellt werden, nicht zu erreichen. In der Wettbewerbssituation des Wahlkampfs zeigt sich des Weiteren am deutlichsten, dass eine Partei nicht notwendigerweise sämtliche politische Strömungen innerhalb der Bevölkerung abbilden muss, sondern dass sich in ihr ein Teil der politisch aktiven Kräfte zur möglichst effektiven Artikulation und Durchsetzung ihrer politischen Ziele zusammengeschlossen hat.[260] In dieser Situation scheint es notwendig, dass die Parteien zumindest nach außen als Einheit auftreten, auch wenn die innerhalb einer Partei wirkenden Meinungen nie absolut deckungsgleich sind.[261] Ein unbeschränkter Binnenpluralismus ist insofern den Wahlchancen abträglich. Deshalb ist es nicht möglich, die staatliche Demokratievorstellung, die von einer unbegrenzten Meinungsvielfalt ausgeht, unverändert auf die Parteiorganisationen zu übertragen.[262] Anderenfalls wären die Parteien nicht in der Lage, Wahlen erfolgreich bestreiten zu können.

Auch aus den Funktionen, die den Parteien in der Staatskonzeption des Grundgesetzes zugeteilt worden sind, ergibt sich deshalb, dass die innerparteiliche

---

[259] V. Mangoldt/Klein/Starck-Streinz, Art. 21 Abs. 1 Rn. 150; Dreier-Morlok, Art. 21 Rn. 117; Grimm, HdbVerfR, § 14 Rn. 37.

[260] Maunz/Dürig-Klein, Art. 21 Rn. 334; Dreier-Morlok, Art. 21 Rn. 117; v. Mangoldt/Klein/Starck-Streinz, Art. 21 Abs. 1 Rn. 150.

[261] Maunz/Dürig-Klein, Art.21 Rn. 335.

[262] Seifert, Die politischen Parteien, S. 190; Maunz/Dürig-Klein, Art. 21 Rn. 335 f.; v. Mangoldt/Klein/Starck-Streinz, Art. 21 Abs. 1 Rn. 150. Zu der Frage eines Rechts auf innerparteiliche Opposition, die mit dieser Problematik zusammenhängt, siehe C II 3 f.

Demokratie nicht den staatlichen Modellvorstellungen entsprechen muss.[263] Vielmehr zeigt sich, dass den Parteien ein gewisser Spielraum bei der Ausgestaltung der innerparteilichen Organisation zukommt. Die Parteien könnten diesen Spielraum jedoch nur unter der Voraussetzung für eine Öffnung der Parteiorganisationen für die Mitarbeit Parteifremder nutzen, dass sie und nicht der Staat zu dessen Konkretisierung berechtigt sind.

cc. Berechtigung der Parteien zur eigenständigen Konkretisierung des in Art. 21 Abs. 1 S. 3 GG eingeräumten Gestaltungsspielraums der innerparteilichen Organisation

Anders als die Bundesländer, die als Adressat der Regelung des Art. 28 GG berechtigt sind, den ihnen eingeräumten Gestaltungsspielraum selbständig zu nutzen, ist es bei Art. 21 Abs. 1 S. 3 GG nicht eindeutig, wem die Kompetenz zur Konkretisierung dieses Organisationsspielraums zukommt. Sollte allein der Bundesgesetzgeber zur Konkretisierung dieses Gestaltungsspielraums berechtigt sein, so bliebe bis zu einer gesetzlichen Regelung der Mitarbeit Parteifremder kein Raum für die derzeit stattfindende Öffnung der Parteien.

Für eine solche ausschließliche Regelungskompetenz des Gesetzgebers spricht zunächst einmal dessen ausdrückliche Erwähnung in Art. 21 Abs. 3 GG.[264] Eine solche ausdrückliche Regelungskompetenz des Bundesgesetzgebers fehlt in Art. 28 GG, so dass man davon ausgehen könnte, dass das Grundgesetz die Konkretisierung des vorhandenen Gestaltungsspielraums nicht den Parteien überlassen wollte.[265] Der Bundesgesetzgeber hat von seiner Kompetenz durch den Erlass des Parteiengesetzes auch Gebrauch gemacht hat. Die §§ 6-16 ParteiG enthalten eine Konkretisierung einer demokratischen Grundsätzen entsprechenden Parteiorganisation. Die dort getroffenen Regelungen lassen den Parteien aber einen gewissen Spielraum zur Ausgestaltung ihrer Parteiorganisationen, z.B. durch „kann-Bestimmungen" wie in § 10 Abs. 2 ParteiG. Der Bundesgesetzgeber hat also anerkannt, dass den Parteien mehrere Organisationsmöglichkeiten zur Verfügung stehen, die dem Postulat innerparteilicher Demokratie entsprechen.[266] Die Parteien selber sind demnach berechtigt, zwischen diesen Organisations-

---

[263] Wolfrum, Die innerparteiliche demokratische Ordnung, S. 26; Hättich, Innerparteiliche Demokratie, S. 43, 44; Naschold, Organisation und Demokratie, S. 58.

[264] So Trautmann, Innerparteiliche Demokratie, S. 171 f.

[265] Vgl. Bericht Parteienrechtskommission, S. 157: „Art. 28 GG enthält eine Begrenzung der Freiheit des Landesgesetzgebers, während Art. 21 GG sich an den Bundesgesetzgeber wendet:"

[266] Trautmann, Innerparteiliche Demokratie, S. 174; v. Mangoldt/Klein/Starck-Streinz, Art. 21 Abs. 1 Rn. 153.

möglichkeiten zu wählen. Das ParteiG schafft in den §§ 6 bis 16 ParteiG also allein die Rahmenbedingungen für eine demokratischen Grundsätzen entsprechenden Parteiordnung.[267] Insofern ist der Regelungsvorbehalt zugunsten des Bundesgesetzgebers in Art. 21 Abs. 3 GG alleine nicht ausreichend, um den Parteien eine eigenständige Regelungskompetenz innerhalb des vom Parteiengesetz gezogenen Rahmens vorzuenthalten.

Neben dem Art. 21 Abs. 3 GG könnte aber auch der Grundsatz der Chancengleichheit[268] für eine ausschließliche Regelungskompetenz des Bundesgesetzgebers sprechen.[269] Das sich aus den Funktionen der Parteien und dem Gleichheitssatz ergebende Prinzip ist eine der wesentlichen Voraussetzungen der demokratischen Legitimation der von den Parteien ausgeübten Staatsgewalt.[270] Es findet deshalb nicht nur bei der Vergabe von öffentlichen Leistungen sowie der Ausgestaltung des Wahlrechts Anwendung, sondern auch bei der näheren Ausgestaltung der innerparteilichen Demokratie.[271] Würden nun an das Willensbildungsverfahren innerhalb der Parteien nicht identische Anforderungen gestellt, so argumentieren die Befürworter einer alleinigen Regelungskompetenz des Gesetzgebers, wäre die Chancengleichheit nicht zu realisieren.[272] Eine Partei, die eine breite und umfassende Partizipation am Entscheidungsvorgang ermöglicht, kann nicht so rasch politisch agieren und auf aktuelle Herausforderungen reagieren wie eine oligarchisch strukturierte Partei, die nur einen kleinen Teil der Parteibasis am Willensbildungsprozess partizipieren lässt. Insofern erscheint es den Vertretern dieser Ansicht zwingend, dass dieser Bereich ausschließlich und umfassend vom Bundesgesetzgeber geregelt wird.

Auch die sich aus dem Prinzip der Parteiengleichheit ergebende Gleichheit der Parteimitglieder wird als Argument gegen eine Konkretisierungsbefugnis der Parteien vorgebracht.[273] Ohne eine genaue Regelung durch den Gesetzgeber käme es für eine effektive Teilhabe des Bürgers an der Staatsleitung über die Parteien allein auf die konkrete Ausgestaltung der Organisation der Partei an, in der der Bürger mitarbeitet.[274] Die Parteimitglieder wären in diesem Bereich also

---

[267] Grimm HdbVerfR, § 14 Rn. 39; Trautmann, Innerparteiliche Demokratie, S. 127.
[268] Umfassend zu dem Grundsatz der Chancengleichheit: Lee, Chancengleichheit der Parteien; Jülich, Chancengleichheit; Kißlinger, Chancengleichheit.
[269] Trautmann, Innerparteiliche Demokratie, S. 171 f.
[270] Maunz/Dürig-Klein, Art. 21 Rn. 296; Dreier-Morlok, Art. 21 Rn. 72; Kröger, Schematische Parteiengleichheit, in: FS Grewe, S. 507, 516. Nach BVerfGE 1, 208, 242 versteht sich das Recht auf Chancengleichheit als „Bestandteil der demokratischen Grundordnung von selbst".
[271] Maunz/Dürig-Klein, Art. 21 Rn. 331; Trautmann, Innerparteiliche Demokratie, S. 171.
[272] Trautmann, Innerparteiliche Demokratie, S. 171f.
[273] Trautmann, Innerparteiliche Demokratie, S. 172 f.
[274] Trautmann, Innerparteiliche Demokratie, S. 172 f.

darauf angewiesen, dass die Parteien sich auf einigermaßen identische Organisationsmodelle verständigen würden. Anderenfalls würden die Mitglieder unterschiedlicher Parteien unterschiedliche Rechtsstellung einnehmen. Des weiteren wäre die alleinige Regelungskompetenz des Gesetzgebers die einzige Möglichkeit zu garantieren, dass die Gleichheit zwischen einflussreichen und –armen Mitgliedern bestehen bleibt. Diese demokratische Gleichheit sei gefährdet, da sich die Führungseliten zur Herstellung größerer Flexibilität von der Basis abkoppeln könnten.[275]

Der Grundsatz der Parteiengleichheit verlangt aber keine absolute Gleichheit in der Organisation der Parteien. Die von diesem Grundsatz geforderte Chancengleichheit stellt sich allein als proportionale Gleichheit dar, d.h., der Staat muss die unter den Parteien bestehende Wettbewerbslage respektieren und darf sie nicht durch eine faktische Gleichbehandlung nivellieren.[276] Da das Gleichheitsgebot in den Parteien auf einen höchst ungleichen Gegenstand trifft – die Parteien werden erst in ihrer personellen und programmatischen Unterschiedlichkeit sinnvoll[277] - würde ein absoluter Einheitszwang für die Parteien eine neue, anders geartete Ungleichheit hervorrufen. Natürlich müssen die Bedingungen, unter denen die Parteien in den Wahlkampf eintreten, für alle Parteien identisch sein,[278] und wahrscheinlich käme es zu einem Verzicht auf eine umfassende Mitgliederpartizipation sowie zur Zentralisierung der Macht in den Händen einer wählerorientierten Parteiführung, wenn es nicht die gesetzliche Fixierung organisatorischer Mindeststandards gäbe, da gerade eine solche Konzentration die optimale Nutzung der Wahlchancen versprechen würden.[279] Diese Mindeststandards organisatorischer Gleichheit wurden durch die Bundes- und Landesgesetzgeber in den §§ 6 ff. ParteiG sowie den einzelnen Wahlgesetzen aber geschaffen.[280] Insofern sind Befürchtungen unbegründet, dass es zu einer unerträglichen Ungleichheit zwischen den Parteien selbst sowie unter den jeweiligen

---

[275] Trautmann, Innerparteiliche Demokratie, S. 173; a.A. Luthmann, Die innere Ordnung der Parteien, S. 48 ff.

[276] Dreier-Morlok, Art. 21 Rn. 84 ff.; v. Mangoldt/Klein/Starck-Streinz, Art. 21 Abs. 1 Rn. 127 ff.; Maunz/Dürig-Klein, Art. 21 Rn. 301, 309 ff.; v. Arnim, DÖV 1984, S. 85, 87; kritisch Kröger , Schematische Parteiengleichheit, in: FS Grewe, S. 507, 513 ff., der eine Rückkehr zur strikt schematischen Gleichheit als notwendig ansieht, um die Erstarrung des modernen Parteienstaats aufzubrechen; Kunig, HStR Bd. II, § 33 Rn. 66 ff.; Sachs-Ipsen, Art. 21 Rn. 40 ff.

[277] Grimm, HdbVerfR. § 14 Rn. 42; Seifert, Die politischen Parteien, S. 135.

[278] BVerfGE 82, 322, 337; Seifert, Die politischen Parteien, S. 132; Leibholz/Rinck/Hesselberger, Art. 38 Rn. 112.

[279] Niedermayer, Aus Politik und Zeitgeschichte, B 11/1989, S. 15, 16.

[280] Maunz/Dürig-Klein, Art. 21 Rn. 275, der davon spricht, dass dem „Gesetzgeber (Art. 21 Abs. 3 i.V.m. Abs. 1 S. 3) ein Regelungsauftrag erteilt worden ist, dem er im Parteiengesetz...nachgekommen ist“.

Mitgliedern kommen könnte, wenn den Parteien Einfluss auf die Ausgestaltung ihre Organisation eingeräumt würde.

Eine alleinige Kompetenz des Gesetzgebers zur vollständigen Regelung kann auch nicht dadurch hergeleitet werden, dass die Parteien Aufgaben im öffentlichen Bereich wahrnehmen.[281] Diese Aufgaben bedingen vielmehr den Status der Freiheit der Parteien,[282] und dieser lässt eher auf eine Regelungskompetenz der Parteien für die noch bestehenden Freiräume schließen.[283] Bei den Parteien handelt es sich trotz ihrer Aufgabenstellung um freie gesellschaftliche Vereinigungen und nicht um Zwangsverbände. Der Gesetzgeber hat daher auch nicht die Befugnis, die innerparteilichen Verhältnisse ähnlich abschließend zu regeln, wie es z. B. bei den öffentlichen Körperschaften der Fall ist.[284] Ihm sind „vielmehr lediglich bestimmte und begrenzte Regelungsaufträge erteilt worden".[285] Aufgrund der Sonderstellung der Parteien im öffentlichen Bereich und dem ihnen deshalb zukommenden Status der Freiheit fehlt es dem Gesetzgeber mithin an der Legitimation für eine erschöpfende inhaltliche Gestaltung der inneren Ordnung der Parteien.[286] Die Regelungen des Parteiengesetzes stellen damit bloß einen Rahmen von Mindeststandards der inneren Ordnung der Parteien dar.[287] Wegen der in der Parteifreiheit angelegten Organisationsfreiheit verbleibt den Parteien aber ein Spielraum zur unterschiedlichen Konkretisierung dieses Rahmens.[288]

---

[281] Müller, Die innere Ordnung der Parteien, S. 98.

[282] Ohne die Parteifreiheit könnten die Parteien zu Instrumenten einer autoritären Steuerung der Gesellschaft herabgewürdigt werden, Grimm, HdbVerfR, § 14 Rn. 30. Die verfassungsrechtliche Verankerung der Parteifreiheit ist umstritten, für die hier aufgeworfene Frage aber ohne Bedeutung. Teilweise wird sie in Art. 21 Abs. 1 S. 2 GG verortet, Sachs-Ipsen, Art. 21 Rn. 28; Luthmann, Die innere Ordnung der Parteien, S. 46; a.A. Maunz/Dürig-Klein, Art. 21 Rn. 256 f., der den verfassungsrechtlichen Sitz der Parteifreiheit allein in Art. 9 sieht, wieder a.A. Dreier-Morlok, Art. 21 Rn. 50 f., der annimmt, das Art. 21 die objektiv-rechtliche Gewährleistung der Parteifreiheit ist, deren Schutz subjektiv-rechtlich aber durch die Grundrechte erfolgt.

[283] Bericht Parteienrechtskommission, S. 158 ff.; Henke, Das Recht der politischen Parteien, S. 53; Luthmann, Die innere Ordnung der Parteien, S. 48; Müller, Die innere Ordnung der Parteien, S. 98; a.A. Trautmann, Innerparteiliche Demokratie, S. 171.

[284] Bericht Parteienrechtskommission, S. 113 f.; Luthmann, Die innere Ordnung der Parteien, S. 48.

[285] Bericht Parteienrechtskommission, S. 114.

[286] Hesse, VVDStRL 17 (1959), S. 11, 30; Luthmann, Die innere Ordnung der Parteien, S. 48; Bericht Parteienrechtskommission, S. 158, 165; Henke, Das Recht der politische Parteien, S. 230; Schmidt, NJW 1984, S. 762, 766.

[287] Nach dem Bericht Parteienrechtskommission, S. 165 ist das Mandat des Gesetzgebers „in erster Linie präventiver Natur."

[288] Bericht Parteienrechtskommission, S. 158; Luthmann, Die innere Ordnung der Parteien, S. 48; a.A. Trautmann, Innerparteiliche Demokratie, S. 171 ff.

Auch staatspolitische Gründe sprechen gegen eine erschöpfende Regelung der innerparteilichen Organisation durch den Gesetzgeber. In einer modernen Demokratie sind die Parteien bestimmungsgemäß das dynamische Element.[289] Die bereits in der verfassungsrechtlichen Funktion der Parteien angelegten bürokratischen Entwicklungstendenzen würden durch eine abschließende gesetzliche Regelung weiter verstärkt, so dass eine Erstarrung des innerparteilichen Lebens zu befürchten wäre. Da diese politische Dynamik für das demokratische Staatssystem von entscheidender Bedeutung ist, wäre eine Aushöhlung der Demokratie selber die Folge einer abschließenden Regelung durch den Gesetzgeber.[290] Die umfassende Normierung der inneren Ordnung ist kein Garant für politisches Leben; „schöpferische Initiative, Aktivität, Intelligenz und Energie der politischen Führer und der Anwärter auf die Führungspositionen als Voraussetzungen dieses Lebens lassen sich durch heteronome Regelungen nicht bewirken; sie können allerdings leicht durch derartige Regelungen eingeengt werden."[291]

Durch die Regelungen im ParteiG und in den Wahlgesetzen wird die Gestaltung der innerparteilichen Organisation somit zwar weitestgehend präjudiziert. Für die verbleibenden Freiräume liegt die Regelungskompetenz aber nicht beim Gesetzgeber, sondern den Parteien. Diese müssen sie aber derart ausgestalten, dass die letztendlich gewählte Organisationsform neben den Mindestanforderungen, die das ParteiG stellt, auch den von dem GG geforderten demokratischen Grundsätzen entspricht. Der Gestaltungsspielraum der Parteien für die verbleibenden Freiräume wird also durch Art. 21 Abs. 1 S. 3 GG begrenzt.[292]

dd. Fazit

Prinzipiell kann zunächst gesagt werden, dass bei einer Konkretisierung der von Art. 21 Abs. 1 S. 3 GG geforderten demokratischen Grundsätzen zwar eine Orientierung am Demokratiebegriff des Art. 20 GG möglich ist, dieser aber dem Parteibegriff und ihren Funktionen entsprechend modifiziert werden muss.[293]

---

[289] Luthmann, Die innere Ordnung der Parteien, S. 49.

[290] Bericht Parteienrechtskommission, S. 120; Luthmann, Die innere Ordnung der Parteien, S. 49.

[291] Hesse, VVDStRL 17 (1959), S. 11, 31.

[292] Maurer, JuS 91, S. 881, 887; Müller, Die innere Ordnung der Parteien, S. 98.

[293] Bericht Parteienrechtskommission S. 157; v. Mangoldt/Klein/Starck-Streinz, Art. 21 Abs. 1 Rn. 150; Jarass/Pieroth, Art. 21 Rn. 23; Bonner Kommentar-Henke, Art. 21 Rn. 262; v. Münch/Kunig – Kunig, Art. 21 Rn. 54; Tsatsos, in: FS Mosler, S. 997, 1015; Tsatsos/Morlok, Parteienrecht, S. 36 ff.; Kay, Innere Ordnung der pol. Parteien, S. 62 f., der als Grundlage der Differenzen jedoch darauf abstellt, dass Art. 20 Abs. 1 primär für die konstituierte Staatsgewalt gilt und, da die Parteien keine staatlichen Einrichtungen sind, Art. 21 Abs. 1 S. 3 als Regelungsnorm der innerparteilichen Ordnung deshalb nicht das identische demokratische Prin-

Das bedeutet, dass die Anforderungen an einen demokratischen Aufbau von Parteien und Staat nicht absolut deckungsgleich sein müssen.[294] Art. 21 Abs. 1 S. 3 GG verlangt von den Parteien demnach nur die Einhaltung demokratischer Mindeststandards.[295]

Damit einhergehend bedeuten die Normen des Parteiengesetzes keine abschließende Regelung der Organisationsstrukturen der Parteien. Diesen kommt infolge der ihnen übertragenen Aufgaben und der Organisationsfreiheit vielmehr ein gewisser Spielraum zur eigenständigen Gestaltung ihrer inneren Ordnung zu, wobei sich die gewählte Organisation an den Vorgaben des Art. 21 Abs. 1 S. 3 GG messen lassen muss. Ein solches Ergebnis stellt keinen Verstoß gegen das Gleichheitsgebot dar. Der für den demokratischen Charakter der Parteien und damit auch des Staates konstitutive Gleichheitssatz fordert zwar die gleichen Grundzüge der innerparteilichen Ordnung. Die Reglungen des ParteiG sind aber insgesamt ausreichend, um sicherzustellen, dass die Parteiorganisationen dem Gleichheitsgebot entsprechen. Folge des Organisationsspielraums ist, dass verschiedene Organisationsformen den Voraussetzungen des Art. 21 Abs. 1 S. 3 GG entsprechen können.[296]

In Bezug auf die Öffnung der Parteien für die Partizipation Parteifremder ist hiernach festzustellen, dass diese einen der vom ParteiG gelassenen Freiräume konkretisiert. Eine eigenständige Regelung durch die Parteien und nicht durch den Gesetzgeber ist auch im Hinblick auf deren Regelungsbefugnis nicht zu beanstanden. Dennoch müssen die Parteien die Voraussetzungen der demokratischen Grundsätze, wie sie von Art. 21 Abs. 1 S. 3 GG gefordert werden, einhalten.

c. Orientierung an dem Demokratiebegriff des Grundgesetzes

Trotz der Differenzen des Demokratiebegriffs in Art. 20 GG sowie den demokratischen Grundsätzen des Art. 21 Abs.1 S. 3 GG kann die Ausgestaltung der

---

zip zugrunde legen kann. A.A. Kressel, Parteiengerichtsbarkeit, S. 106 ff., der keine Notwendigkeit zur Modifizierung des Demokratiegebots durch die Parteiautonomie sieht.

[294] Henke, Das Recht der politischen Parteien, S. 50.

[295] V. Mangoldt/Klein/Starck-Streinz, Art. 21 Abs. 1 Rn. 150; Sachs-Ipsen, Art. 21 Rn. 55; Dreier-Morlok, Art. 21 Rn. 119; Seifert, Die politischen Parteien, S. 191.

[296] Heinz, Organisation innerparteilicher Willensbildung, S. 7; v. Mangoldt/Klein/Starck-Streinz, Art. 21 Abs. 1 Rn. 153, spricht davon, dass „die vom Gesetzgeber gewählte Konkretisierung nicht die einzige, aber eine mögliche Erfüllung der Vorgaben des Art. 21 Abs. 1 S. 3 ist“.

Demokratie auf Staatsebene als Orientierung für die Konkretisierung der innerparteilichen Demokratie herangezogen werden.

Auf einzelne Demokratietheorien soll hier nicht näher eingegangen werden. Trotz der unterschiedlichen Ausgestaltung, die die Demokratie in Geschichte und politischer Theorie erfahren hat, lassen sich jedoch für das heutige, auch dem Grundgesetz zugrunde gelegte Demokratieverständnis bestimmte Mindestanforderungen definieren, die in mehrere Strukturelemente gegliedert werden. Generell zählen zu diesen Elementen die individuelle politische Selbstbestimmung aller Bürger des Staates,[297] die Legitimation der handelnden Staatsorgane durch einen Willensakt des Volkes,[298] also durch regelmäßige freie Wahlen, an denen jeder Bürger als Mitglied des Souveräns Volk gleichberechtigt teilnehmen kann,[299] die freie Meinungsbildung des Volkes,[300] ein Mehrparteiensystem[301] sowie Entscheidungen nach der Mehrheitsregel.[302]

Diese auf den Staat zugeschnittenen Wesensmerkmale moderner Demokratie lassen sich zumindest modifiziert auch auf die Parteien anwenden. Sie stellen damit ein Gerüst an Mindestanforderungen für eine Organisation dar, die demokratischen Grundsätzen entspricht. Diese demokratischen Grundvoraussetzungen des Grundgesetzes sind die prinzipiellen Maßstäbe für die Ermittelung der Verfassungsmäßigkeit der von den Parteien gewählten Ausgestaltung ihrer inneren Ordnung.[303]

3. Grundelemente innerparteilicher Demokratie

Zusammenfassend hatte das Bundesverfassungsgericht festgestellt, dass die demokratischen Grundsätze des Art. 21 Abs. 1 S. 3 GG es erforderlich machen, „dass der Aufbau der Partei von unten nach oben erfolgen muss, die Mitglieder also nicht von der Willensbildung ausgeschlossen sein dürfen und dass die grundsätzliche Gleichwertigkeit der Mitglieder sowie die Freiheit von Eintritt und Ausscheiden gewährleistet sein muss.“[304] Die Aufzählung der genannten Elemente - Aufbau von unten nach oben, Gleichheit der Mitglieder, Freiheit der

[297] Trautmann, Innerparteiliche Demokratie, S. 161.
[298] V. Mangoldt/Klein/Starck-Sommermann, Art. 20 Rn. 80.
[299] BVerfGE 44, 125, 138 ff.
[300] V. Mangoldt/Klein/Strack-Sommermann, Art. 20 Rn. 82.
[301] Stern, Staatsrecht Bd. I, § 18 II 6.
[302] Dreier-Dreier, Art. 20 Rn. 64; v. Mangoldt/Klein/Starck-Sommermann, Art. 20 Rn. 84; Blank, DVBl. 1976, S. 564, 566.
[303] Berliner Kommentar-Volkmann Art. 21 Rn. 64.
[304] BVerfGE 2, 1, 40.

Mitglieder – ist aber nicht abschließend.[305] Die Parteiorganisationen müssen weitere Merkmale aufweisen, um den von Art. 21 Abs. 1 S. 3 GG geforderten demokratischen Grundzügen zu entsprechen. Im Folgenden sollen diese einzelnen Elemente genannt und näher veranschaulicht werden.

a. Aufbau der Partei „von unten nach oben"

Die Aussage, der Aufbau einer Partei habe von unten nach oben zu erfolgen, ist isoliert betrachtet zu ungenau, um festzustellen, ab wann eine Parteistruktur den Anforderungen des Art. 21 Abs. 1 S. 3 GG entspricht. Unklar ist vor allem, ob ein solcher Aufbau von „unten nach oben" eine Basisdemokratie im Sinne der Alleinentscheidungskompetenz der Mitglieder fordert oder ob mit ihm die Einführung repräsentativer Entscheidungsorgane zu vereinbaren ist.

aa. Basisdemokratie im Sinne von Alleinentscheidungskompetenz der Mitglieder als Voraussetzung eines Aufbaus „von unten nach oben"?

Ursprünglich wurde eine ausschließliche Willensbildung von „unten nach oben" als maßgeblich für einen Aufbau von unten nach oben eingestuft.[306] Durch diesen einseitigen Entscheidungsfluss vom einzelnen Parteimitglied hin zur Führung der Partei sollte ein autoritärer Aufbau der Partei schon in seinen Ansätzen unmöglich gemacht werden. Jegliche Abweichung von diesem Modell wurde bereits als Unterdrückung oder bürokratische Erstarrung angesehen, die mit dem Gebot des Art. 21 Abs. 1 S. 3 GG nicht mehr in Einklang zu bringen war.[307]

Eine solche Willensbildung setzt voraus, dass sämtliche Entscheidungen originär an der Parteibasis getroffen werden. Denn nur bei einer ausschließlich plebiszitären innerparteilichen Ordnung würde der Entscheidungsprozess ausschließlich aus von unten nach oben aufeinander aufbauenden Willensäußerungen bestehen.[308] Ein solches Verständnis des Aufbaus einer Partei und damit der innerparteilichen Demokratie schließt Mitarbeitsmöglichkeiten für Parteifremden kategorisch aus. Bei einer rein plebiszitären Parteiorganisation kommt allein den Parteimitgliedern ein Recht zu, auf die innerparteiliche Willensbildung Einfluss zu nehmen. Sollten Parteifremde Einfluss auf den Willensbildungsprozess nehmen, würde dies bereits eine Einschränkung der Alleinentscheidungskompe-

---

[305] Maunz/Dürig-Klein, Art. 21 Rn. 339.
[306] So noch Bericht Parteienrechtskommission, S. 157; Seifert, DÖV 1956, S. 1, 6; auch noch BVerfGE 2, 1, 40.
[307] Henke, DVBl. 79, S. 369, 372; Kay, Innere Ordnung der pol. Parteien, S. 67 f.
[308] Trautmann, Innerparteiliche Demokratie, S. 179.

tenz der Parteimitglieder bedeuten, die mit einem derartigen Verständnis des Art. 21 Abs. 1 S. 3 GG nicht mehr zu vereinbaren wäre.

aaa. Die Aufgabe der innerparteilichen Demokratie als Rechtfertigung einer einseitigen Willensbildung von unten nach oben

Eine solche Auffassung der innerparteilichen Demokratie wird nicht zwingend von den Aufgaben vorgeschrieben, die den Parteien in der Demokratiekonzeption des Grundgesetzes übertragen worden sind. Diese Aufgaben bestehen nicht darin, die Ansichten der Parteibasis zur allgemeinen Richtschnur des Parteihandelns zu erheben.[309] Die Notwendigkeit der demokratischen Organisation ergibt sich vielmehr daraus, dass die Parteien nur so in der Lage sind, die ihnen zukommende Aufgabe der Vermittlung von Wähler- und Mitgliederinteressen in einem demokratischen Staat zu erfüllen.[310] Die Vermittlungsfunktion der Parteien setzt voraus, dass alle Parteimitglieder am Prozess der innerparteilichen Willensbildung partizipieren können. Die innerparteiliche Demokratie soll insofern garantieren, dass weder die Interessen der Parteiführung, noch allein die Wählerinteressen oder die Ergebnisse von Meinungsumfragen zur Maxime des Parteihandelns werden.[311] Art. 21 Abs. 1 S. 3 GG ist also Garant dafür, dass das Handeln der einfachen Parteimitglieder weiterhin parteipolitisch relevant bleibt und sie nicht vollständig vom Prozess der innerparteilichen Willensbildung ausgeschlossen werden.[312] Dies setzt aber nicht voraus, dass sämtliche Entscheidungen originär an der Parteibasis zu treffen sind.[313] Die Funktion der Parteien erfordert insofern nicht eine absolut einseitige, rein plebiszitäre Willensbildung, in der jegliche Mitarbeit Parteifremder verfassungswidrig wäre. Sie bedingt allein, dass den Parteimitgliedern überhaupt die Möglichkeit verbleibt, an der innerparteilichen Willensbildung zu partizipieren.

Die Parteifunktionen legen eher ein gewisses Maß an Führung innerhalb der Parteien nahe. Dies zeigt vor allem die Beteiligung der Parteien an Wahlen. Diese Beteiligung erfordert von den Parteien ein gewisses Maß an Flexibilität. Diese Flexibilität wird aber nicht erreicht, wenn jede innerhalb der Partei zu tref-

---

[309] Hättich, Aus Politik und Zeitgeschichte, B 49/1969, S. 28; Hofmann-Hoeppel, ZParl 25 (1994), S. 369, 379.

[310] Anstatt vieler Alternativkommentar-Gusy, 3. Aufl., Art. 21, Rn. 66; Hesse, VVDStRL 17 (1959), S. 11, 30; s.o. C II 1.

[311] Alternativkommentar-Gusy, 3. Aufl., Art. 21 Rn. 66.

[312] Maunz/Dürig-Klein; Art. 21 Rn. 339.

[313] Maunz/Dürig-Klein, Art. 21 Rn. 337; Wolfrum, Die innerparteiliche Demokratische Ordnung, S. 67 ff., insbes. 70 f. sieht eine solche basisdemokratische Ordnung sogar im Widerspruch mit den Parteifunktionen, da dadurch das Willensbildungs- und Entscheidungsmonopol innerhalb des Gesamtstaates allein bei den Parteimitgliedern liegen würde.

fende Entscheidung originär an der Basis hervorzubringen, dort zu entwickeln und auch zu entscheiden ist.[314] Um die Handlungsfähigkeit der Parteien zu gewährleisten, ist vielmehr ein gewisses Maß an Führung „von oben“ unabdingbar. Art. 21 Abs. 1 S. 3 GG verlangt aber gerade keinen Führungsabbau bis zu einem Punkt, an dem die Einheit und Funktionsfähigkeit der politischen Parteien in Frage gestellt wird. Die Funktionen der Parteien erfordern deshalb nicht nur keine rein einseitige Willensbildung, sie bedingen vielmehr eine gewisse Eigenständigkeit der Parteiführung.

bbb. Faktische Unmöglichkeit einer rein einseitigen Willensbildung von „unten nach oben“

Auch rein faktisch ist ein absolut einseitiger Willensbildungsfluss von der Parteibasis zur –führung nicht denkbar.[315] Dies wird gerade im Vergleich mit der Demokratie auf Staatsebene besonders deutlich. Denn ebenso wenig wie das Volk in seiner Gesamtheit fähig ist, einen spontanen Willen zu bilden, der bindende Richtschnur für die Staatsorgane sein könnte, ebenso wenig kann eine solche spontane Willensbildung von der Gesamtheit der Parteimitglieder verlangt werden. Es wäre zwar wünschenswert, wenn sowohl innerhalb einer Partei als auch im demokratischen Staat die Legitimation der handelnden Organe und die Willensbildung eindimensional vom (Partei-)Volk zu den jeweils handelnden Organen ansteigen würden. Aber gerade der dynamische Ablauf der Willensbildung ist nicht in ein solch statisches Schema zu pressen.[316] Der Prozess einer konsequenten Willensbildung von unten nach oben ist sowohl auf Staatsebene wie auch in den Parteien praktisch unmöglich. Dementsprechend ist eine Demokratie ohne ein gewisses Maß an Führung weder in der modernen Massendemokratie noch in einer modernen Massenorganisation, wie sie die Parteien darstellen, vorstellbar.[317] Die Vorstellung, dass die innerparteiliche Willensbildung einen stringenten, eindimensionalen Prozess von der Parteibasis hin zur Parteiführung darstellt, ist auch aus rein faktischen Gründen abzulehnen. Sie stellt sich vielmehr mehrdimensional und wechselseitig dar.[318]

---

[314] Alternativkommentar-Gusy, 3. Aufl., Art. 21 Rn. 74.

[315] Zu dem Scheitern des Versuch einer „Basisdemokratie“ bei den Grünen siehe Raschke, Die Grünen, S. 496 ff, 640 ff.; Wefelmeier, Repräsentation, S. 130 ff.

[316] Trautmann, Innerparteiliche Demokratie, S. 44.

[317] Lohmar, Innerparteiliche Demokratie, S. 118; Maunz/Dürig-Klein, Art. 21 Rn. 337.

[318] BVerfGE 44, 125, 139 f.; Maunz/Dürig-Klein, Art. 21 Rn. 337; Alternativkommentar-Gusy, 3. Aufl., Art. 21 Rn. 21 nimmt dafür das Bild der kreisförmigen Kommunikation und Willensbildung von unten nach oben und von oben nach unten.

Art. 21 Abs. 1 S. 3 GG stellt demnach keine Maximalforderungen im Sinne alleiniger politischer Entscheidungsmacht des Parteivolkes.[319] Wie auch bei der Demokratie auf Staatsebene ist innerhalb der Parteiorganisationen eine politische Führung, von der Impulse und Aktivitäten ausgehen, nicht ausgeschlossen.[320]

bb. Die Zulässigkeit der Einführung von repräsentativen Entscheidungsorganen

Mit der Feststellung, dass von einer Willensbildung von „unten nach oben" keine ausschließlich plebiszitäre Willensbildung verlangt wird, ist noch keine positive Aussage verbunden, wie der Willensbildungsprozess innerhalb der Parteien ausgestaltet sein muss, damit er den Voraussetzungen des Art. 21 Abs. 1 S. 3 GG entspricht. Erste Anhaltspunkte zur näheren Konkretisierung eines verfassungskonformen Aufbaus können durch eine Orientierung an der Demokratie auf Staatsebene nach Art. 20 GG gewonnen werden.[321] Dementsprechend wurde gefordert, dass - ebenso wie ein repräsentatives parlamentarisches System für die Demokratie auf Staatsebene erforderlich ist - auch die innere Organisation der Parteien den Grundprinzipien einer repräsentativen Demokratie entsprechen muss.[322] Die Parteien sind derzeit auch überwiegend nach dem Konzept der repräsentativen Demokratie strukturiert. Es ist aber fraglich, ob die Funktionen der Parteien nicht eine differenziertere innere Ordnung erfordern, ob der staatliche Demokratiebegriff nicht bereits in diesem Bereich modifiziert werden muss.

aaa. Die Vereinbarkeit von Repräsentativorganen mit den Parteifunktionen

Den Parteien ist die Aufgabe übertragen worden, den Volkswillen in staatliche Entscheidungen umzusetzen. Damit die Parteien die von ihnen faktisch ausgeübte Staatsgewalt auch über den Wahlakt hinaus permanent legitimieren können, müssen sie eine dauernde Partizipation der Bürger an dem Prozess der Staatsleitung ermöglichen.[323] Insofern sind die in der Demokratiekonzeption des Grund-

---

[319] V. Mangoldt/Klein/Starck-Streinz, Art. 21 Abs. 1 Rn. 150; Seifert, Die politischen Parteien, S. 191; Sontheimer, Demokratischer Prozess, in: Schriftenreihe der Friedrich Naumann Stiftung, Bd. 12, S. 78, 83.

[320] Berliner Kommentar-Volkmann Art. 21 Rn. 67; Maunz/Dürig-Klein, Art. 21 Rn. 337 f.; Hättich, Aus Politik und Zeitgeschichte, B 49/1969, S. 28, der sogar davon ausgeht, dass die verwendeten Kategorien unten und oben nicht in den demokratischen Sprachgebrauch passen.

[321] Zu der (fehlenden) Identität der Demokratie auf Staatsebene und den demokratischen Grundsätzen des Art. 21 Abs. 1 S. 3 GG s.o. C II 2 b.

[322] Hennis, in: FS Smend, S. 51, 69.

[323] Trautmann, Innerparteiliche Demokratie, S. 175.

gesetzes enthaltenen plebiszitären Elemente teilweise auf die Parteien übertragen worden.[324] Die Bürger können in einem derartigen System aber nur dann an der Staatsleitung dauerhaft partizipieren, wenn die Strukturen der Parteien jederzeit die Mitwirkung der Bürger an der innerparteilichen Willensbildung zulassen.[325] Die hierfür notwendige Offenheit der Parteistrukturen ist in einer rein repräsentativen, also dem Staat entsprechenden Organisationsform der Parteien aber nicht zu erreichen.[326] Um demokratischen Grundsätzen zu entsprechen, müssen die Parteistrukturen folglich auch basisdemokratische Elemente enthalten. Diese müssen derart ausgestaltet sein, dass es den Parteimitgliedern zumindest theoretisch möglich ist, jeden für die Parteipolitik relevanten Gegenstand direkt zu entscheiden.[327] Dies erfordert aber keine Basisdemokratie[328] in dem Sinne, dass sämtliche Entscheidungen der Partei von der Summe der Mitglieder getroffen werden.

Vielmehr ist es den großen Volksparteien wegen der Masse an Mitgliedern heute unmöglich, vollständig auf repräsentative Strukturen zu verzichten.[329] Für die innerparteiliche Organisation bedeutet dies, dass plebiszitäre Elmente zwar grundsätzlich das primäre Ordnungsprinzip darstellen sollen.[330] In Anbetracht der Tatsache, das Mitglieder- und Delegiertenversammlungen aber nicht permanent tagen können, verbleibt den Parteiorganen dennoch ein eigenständiger Organisationsbereich repräsentativen Charakters. Diese repräsentativen Strukturen stehen im Einklang mit den Forderungen des Art. 21 Abs. 1 S. 3 GG, soweit die Parteimitglieder theoretisch in der Lage sind, jeden Gegenstand der Parteipolitik an sich zu ziehen und zu entscheiden. Durch diese potentielle Universalzuständigkeit der Parteimitglieder können die Parteien trotz repräsentativer Strukturen eine effektive Partizipation jedes einzelnen Parteimitglieds sowohl an der innerparteilichen Willensbildung als auch an der Staatsleitung vermitteln.[331]

---

[324] Trautmann, Innerparteiliche Demokratie, S. 175; Heinz, Organisation innerparteilicher Willensbildung, S. 12; Bröder, Blätter für deutsche und internationale Politik, S. 1165, 1166.

[325] Bericht Parteienrechtskommission, S. 156; Trautmann, Innerparteiliche Demokratie, S. 175.

[326] Trautmann, Innerparteiliche Demokratie, S. 176; Müller, Die innere Ordnung der Parteien, S. 97.

[327] Bericht Parteienrechtskommission, S. 156; Wolfrum, Die innerparteiliche demokratische Ordnung, S. 71.

[328] S. o. C II 3 a.

[329] Trautmann, Innerparteiliche Demokratie, S. 176; Häberle, AöR 98 (1973), S. 119, 129 f., der feststellt, das sich bei den Parteien plebiszitäre und repräsentative Gestaltungsformen verbinden.

[330] Trautmann, Innerparteiliche Demokratie, S. 176.

[331] Trautmann, Innerparteiliche Demokratie, S. 177.

bbb. Das Verhältnis von plebiszitären und repräsentativen Partizipationsformen innerhalb der Partei

Das Verhältnis zwischen repräsentativen und plebiszitären Strukturen muss dergestalt sein, dass Entscheidungen generell an der Basis zu treffen sind, soweit dies faktisch möglich ist. Diese Verteilung zwischen plebiszitären und repräsentativen Entscheidungsformen ergibt sich aus der teilweisen Übertragung der in der Demokratiekonzeption des GG enthaltenen plebiszitären Elemente auf die Parteien.[332] Der Entscheidungsspielraum der repräsentativen Parteiorgane beginnt also erst dann, wenn eine Entscheidung der Parteimitglieder nicht erwartet werden kann bzw. diese zu einer Entscheidung nicht bereit sind.[333] Für die innerparteiliche Demokratie bedeutet dies, dass die Repräsentation der Mitglieder durch gewählte Organe nur eine Ergänzung der Mitgliederpartizipation durch plebiszitäre Strukturen darstellt.[334] Maßstab für das Verhältnis dieser beiden ist aber auch die Fähigkeit der Parteien zur Erfüllung ihrer Funktionen. Das heißt, dass die plebiszitären Elemente ihre Grenze an der Schwelle zur Funktionsunfähigkeit der Parteien finden. In der Realität der modernen Massenparteien ist eine solche Grenzziehung gleichbedeutend damit, dass sämtliche Entscheidungen, abgesehen von den bereits in den Parteistatuten festgelegten Möglichkeiten direkter Beteiligung - wie z.B. Mitgliederentscheide[335] und vor allem den Wahlen zu Repräsentativorganen -, wegen des damit einhergehenden Arbeits- und Zeitaufwands von den Repräsentativorganen getroffen werden.[336] Eine plebiszitäre Willensbildung wird insofern auch dort nicht zwingend gefordert, wo sie theoretisch möglich wäre.[337] Sie darf trotz ihrer hypothetischen Durchführbarkeit die Funktionsfähigkeit der Partei nicht beeinträchtigen, was nur in seltenen, bereits in den Parteistatuten geregelten Fällen gegeben sein wird.

cc. Fazit

Ein Aufbau der Parteien von unten nach oben erfordert keine rein einseitige Willensbildung von unten nach oben und damit auch keine rein plebiszitäre Ordnung. Vielmehr können und müssen die Parteien repräsentative Entscheidungsorgane in die Parteistruktur einbauen. Innerhalb eines repräsentativen politi-

---

[332] Trautmann, Innerparteiliche Demokratie, S. 176.
[333] Trautmann, Innerparteiliche Demokratie, S. 177.
[334] Trautmann, Innerparteiliche Demokratie, S. 177; Häberle, AöR 98 (1973), S. 119, 129f.
[335] Z.B. Urabstimmungen, Mitgliederentscheide und Urwahl des Kanzlerkandidaten in den §§ 36-38 des Statuts der SPD.
[336] Alternativkommentar-Gusy, 3. Aufl., Art. 21 Rn. 74.
[337] Seifert, Die politischen Parteien, S. 193; Wolfrum, Die innerparteiliche demokratische Ordnung, S. 25; v. Merksatz, ZaöRV 19 (1958), S. 249, 259

schen Systems hat die politische Führung die Kompetenz zu eigenen Entscheidungen und Initiativen, die nicht immer von der legitimierenden Basis diskutiert oder bewertet werden können und müssen.[338] Die daraus resultierenden Entscheidungen der Führung sind dennoch demokratisch legitimiert, da es in repräsentativen Strukturen allein einer linearen Legitimationskette von der Basis zur Führung bedarf.[339] Wie auch auf Staatsebene wird diese Legitimationskette innerhalb der Parteien durch periodische Wahlen der jeweiligen Repräsentationsorgane hergestellt.[340] Die stellt die notwendige rechtliche Abhängigkeit der Parteiführung von der Mitgliederbasis sicher.[341]

Aufgrund ihrer Stellung innerhalb der Demokratiekonzeption des Grundgesetzes können die Parteien jedoch nicht komplett auf plebiszitäre Elemente verzichten. Diese müssen im Vergleich zur Staatsorganisation auch ein größeres Gewicht erhalten, um die dauerhafte Partizipation der Bürger an der Staatsleitung zu ermöglichen. Da das Verhältnis zwischen repräsentativen und plebiszitären Elementen aber durch die Funktionsfähigkeit der Parteien bestimmt wird, verbleiben die überwiegenden Entscheidungskompetenzen in der Realität dennoch bei den Repräsentativorganen. Anderenfalls wäre es den Parteien nicht möglich, erfolgreich ihre Aufgaben, insbesondere die Teilnahme an den Wahlen, wahrzunehmen, da eine überwiegend plebiszitär ausgestaltete innerparteiliche Willensbildung zu arbeits- und zeitintensiv wäre.

Voraussetzung eines Aufbaus der Parteien von unten nach oben ist also allein die potentielle Möglichkeit der Parteimitglieder, alle Gegenstände der Parteipolitik an sich zu ziehen und selbst oder durch ihre Repräsentanten entscheiden zu können.[342] Den Forderungen nach einer plebiszitären innerparteilichen Willensbildung ist somit bereits dann genüge getan, wenn möglichst viele Parteimitglieder in der Lage sind, möglichst viele Fragen der Parteipolitik zu entscheiden.[343]

---

[338] Trautmann, Innerparteiliche Demokratie, S. 178.
[339] Trautmann, Innerparteiliche Demokratie, S. 178.
[340] Herzog, Allgemeine Staatslehre, S. 210; Maunz/Dürig-Klein, Art. 21 Rn. 340; s. auch C II 3 d.
[341] Bonner Kommentar-Henke, Art. 21 Rn. 264; Wolfrum, Die innerparteiliche demokratische Ordnung, S. 73.
[342] Trautmann, Innerparteiliche Demokratie, S. 176; Bonner Kommentar-Henke, Art. 21 Rn. 264. Es ist also nicht ausreichend, wenn die Aufgabe der Parteimitglieder allein auf die Personalrekrutierung beschränkt wird, wie dies Niedermayer, Aus Politik und Zeitgeschichte, B 11/1989, S. 15, 16 und von der Heydte/Sacherl, Soziologie, S. 150, für zulässig erachten. Den Parteimitgliedern muss darüber hinaus auch ein gewisser Einfluss auf die Politikformulierung zukommen.
[343] Trautmann, Innerparteiliche Demokratie, S. 248; Henke, Das Recht der politischen Parteien, S. 50; Forsthoff, in: Die politischen Parteien im Verfassungsrecht, S. 5, 16 f.

b. Mehrheitsprinzip

Generell hat bei sämtlichen Entscheidungen innerhalb der Partei das Mehrheitsprinzip zu gelten.[344] Obwohl sich die Beschlussfassung nach diesem Prinzip bereits aus den demokratischen Grundsätzen selbst ergibt,[345] ist dessen Geltung für Entscheidungen in den Parteiorganen in § 15 Abs. 1 ParteiG noch einmal ausdrücklich festgelegt worden. Durch die Anwendung des Mehrheitsprinzips ist es möglich, sowohl dem innerhalb von Volksparteien vorhandenen Interessenpluralismus als auch dem Zwang zur Entscheidung gerecht zu werden.[346] Bei der Entscheidungsfindung durch das Mehrheitsprinzips nehmen alle Votierenden an der Entscheidung selbst teil. Letztlich verbindlich ist aber allein der in der Entscheidung zum Ausdruck kommende Wille der Mehrheit.[347]

Die Anwendung dieses Prinzips führt also zu einer faktischen Ausschaltung des Willensentschlusses der unterlegenen Minderheit. Dennoch stellt es wegen der Masse an Mitgliedern und der damit verbundenen Unmöglichkeit, eine einstimmige Entscheidung zu erlangen, ein unverzichtbares Ordnungskriterium innerhalb der Parteien dar,[348] mit dem einer drohenden Aufsplitterung der Partei bei Abstimmungen entgegengewirkt werden kann. Dadurch bleibt gesichert, dass die Parteigremien zumindest nach außen einen geschlossenen Eindruck erwecken.[349] Neben diesen praktischen Erwägungen rechtfertigen auch theoretische Überlegungen die Anwendung des Mehrheitsprinzips. Parteien würden überflüssig werden, wenn ohnehin sämtliche (Partei-) Bürger eine bestimmte Verhaltensweise für notwendig halten würden.[350] Sie könnten ihren Willen auch ohne die Vermittlung der Parteien in staatliche Entscheidungen umsetzen. Da aber ein solcher einheitlicher Willen weder im Volk noch unter den Parteimitgliedern besteht, ist es notwendig, auf die Anwendung des Einstimmigkeitsprinzips sowohl auf Staatsebene als auch in den Parteien zu verzichten. An dessen Stelle hat in beiden Fällen das Mehrheitsprinzip zu treten. Demnach wird der Mehr-

---

[344] Dreier-Morlok, Art. 21 Rn. 119; v. Mangoldt/Klein/Starck- Streinz, Art. 21 Abs. 1 Rn. 151; Seifert, Die politischen Parteien, S. 192; Trautmann, Innerparteiliche Demokratie, S. 264.

[345] Maunz/Dürig-Herzog, Art. 20 Rn. 14 ff.; V. Mangoldt/Klein/Starck-Achterberg/Schulte, Art. 42 Abs. 2 Rn. 25; Seifert, Die politischen Parteien, S. 263; BVerfGE 1, 299, 315; 29, 154, 165 zählt es zu den „fundamentalen Prinzipien der Demokratie. Zu der Rechtfertigung des Mehrheitsprinzips s. Dreier-Dreier, Art. 20 Rn. 64 ff. m. w. N.

[346] Trautmann, Innerparteiliche Demokratie, S. 264; Varain, ZfP 1964, S. 239, 246.

[347] Trautmann, Innerparteiliche Demokratie, S. 264.

[348] Trautmann, Innerparteiliche Demokratie, S. 265.

[349] Seifert, Die politischen Parteien, S. 30.

[350] Maunz/Dürig-Herzog, Art. 20 Rn. 14.

heitswillen der Parteimitglieder zum Parteiwillen unter der Maßgabe, dass für jedermann die gleiche Chance besteht, zur Mehrheit zu gehören.[351]

c. Räumliche Gliederung der Parteiorganisation

Eine demokratischen Grundsätzen entsprechende Organisation erfordert des Weiteren die räumliche Gliederung der Parteien, bei der auf der jeweiligen Gliederungsebene eigene Organe und Zuständigkeiten bestehen.[352] Nur durch diese räumliche Gliederung kann sichergestellt werden, dass jedem Parteimitglied die Chance einer unmittelbaren Teilhabe an der innerparteilichen Willensbildung eröffnet wird.[353] Voraussetzung dafür ist, dass die untersten Gliederungseinheiten so klein sind, dass sie eine Diskussion aller Mitglieder dieser Einheiten untereinander zulassen.[354] Dementsprechend fordert § 7 Abs. 1 S. 1 u. 3 ParteiG, dass sich die Parteien in Gebietsverbände gliedern, die soweit ausgebaut sein müssen, das eine Partizipation der Mitglieder an der Willensbildung möglich wird. Ausgenommen sind hiervon allein Parteien, deren Organisation sich auf einen Stadtstaat beschränkt, § 7 Abs. 1 S. 4 ParteiG. Innerhalb der Stadtstaaten stellt sich nicht das Problem der räumlichen Entfernung, welches eine persönliche Partizipation der Mitglieder erschwert.

Neben der unmittelbaren Teilhabe jedes einzelnen Mitglieds am Willensbildungsprozess garantiert die vertikale Gliederung der Parteien auch die Entstehung konkurrierender Oligarchien auf Landes- und Kommunalebene. Deren Existenz wertet die Stellung des einzelnen Parteimitglieds bzw. des Delegierten auf den Vertreterversammlungen auf. Sie sehen sich nicht mehr einer monolithischen Führungsgruppe gegenüber, sondern einzelnen Fraktionen, die sie umwerben.[355]

Die Parteien sind berechtigt, ihre Gliederungen näher auszugestalten.[356] Dabei haben sie sich üblicherweise für eine an den Staatsaufbau angelehnte Organisation in Landes-, Bezirks-, Kreis- und Ortsverbände entschieden.[357] Grundsätzlich

---

[351] Maunz/Dürig-Herzog, Art. 20 Rn. 14.
[352] Trautmann, Innerparteiliche Demokratie, S. 231 ff.; Wolfrum, Die innerparteiliche demokratische Ordnung, S. 86; Sachs-Ipsen, Art. 21 Rn. 61; Maunz/Dürig-Klein; Art. 21 Rn. 349; v. Mangoldt/Klein/Starck-Streinz, Art. 21 Abs. 1 Rn. 151; Schmid, Politische Parteien, S. 151 ff.
[353] Maunz/Dürig-Klein, Art. 21 Rn. 349; v. Mangoldt/Klein/Starck-Streinz, Art. 21 Abs. 1 Rn. 151; Dreier-Morlok, Art. 21 Rn. 119; Bonner Kommentar-Henke, Art. 21 Rn. 300.
[354] Wolfrum, Die innerparteiliche demokratische Ordnung, S. 86.
[355] Trautmann, Innerparteiliche Demokratie, S. 234.
[356] Wolfrum, Die innerparteiliche demokratische Ordnung, S. 87.
[357] Stein, DÖV 2002, S. 713, 715.

muss aber eine der Mitgliederzahl angemessene Gliederungsdichte eingeführt werden.[358] Um die erforderliche Mitwirkungschance der Mitglieder verwirklichen zu können, bedarf es deshalb in der Regel zumindest eines verbandsmäßigen Ausbaus bis zur Kreisstufe.[359]

Die sachpolitischen Kompetenzen der einzelnen Gliederungsstufen differieren enorm. Grundsätzlich gilt, dass, je wichtiger die Angelegenheit für die Gesamtpartei ist, umso höher muss die Gliederungsebene sein, deren Parteitag darüber entscheidet.[360] Somit kann auf den untersten Gliederungsebenen, also auf der Gliederungsstufe auf der noch eine persönliche Partizipation aller Parteimitglieder möglich ist, zwar zu allen politischen Fragen Stellung genommen werden.[361] Von den auf dieser Ebene getroffenen Entscheidungen werden zwar häufig nur diejenigen Teil der Parteipolitik, die den jeweiligen Kommunalbereich erfassen.[362] Dennoch müssen auch die hierarchisch niedrigsten Organisationseinheiten einen Bereich eigenständiger Willensbildung aufweisen.[363] Hierdurch kommt jedem einzelnen Parteimitglied die Möglichkeit zu, zumindest mittelbar Einfluss auf die Willensbildung der Gesamtpartei zu nehmen.[364] Allein durch einen solchen Bereich eigenständiger Willensbildung kann sowohl dem Partizipationsinteresse des einzelnen Parteimitglieds als auch dem Bedürfnis der Partei, geschlossen auftreten und handeln zu können, Rechnung getragen werden.

d. Legitimation der handelnden Organe durch regelmäßig wiederkehrende Wahlen

Ebenso wie auf Staatsebene müssen auch innerhalb der Parteien die „Regierenden" von den „Regierten" rechtlich abhängig sein.[365] Dazu bedarf es einer ununterbrochenen Legitimationskette zwischen Mitgliedern und Inhabern eines Parteiamts.[366] Um die erforderliche Legitimation herzustellen, sind die Parteiämter grundsätzlich durch Wahlen, die in regelmäßigen zeitlichen Abschnitten stattzu-

---

[358] Trautmann, Innerparteiliche Demokratie, S. 234 f.
[359] Seifert, Die politischen Parteien, S. 201.
[360] Schäfer, in: FS Eschenburg; S. 287, 290.
[361] Trautmann, Innerparteiliche Demokratie, S. 232; Wolfrum, Die innerparteiliche demokratische Ordnung, S. 86.
[362] Trautmann, Innerparteiliche Demokratie, S. 232.
[363] Wolfrum, Die innerparteiliche demokratische Ordnung, S. 86.
[364] Wolfrum, Die innerparteiliche demokratische Ordnung, S. 87.
[365] Bonner Kommentar-Henke, Art. 21 Rn. 264; Maunz/Dürig-Klein, Art. 21 Rn. 340.
[366] Maunz/Dürig-Klein, Art. 21 Rn. 340.

finden haben, zu besetzen.[367] Verfassungsrechtliche Bedenken ergeben sich beim sog. ex officio Amtserwerb, der in einigen Parteisatzungen[368] vorgesehen ist.[369] Da hier eine Ausnahme der Legitimation des Amtes durch Wahl vorliegt, ist der Erwerb eines Platzes innerhalb der Vertretungskörperschaften der Parteien aufgrund eines Amtes nur in engen Grenzen zulässig. Er wird durch § 9 Abs. 2 und § 11 Abs. 2 S. 2 ParteiG auf 20 % der satzungsmäßigen Mitglieder des jeweiligen Organs begrenzt.

Die in Art. 38 Abs. 1 S. 1 GG aufgestellten Vorgaben für die Wahlen auf Staatsebene gelten für innerparteiliche Wahlen nicht unmittelbar, weil die gewählten Parteiorgane weder in ihrer Stellung gegenüber dem einzelnen Parteimitglied, noch in ihrer Funktion mit den gewählten Staatsorganen vergleichbar sind.[370] Da die innerparteilichen Wahlen aber ebenso wie die auf Staatsebene eine legitimierende und kontrollierende Funktion haben, ist es gerechtfertigt, die Wahlgrundsätze des Art. 38 Abs. 1 S. 1 GG entsprechend anzuwenden, soweit sie übertragbar sind.[371] Das bedeutet, dass die innerparteilichen Wahlen grundsätzlich allgemein, gleich und frei zu sein haben.[372] Gewisse Einschränkungen ergeben sich aber bereits bei dem Grundsatz der Allgemeinheit der Wahl, nach dem prinzipiell jeder an der Wahl teilhaben kann, d.h. jedem Parteimitglied das aktive und das passive Wahlrecht zukommt. Nach § 10 Abs. 2 S. 2 ParteiG kann die Ausübung des Stimmrechts davon abhängig gemacht werden, dass die Beitragspflicht erfüllt worden ist. Diese Regelung rechtfertigt sich daraus, dass Parteimitglieder bestimmte Pflichten treffen, deren Einhaltung erforderlich ist, um das Parteiverbandsleben aufrecht zu erhalten.[373] Aufgrund dieser Gesichtspunkte ist es auch zulässig, Delegierten nach § 13 S. 4 ParteiG die Stimmabgabe zu verbieten, wenn der entsendende Gebietsverband seine Pflichten gegenüber der ihm übergeordneten Organisationseinheit nicht erfüllt hat.

Nach § 15 Abs. 3 S. 3 ParteiG wird eine Bindung an die Beschlüsse anderer Organe bei Wahlen und Abstimmungen ausdrücklich ausgeschlossen. Dies stellt

---

[367] Maurer, JuS 91, S. 881, 887; Tsatsos, in: Parteiendemokratie in Deutschland, S. 131, 145; Dreier-Morlok, Art. 21 Rn. 119; Maunz/Dürig-Klein, Art. 21 Rn. 340 ff.; Bonner Kommentar-Henke, Art. 21 Rn. 264.

[368] Z.B. in § 33 Abs. 1 Nr. 2 und 3 des Statuts der CDU; § 17 Abs. 1 Nr. 3 der Bundessatzung der FDP.

[369] Zur Notwendigkeit dieser Ausnahme und deren verfassungsrechtlichen Rechtfertigung siehe Wolfrum, Die innerparteiliche demokratische Ordnung, S. 103 ff.

[370] Henke, Das Recht der politischen Parteien, S. 79; Reel, Der Parteienartikel, S. 307; Wolfrum, Die innerparteiliche demokratische Ordnung, S. 125.

[371] Wolfrum, Die innerparteiliche Demokratische Ordnung, S. 124; Alternativkommentar-Gusy, 3. Aufl., Art. 21 Rn. 70.

[372] Alternativkommentar-Gusy, 3. Aufl., Art. 21 Rn. 70.

[373] Wolfrum, Die innerparteiliche demokratische Ordnung, S. 125.

einen Ausschluss von imperativen Mandaten dar. Solche gebundenen Mandate werden immer wieder als Reaktion auf die parteiinternen Oligarchisierungstendenzen sowie zur Durchsetzung faktischer plebiszitärer Strukturen innerhalb der Parteien gefordert.[374] In Anbetracht der Tatsache, dass die Willensbildung innerhalb der Parteien aber gerade nicht rein basisdemokratisch organisiert sein muss,[375] sind imperative Mandate nicht zwingend notwendig, um den Anforderungen des Art. 21 Abs. 1 S. 3 GG gerecht zu werden. Insofern ist es zwar zutreffend, wenn *Trautmann* meint, dass die Bindung der einzelnen Vertreter an die Beschlüsse der Parteibasis zwingende Konsequenz einer plebiszitären Willensbildung sei.[376] Da die Willensbildung innerhalb der Parteien aber auch repräsentative Züge enthalten darf und auch muss, ist eine strikte Weisungsgebundenheit der gewählten Vertreter entbehrlich. Verfassungsrechtliche Bedenken gegen die Einführung imperativer Mandate innerhalb der Parteien gibt es dagegen anders als auf Staatsebene nicht.[377]

Gegen eine grundsätzliche Einführung imperative Mandate spricht auch nicht, wie *Henke* anführt, dass diese den Strukturen des deutschen Parteiensystems nicht gerecht würden. Seiner Ansicht nach steht den gebundenen Mandaten entgegen, dass die Delegierten der Parteien gerade keine reinen Boten seien, sondern die eigentlichen Träger der Willensbildung.[378] Es ist zwar richtig, dass die eigentliche Willensbildung innerhalb der Parteien größtenteils nicht an der Basis stattfindet. Dieser Missstand stellt aber gerade Grundlage für Überlegungen zur Einführung gebundener Mandate dar. Deshalb ist er als Begründung für deren Ausschluss nicht einleuchtend.

Gegen imperative Mandate spricht vielmehr, dass sie nicht sachgemäß sind. Durch die strikte Weisungsgebundenheit der Delegierten würde die Flexibilität der Entscheidungsorgane und damit der Parteien selbst enorm eingeschränkt und die offene Meinungs- und Willensbildung innerhalb der Parteiversammlungen beeinträchtigt.[379] Gerade letzteres wird aber entscheidend durch freie Mandate gewährleistet.[380] Sowohl die Handlungs- und Entscheidungsfähigkeit als auch die durch die Diskussionsfähigkeit hergestellte Integrationsfähigkeit der Parteien sind dabei notwendige Voraussetzungen dafür, dass die Parteien ihren Aufgaben

---

[374] Z.B. Trautmann, Innerparteiliche Demokratie, S. 250 f. Seifert, Die politischen Parteien, S. 237, 262 sieht das Mandat der Delegierten grundsätzlich als frei an. Durch die Satzung kann aber ein imperatives Mandat bestimmt werden, wobei das Schweigen der Satzungen im Zweifel als Zulassung der Stimmbindung anzusehen sei.
[375] Siehe oben C II 3 a.
[376] Trautmann, Innerparteiliche Demokratie, S. 252.
[377] Maunz/Dürig-Klein, Art. 21 Rn. 343; Henke, Das Recht der politischen Parteien, S. 71.
[378] Henke, Das Recht der politischen Parteien S. 71.
[379] Maunz/Dürig-Klein, Art. 21 Rn. 343.
[380] Maunz/Dürig-Klein, Art. 21 Rn. 343.

gerecht werden können.[381] Ebenso wie die Bildung eines einheitlichen Volkswillens bedarf es im innerparteilichen Bereich einer Umformung der heterogenen Einzelwillen der Parteimitglieder zu einem Gesamtwillen der Partei. Diese Umformung erfolgt grundsätzlich durch die von den Parteimitgliedern bestellten Gremien. Da aber nur eine Versammlung Weisungsunabhängiger in der Lage ist, durch Diskussion und Ausgleich ein für die ganze Partei verbindliches und auch zumutbares Ergebnis zu finden, muss den jeweiligen Delegierten ein freies Mandat zukommen.[382] Dieses freie Mandat der Delegierten ist Voraussetzung dafür, dass den Entscheidungen einer Versammlung Integrationswirkung zukommt.[383] Diese Integrationsfähigkeit ist ihrerseits Vorbedingung, sich die Parteien das für die Konkurrenzsituation mit den anderen Parteien erforderliche Maß an Geschlossenheit erarbeiten können.[384] Insofern ist es nicht wünschenswert, dass die gewählten Repräsentanten durch ein imperatives Mandat in ihrer Entscheidungsfreiheit eingeschränkt werden. Sie sind ebenso wie die Abgeordneten allein ihrem Gewissen unterworfen.

Die Delegierten dürfen aber ebenso wenig zu einem reinen Akklamationsorgan degradiert werden, indem sie zu bloßen Weisungsempfängern höherer Parteigliederungen gemacht werden. Eine derartige Stellung der Delegierten ist mit den demokratischen Grundsätzen nicht zu vereinbaren, da unter solchen Voraussetzungen ihre volle Entscheidungsfreiheit nicht gewährleistet werden könnte.[385]

e. Demokratischen Grundsätzen entsprechende Stellung der Parteimitglieder

Unerlässlicher Bestandteil einer demokratischen Grundsätzen entsprechenden Parteiorganisation ist, dass die Stellung der Parteimitglieder demokratischen Grundsätzen entspricht. Anderenfalls ist eine Mitwirkung der Parteien an den Prozessen der Volks- und der Staatswillensbildung in einem demokratischen Staat nicht zu rechtfertigen. Grundlegend für diese demokratisch ausgestaltete Stellung der Parteimitglieder ist deren Freiheit und Gleichheit.

---

[381] Wolfrum, Die innerparteiliche demokratische Ordnung, S. 75; Maunz/Dürig-Klein, Art. 21 Rn. 343.

[382] Wolfrum, Die innerparteiliche demokratische Ordnung, S. 75.

[383] Wolfrum, Die innerparteiliche demokratische Ordnung, S. 75; C. Müller, Das imperative und freie Mandat, S. 231.

[384] Wolfrum, Die innerparteiliche demokratische Ordnung, S. 75.

[385] Maunz/Dürig-Klein, Art. 21 Rn. 344.

aa. Freiheit der Parteimitglieder

Von den Freiheitsrechten, die den Parteimitglieder zustehen, wird am ehesten die Meinungsfreiheit in der Praxis relevant werden. Offene, freie politische Meinungsbildung ist für die Demokratie generell von schlechthin konstituierender Bedeutung, weil hierdurch die freie Auseinandersetzung von Ideen und Interessen gewährleistet wird, die für das Funktionieren dieser Staatsordnung lebensnotwendig ist.[386] Insofern rechtfertigen bereits die Parteifunktionen die Meinungsfreiheit der Parteimitglieder da es nicht angehen kann, dass die Parteien, deren Aufgabe darin besteht, an der Willensbildung des Volkes mitzuwirken, den Meinungsaustausch ihrer Mitglieder beeinträchtigen.[387] Daneben ist die innerparteiliche Meinungsfreiheit eine wesentliche Voraussetzung dafür, dass alle Parteimitglieder effektiv an der innerparteilichen Willensbildung partizipieren können; [388] diese Partizipationsmöglichkeit ist ihrerseits Grundbedingung einer demokratischen Grundzügen entsprechenden Parteiorganisation. Die Parteien sind also nicht berechtigt, den freien Meinungsaustausch ihrer Mitglieder untereinander zu beeinträchtigen oder abweichende Ansichten in der innerparteilichen Diskussion zu unterdrücken.[389]

Von der Meinungsfreiheit der Parteimitglieder wird sowohl die Bildung, die Äußerung als auch die Verbreitung einer einmal gebildeten Meinung geschützt. Eingeschränkt wird sie vor allem durch das Interesse der Partei, nach außen hin das für ihre Funktionserfüllung erforderliche Bild einer gewissen Geschlossenheit zu vermitteln.[390] Hierauf haben die Mitglieder insbesondere in ihren Meinungsäußerungen und -verbreitungen außerhalb der Partei Rücksicht zu nehmen haben.[391] Die Parteidisziplin verlangt aber allein eine gewisse innere Friedenspflicht und ein Mindestmaß an Solidarität nach außen, nicht jedoch absolute Konformität in sämtlichen Meinungsäußerungen. Bei den Parteien handelt es sich um Stätten geistiger Auseinandersetzung politisch denkender Menschen, so dass Meinungsdifferenzen in der innerparteilichen Diskussion nicht ausbleiben können[392] und gerade das Recht, diese abweichenden Meinungen zu vertreten,

---

[386] BVerfGE 5, 85, 205; 7, 198, 208; 12, 113, 125; 20, 56, 97 f.

[387] Wolfrum, Die innerparteiliche demokratische Ordnung, Luthmann, DVBl. 1962, S. 166, 168; Hesse, VVDStRL 17 (1959), S. 11, 33; Rabus, AÖR 78 (1952/53), S. 163, 182.

[388] Trautmann, Innerparteiliche Demokratie, S. 253; Wolfrum, Die innerparteiliche demokratische Ordnung, S. 142 f.

[389] Wolfrum, Die innerparteiliche demokratische Ordnung, S. 139; Luthmann, DVBl. 1962, S. 166, 168; Hesse, VVDStRL 17 (1959), S. 11, 33.

[390] Trautmann, Innerparteiliche Demokratie, S. 254; Maunz/Dürig-Klein, Art. 21 Rn. 388; Wolfrum, Die innerparteiliche demokratische Ordnung, S. 139; Strunk, JZ 1978, S. 87, 88.

[391] Trautmann, Innerparteiliche Demokratie, S. 254; Seifert, Die politischen Parteien, S. 214.

[392] Seifert, Die politischen Parteien, S. 214 ff.; Strunk, JZ 1978, S. 87, 89.

ist Grundlage jeglicher demokratischen, alternativenoffenen Politik.[393] Die Parteileitung ist deshalb nicht berechtigt, die innerparteiliche Diskussion zu unterbinden, selbst wenn zu den strittigen Punkten Beschlüsse von den Parteigremien gefasst worden sind.[394] Konsequenz hiervon wäre nämlich, dass die innerparteiliche Diskussion insgesamt erstarren würde und Änderungen der Parteilinie allein von der Parteispitze ausgehen könnten, was mit einem demokratischen Parteiaufbau nicht zu vereinbaren ist.[395] Die Meinungsfreiheit der Parteimitglieder erlaubt es diesen folglich, eine von der herrschenden Parteilinie abweichende Meinung zu vertreten und auch eine gewisse Kritik an der Parteiführung wird von ihr noch gedeckt.[396]

Grundsätzlich haben die Mitglieder bei der Ausübung ihrer Meinungsfreiheit darauf zu achten, dass der Partei hierdurch kein Schaden zugefügt wird. Unter diesem Schadensbegriff ist kein zivilrechtlicher, primär auf Restitution gerichteter zu verstehen.[397] Gemeint ist vielmehr ein politischer Schaden, der sich in politischen, immateriellen Nachteilen äußert, z.B. dem Verlust an Vertrauenswürdigkeit, Ansehen und Wahlchancen.[398] Ein solcher Schaden wird bei Äußerungen in der Öffentlichkeit eher eintreten als bei parteiinternen. Deshalb ist der Freiheitsgrad der Meinungsäußerung innerhalb der Partei grundsätzlich größer als der nach außen.[399] Bei einem Aufruf, die von der Partei für Wahlen aufgestellten Kandidaten nicht zu unterstützen oder bei einer fundamentalen öffentlichen Kritik an Beschlüssen oder Programmen der Partei können sich die Mitglieder also nicht mehr auf ihre Meinungsfreiheit berufen.[400] Auch Art. 4 GG rechtfertigt solche Meinungsäußerungen nicht mehr, da das Wesen der Parteien als Gesinnungsgemeinschaften aufgehoben würde, wenn sich jedes einzelne

---

[393] Trautmann, Innerparteiliche Demokratie, S. 254; Wolfrum, Die innerparteiliche demokratische Ordnung, S. 138 f.

[394] So aber Rabus, AÖR 78 (1952/53), S. 163, 182; Hesse, VVDStRL 17 (1959), S. 11, 33; Luthmann, DVBl. 1962, S. 166, 168; Kafka, VVDStRL 17 (1959), S. 53, 65.

[395] Wolfrum, Die innerparteiliche demokratische Ordnung, S. 140; Dux, DVBl. 1966, S. 553, 555; Lenz/Sasse, JZ 1962, S. 233, 240.

[396] Maunz/Dürig-Klein, Art. 21 Rn. 388; Trautmann, Innerparteiliche Demokratie, S. 254; Lenz/Sasse, JZ 1962, S. 233, 240; Wolfrum, Die innerparteiliche demokratische Ordnung, S. 140.

[397] Strunk, JZ 1978, S. 87.

[398] Bull, ZRP 1971, S. 196, 197; Trautmann, Innerparteiliche Demokratie, S. 211.

[399] Seifert, Die politischen Parteien, S. 215; Strunk, Parteiausschlussverfahren, S. 60 ff.; ders., JZ 1978, S. 87, 88.; a.A. Dux, DVBl. 1966, S. 553, 556, der eine Differenzierung zwischen innerparteilichen und öffentlichen Äußerungen ablehnt, da eine Propagierung neuer Ziele wegen der Größe der modernen Massenparteien nur in der Öffentlichkeit erfolgreich sein könne. Dabei unterschätzt er jedoch die Möglichkeiten, die sich aus der parteiinternen Willensbildung ergeben und reduziert diesen Prozess allein auf eine Beeinflussung von außen.

[400] Wolfrum, Die innerparteiliche demokratische Ordnung, S. 141.

Mitglied ihr gegenüber auf die Freiheit weltanschaulicher Bekenntnisse berufen könnte.[401]

Neben der Meinungsfreiheit umfasst die Freiheit der Parteimitglieder auch die Vereinigungs- und Versammlungsfreiheit. Ohne das Recht auf Vereinigungsfreiheit würden sich die Parteien in monolithische Gebilde verwandeln. Endpunkt einer solchen Entwicklung wäre zwangsläufig ein antidemokratischer, autoritärer Charakter der Parteien, weil jegliches Abweichen von der herrschenden Parteilinie unzulässig würde. Die Vereinigungsfreiheit der Parteimitglieder hat also demokratieerhaltende Wirkung. Aber auch in der Ausübung dieser Freiheit haben die Parteimitglieder eine gewisse Parteidisziplin zu wahren. Innerparteilichen Vereinigungen dürfen nicht darauf abzielen, der Partei zu schaden. Insofern ist es zulässig, wenn die Parteisatzungen es den Mitgliedern untersagen, sich anderen politischen Parteien anzuschließen, da hierdurch zwangläufig ein parteischädigender Interessenkonflikt entsteht.[402] Auf einen Beitritt ihrer Mitglieder zu neutralen gesellschaftlichen Verbänden dürfen die Parteien dagegen keinen Einfluss ausüben.[403]

Ähnliches gilt für Versammlungen von Parteimitgliedern neben offiziellen Parteiveranstaltungen. Solche Versammlungen sind grundsätzlich zulässig, sie dürfen aber keinen parteifeindlichen Charakter erhalten.[404]

bb. Gleichheit der Parteimitglieder

Schon wegen ihrer Organisationsform als Verein gilt innerhalb der Parteien der Grundsatz der gleichmäßigen Behandlung der einzelnen Mitglieder. Nach diesem Grundsatz darf es keine willkürliche Differenzierungen zwischen den Vereinsmitgliedern geben.[405]

Für die Parteien verlangen die demokratischen Grundsätze darüber hinaus in allen Fällen, die die innerparteiliche Willensbildung betreffen, eine strengere,

---

[401] Wolfrum, Die innerparteiliche demokratische Ordnung, S. 141; Hesse, VVDStRL 17 (1959), S. 11, 33.

[402] Wolfrum, Die innerparteiliche demokratische Ordnung, S. 145; Lenz/Sasse, JZ 1962, S. 233, 241.

[403] Wolfrum, Die innerparteiliche demokratische Ordnung, S. 145; Lenz/Sasse, JZ 1962, S. 233, 241.

[404] Seifert, Die politischen Parteien, S. 219.

[405] Erman-Westermann, § 35 BGB Rn 2; Staudinger-Weich, § 35 BGB Rn 13 ff.; Palandt-Heinrichs, § 35 BGB Rn. 3.

formale Ausprägung der Mitgliedergleichheit,[406] nach der es ist nicht zulässig ist, dass bestimmte Mitgliedergruppen in diesem Bereich privilegiert werden.[407] Diese formale Gleichheitspflicht kommt in § 10 Abs. 2 S. 1 ParteiG zum Ausdruck, der normiert, dass alle Parteimitglieder sowie die Vertreter in den Parteiorganen gleiches Stimmrecht haben.[408] Neben gleichem Stimmrecht verlangt Art. 21 Abs. 1 S. 3 GG aber auch, das alle Parteimitglieder im Rahmen ihrer Fähigkeiten und ihrer Stellung an der sonstigen innerparteilichen Willensbildung gleich beteiligt werden,[409] was vor allem gleiche Informations-, Rede- und Antragsrechte voraussetzt.[410] Keinen Verstoß gegen diesen Grundsatz stellt es hingegen dar, wenn bestimmten Organen, etwa dem Vorstand, im Hinblick auf ihre Rechtsstellung gewisse Sonderrechte bei den Mitglieder- und Delegiertenversammlungen eingeräumt werden.[411] Auch die in §§ 9 Abs. 2 und 11 Abs. 2 ParteiG vorgesehene Möglichkeit des ex officio Amtserwerbs verstößt nicht gegen das Gleichheitsgebot, solange der Erwerb des Amtes, das den Erwerb des ex officio Amtes nach sich zieht, allen Parteimitgliedern zugänglich ist.[412] Die Mitgliedergleichheit fordert also nicht, dass sämtliche Parteiämter von allen Parteimitgliedern ohne weitere Voraussetzungen erworben werden können. Es ist vielmehr ausreichend, wenn jedes Mitglied theoretisch in der Lage ist, die Voraussetzungen zu erfüllen, die für den Amtserwerb erforderlich sind.[413]

Für die übrigen Mitgliedsrechte, also solche, die nicht Teil der Mitwirkung an der innerparteilichen Willensbildung sind, gilt dagegen allein der allgemeine Gleichheitssatz im Sinne eines Willkürverbots in der spezifischen Ausformung, die er für das allgemeine Vereinsrecht erhalten hat.[414] Bei Vorliegen eines hinreichenden sachlichen Grundes ist es insofern zulässig, wenn zwischen Parteimitgliedern Differenzen bestehen. Praktisch relevant wird dies vor allem bei der

---

[406] Seifert, Die politischen Parteien, S. 219; v. Mangoldt/Klein/Starck-Streinz, Art. 21 Abs. 1 Rn. 151; 167; Dreier-Morlok, Art. 21 Rn. 129.

[407] Wolfrum, Die innerparteiliche demokratische Ordnung, S. 143; Luthmann, Die innere Ordnung der Parteien, S. 105; Müller, Die innere Ordnung der Parteien, S. 112; Rabus, AÖR 78 (1952/53), S. 163, 182.

[408] Zum Ausschluss qualifizierter Stimmrechte bzw. Vetorechte für bestimmte Parteimitglieder siehe BVerfGE 2, 41, 43.

[409] Wolfrum, Die innerparteiliche demokratische Ordnung, S. 143; Henke, Das Recht der politischen Parteien, S. 87; Leibholz, Strukturprobleme, S. 126 f.; ders., Stellung der Parteien, 38. D.J.T., S. C 23 f.; Seifert, Die politischen Parteien, S. 220.

[410] Seifert, Die politischen Parteien, S. 220.

[411] Müller, Die innere Ordnung der Parteien, S. 116 f.

[412] Wolfrum, Die innerparteiliche demokratische Ordnung, S. 143; Müller, Die innere Ordnung der Parteien, S. 113; Berliner Kommentar-Volkmann, Art. 21 Rn. 65.

[413] Wolfrum, Die innerparteiliche demokratische Ordnung, S. 144; Müller, Die innere Ordnung der Parteien, S. 113.

[414] Seifert, Die politischen Parteien, S. 220.

wichtigsten Mitgliedspflicht, der Beitragspflicht.[415] Hier ist z.B. eine Staffelung der Mitgliedsbeiträge nach der wirtschaftlichen Leistungsfähigkeit bzw. eine zeitweise Suspendierung der Beitragspflicht bei einem berechtigtem Grund zulässig.[416]

f. Recht auf innerparteiliche Opposition?

Die Frage, ob durch die demokratischen Grundsätze auch ein Recht auf innerparteiliche Opposition gedeckt wird, ist eng mit den Freiheitsrechten der Mitglieder und dem Minderheitenschutz verbunden, der durch die Anwendung des Mehrheitsprinzip notwendig wird. Die Parteien als Organisationen politischer Diskussion und Auseinandersetzung bringen zwangsläufig innerparteiliche Minderheiten hervor. Der Schutz dieser Minderheiten ist dem freiheitlich-demokratischen System inhärent.[417] Im Parteiengesetz kommt dieser Minderheitenschutz vor allem in § 15 Abs. 3 S. 1 ParteiG zum Ausdruck, der statuiert, dass das Antragsrecht innerhalb der Organe der Partei so ausgestaltet sein muss, dass insbesondere Minderheiten ihre Vorschläge ausreichend zur Erörterung bringen können.

Ob sich hieraus auch ein Recht auf innerparteiliche Opposition im Sinne einer längerfristigen, organisierten und mehr oder weniger grundsätzlichen Gegnerschaft zur herrschenden innerparteilichen Meinung[418] ergibt, ist aber zweifelhaft. Nach seinen Befürwortern soll den Parteimitgliedern nicht nur die Möglichkeit gegeben werden, eine oppositionelle Haltung zur geltenden Parteilinie einzunehmen, sondern sie sollen auch berechtigt sein, Kontakt zu Gleichgesinnten innerhalb der Partei aufzunehmen und sich zu organisieren.[419] Ein derartiges Oppositionsrecht könne – so die Befürworter - die bestehenden Oligarchisierungstendenzen, die generell innerhalb der Parteien vorhanden sind, abmildern. Bei einer Konkurrenz von Parteiführung und innerparteilichen Oppositionsgruppen käme es zwangsläufig zu einer Steigerung des Einflusses des einzelnen Parteimitglieds, da sich die einzelnen Gruppen innerhalb der Partei aufgrund der erhöhten Auswahlmöglichkeiten verstärkt um die Parteimitglieder bemühen

[415] Ausführlich zur Beitragspflicht: Reichert, Handbuch, Rn. 578 ff.
[416] Wolfrum, Die innerparteiliche demokratische Ordnung, S. 144.
[417] Seifert, Die politischen Parteien, S. 267.
[418] Zu den Merkmalen innerparteilicher Opposition siehe auch Tsatsos, in: FS Mosler, S. 997, 1002 ff.
[419] Grawert, Parteiausschluss, S. 125; Seifert, Die politischen Parteien, S. 268.

müssten.[420] Im selben Maße, wie das Gewicht der Parteimitglieder zunimmt, würde das der Parteiführung abnehmen.

Eine solche Betrachtungsweise verkennt aber das Wesen der Parteien und ihrer Funktionen in der Demokratiekonzeption des Grundgesetzes. Zum einen bedarf es in dem bestehenden Mehrparteiensystem nicht zwingend einer innerparteilicher Opposition, um die verschiedenartigen Meinungsströme der Bevölkerung in den innerparteilichen Willensbildungsprozess einfließen zu lassen.[421] Die differierenden Ansichten innerhalb des Volkes können in einem solchen System durch unterschiedliche Parteien repräsentiert werden.[422] Die Meinungsvielfalt des Volkes muss also nicht ihren Ausdruck in unterschiedlichen organisierten Meinungsgruppen innerhalb der Partei finden. Der bestehenden Meinungspluralität wird bereits dann Genüge getan, wenn die unterschiedlichen Ansichten innerhalb des staatlichen Willensbildungsprozesses durch verschiedene Parteien vertreten werden.[423] In dem Erfordernis einer demokratischen Parteiordnung zeigt sich zwar, dass nach Auffassung des Grundgesetzgebers eine rein außenplurale Parteiordnung nicht ausreichend ist, um den demokratischen Charakter des Staats aufrecht zu erhalten. Insofern kommt es in den Parteien zu einer Ergänzung von binnen- und außenpluralen Strukturen.[424] Aber anders als auf Staatsebene ist das Oppositionsrecht nicht zwingend erforderlich, um den demokratischen Charakter der Parteien zu erhalten. Der als Ergänzung des Mehrparteiensystems notwendige Binnenpluralismus wird bereits erreicht, wenn verschiedene Parteiflügel mit unterschiedlichen Meinungsströmungen entstehen können. Eine solche Ordnung entsteht aber bereits dann, wenn die Mitglieder die ihnen zukommenden Freiheits- und Gleichheitsrechte ausüben. Eine organisierte innerparteiliche Opposition ist dafür nicht erforderlich.

Zum anderen beeinträchtigen innerparteiliche Oppositionsgruppen die Funktionserfüllung der Parteien. Wie bereits gesagt benötigen die Parteien, damit sie ihre Aufgaben effektiv wahrnehmen können, ein bestimmtes Maß an Geschlossenheit.[425] Eine dauerhafte oder zumindest längerfristige grundsätzliche und vor allem auch organisierte Gegnerschaft zur herrschenden Parteilinie lässt sich mit diesem Zwang zur Geschlossenheit nicht vereinbaren. Dies schließt natürlich

---

420 Seifert, Innerparteiliche Opposition, Frankfurter Hefte 1960, S. 765, 770; Kevenhörster, in: Grenzen der Demokratie, S. 47; Dreier-Morlok, Art. 21 Rn. 130; Tsatsos, in: FS Mosler, S. 997, 1022.

421 Müller, Die innere Ordnung der Parteien, S. 135; Wolfrum, Die innerparteiliche demokratische Ordnung, S. 146.

422 Wolfrum, Die innerparteiliche demokratische Ordnung, S. 55.

423 Wolfrum, Die innerparteiliche demokratische Ordnung, S. 146.

424 Alternativkommentar-Gusy, 3. Aufl., Art. 21 Rn. 76.

425 Wolfrum, Die innerparteiliche demokratische Ordnung, S. 56; Tsatsos, in: FS Mosler, S. 997, 1026.

nicht das Vertreten einer abweichenden Meinung zu bestimmten Punkten der Parteipolitik aus.[426] Eine grundsätzliche innerparteiliche Opposition wirkt sich aber vor allem als parteischädigend aus und ist damit nicht mehr zulässig. Zugunsten der Zulässigkeit eines innerparteilichen Oppositionsrechts spricht auch nicht die Wandlung der Parteien zu Volksparteien, die ein breites Meinungsspektrum repräsentieren wollen. Auch diese Parteien haben das Recht, ein klares Profil herauszuarbeiten.[427] Dass zeigt sich zum einen daran, dass die für die Funktionserfüllung notwendige innerparteiliche Integration ein gewisses Maß an Übereinstimmung unter den Mitgliedern erfordert.[428] Zum anderen findet das Bedürfnis der Parteien zur Geschlossenheit auch in der Regelung des Parteiengesetzes über die Aufnahme neuer Mitglieder seinen Ausdruck.[429] Nach § 10 Abs. 1 S. 1 ParteiG entscheiden die zuständigen Organe frei über die Aufnahme neuer Mitglieder.[430] Es besteht also kein materieller Anspruch auf Aufnahme in eine politische Partei.[431] Vielmehr haben die Parteien das aus der Parteifreiheit folgende Recht, sich bestimmten Tendenzen zu verschließen und Bewerbern, die für diese Tendenzen stehen, den Parteibeitritt zu verwehren.[432] Den abgelehnten Bewerber steht es nicht zu, bestehende Parteien gegen deren Willen zu unterwandern.[433] Sie werden darauf verwiesen, in Parteien einzutreten, die eher ihren programmatischen Vorstellungen entsprechen bzw. selbst neue Parteien zu gründen.[434]

Eine dauerhafte, organisierte und grundsätzliche innerparteiliche Opposition innerhalb der Partei lässt sich mit einer derartigen Freiheit der Parteien, ein bestimmtes Profil zu entwickeln, nicht vereinbaren. Den jeweiligen Beschlüssen, die der Konturierung dieses Profils vorausgehen, können Auseinandersetzungen der verschiedenen Ansichten innerhalb einer Volkspartei vorausgegangen

---

[426] Dies ist von der Meinungsfreiheit der Mitglieder gedeckt, s.o. C II 3 e aa.
[427] Bonner Kommentar-Henke, Art. 21 Rn. 272; Maunz/Dürig-Klein, Art. 21 Rn. 373.
[428] Wolfrum, Die innerparteiliche demokratische Ordnung, S. 56.
[429] Zu der Reichweite der Grenzen eines etwaigen Aufnahmeanspruchs siehe u.a. Tsatsos/Morlok, Parteienrecht, S. 57 ff.; Stoklossa, Zugang zu den pol. Parteien, S. 91 ff., Dreier-Morlok, Art. 21 Rn. 127; jeweils mit weiteren Nachweisen.
[430] Die Verfassungsmäßigkeit dieser Vorschrift wurde von BGHZ 101, 193, 201 ff bejaht. Zustimmend u.a. Maunz/Dürig-Klein, Art. 21 Rn. 369; v. Mangoldt/Klein/Starck-Streinz, Art. 21 Abs. 1 Rn. 110; Bonner Kommentar-Henke, Art.21 Rn. 272; Sachs-Ipsen, Art. 21 Rn. 82 ff.
[431] So auch die herrschende Meinung, Maunz/Dürig-Klein, Art. 21 Rn. 366 ff.; Wolfrum, Die innerparteiliche demokratische Ordnung, S. 157; Friesenhahn, Hefte, 4 /1969, S. 1, 16; Luthmann, DVBl. 1962, S. 166, 169; Knöpfle, Der Staat 1970. S. 321, 333ff.
[432] Maunz/Dürig-Klein, Art. 21 Rn. 372.
[433] Ortmann, Probleme von Parteizugang und Parteiausschluss, S. 43.
[434] Maunz/Dürig-Klein, Art. 21 Rn. 372; Bonner Kommentar-Henke, Art. 21 Rn. 272.

sein.[435] Ist das jeweilige Profil der Partei aber durch Mehrheitsbeschlüsse der Mitglieder oder ihrer Vertreter herausgearbeitet worden, so ist eine dauerhafte innerparteiliche Opposition dagegen insofern kontraproduktiv, da hierdurch die klaren Positionen der jeweiligen Partei wieder verwässert werden. Im Ergebnis genießt im Verhältnis zwischen binnen- und außenpluralen Strukturen der Außenpluralismus Vorrang, ohne dass erstere komplett verdrängt werden dürfen.[436] Um den erforderlichen Binnenpluralismus herzustellen, ist es aber nicht erforderlich, dass ein Recht auf innerparteiliche Opposition besteht. Vielmehr wird dieser Forderung bereits durch Meinungs-, Versammlungs- und Vereinigungsfreiheit genüge getan.

Insofern besteht innerhalb der Parteien zwar die Möglichkeit, von der Parteilinie abweichende Meinungen zu vertreten. Geschieht dies jedoch in der Form einer dauerhaften, grundsätzlichen und organisierten Gegnerschaft zur herrschenden Parteimeinung, so stellt dies ein parteischädigendes Verhalten dar, welches nicht mehr von der Meinungsfreiheit der Mitglieder gedeckt wird.

g. Transparenz der Entscheidungsprozesse; innerparteiliche Öffentlichkeit

Ein demokratischen Grundsätzen entsprechendes System der Willensbildung und Entscheidungsfindung setzt generell die Öffentlichkeit der Entscheidungsprozesse voraus.[437] Dies gilt für die innerparteiliche Willensbildung ebenso wie für die Willensbildung innerhalb der Staatsorgane. Dass die Parteien eine dem Staat vergleichbare Transparenzpflicht trifft, rechtfertigt sich dabei aus den Funktionen der Parteien im demokratischen Staat.[438] Die Parteien sind derart in die staatliche Entscheidungsfindung integriert worden, dass ihnen die Aufgabe übertragen worden ist, die Partizipation der Bürger an der Staatswillensbildung zu ermöglichen. Da es anderenfalls dem Volk nicht möglich wäre, die ihm zukommende Kontrollfunktion wahrzunehmen, kann ihm die innerparteiliche Willensbildung nicht vorenthalten werden.[439] Die innerparteiliche Transparenzpflicht ist also zum einen Voraussetzung einer effektiven Kontrolle der Parteiarbeit. Daneben kommt ihr eine informierende Wirkung auf die Volkswillensbil-

[435] Diese Auseinandersetzungen sind von der Meinungsfreiheit gedeckt, siehe auch Tsatsos, in: FS Mosler, S. 997, 117 f.
[436] Berliner Kommentar-Volkmann, Art. 21 Rn. 66.
[437] Huber, DÖV 2000, S. 745, 746; Maunz/Dürig-Klein, Art. 21 Rn. 320.
[438] Maunz/Dürig-Klein, Art. 21 Rn. 316.
[439] Wolfrum, Die innerparteiliche demokratische Ordnung, S. 142; Maunz/Dürig-Klein, Art. 21 Rn. 316, 319.

dung zu, die mit der öffentlichen Diskussion im Parlament zu vergleichen ist.[440] In beiden Bereichen kann sich das Volk durch die Öffentlichkeit über die Vor- und Nachteile eines Problemkreises informieren und erhält dadurch die Möglichkeit, sich eine eigene Meinung zu bilden. Erst dies versetzt den Bürger in die Lage, bei Wahlen seine Rechte umfassend wahrzunehmen. Die Öffentlichkeitspflicht der Parteien ermöglicht neben der Parteienkontrolle auch die eigenverantwortliche Wahlentscheidung des einzelnen Bürgers.

Neben dieser Öffentlichkeitspflicht gegenüber dem Volk ist die innerparteiliche Transparenz aber auch notwendig, damit die Parteimitglieder von ihren Mitgliedsrechten effektiv Gebrauch machen können.[441] Solange die Parteimitglieder keinen Einblick in die innerparteilichen Entscheidungsprozesse erhalten, fehlt ihnen für die Ausübung ihrer Rechte die erforderliche Beurteilungsgrundlage.[442]

Der Gesetzgeber hat die innerparteilichen Transparenzpflicht – abgesehen von der Regelung des § 9 Abs. 5 ParteiG - nicht näher konkretisiert. Es obliegt damit den Parteien, diese Pflichten näher zu regeln.[443] Dabei ist es nicht notwendig, dass sämtliche Beschlüsse der Parteiorgane für die Mitglieder allgemein zugänglich sind. Die Parteien können grundsätzlich ein begründetes Interesse an der zumindest vorübergehenden Geheimhaltung einiger ihrer Entscheidungen haben, vor allem wenn die Einschaltung der Öffentlichkeit die Konkurrenzfähigkeit der Partei mit den rivalisierenden Parteien konkret zu schwächen droht.[444] Mindestvoraussetzung um von einer ausreichenden parteiinternen Öffentlichkeit reden zu können ist aber, dass die Parteimitglieder über ausreichende Informationsmöglichkeiten verfügen, die sie nicht nur theoretisch in die Lage versetzen, inhaltliche Alternativen in den Willensbildungsprozess einbringen zu können.[445] Die einzelnen Parteimitglieder müssen von der Parteiführung also mit Informationen versorgt werden, die ausreichend sind, um eine solche Antragsstellung mit einer gewissen Aussicht auf Erfolg zu ermöglichen. Auch sonst müssen die Parteimitglieder so umfassend informiert sein, dass sie sich jederzeit in den parteiinternen Willensbildungsprozess einschalten können.

[440] Wolfrum, Die innerparteiliche demokratische Ordnung, S. 142; Bull, ZRP 1971, S. 196, 198.
[441] Maunz/Dürig-Klein, Art. 21 Rn. 328.
[442] Maunz/Dürig-Klein, Art. 21 Rn. 328.
[443] Maunz/Dürig-Klein, Art. 21 Rn. 329.
[444] Wolfrum, Die innerparteiliche demokratische Ordnung, S. 141; Maunz/Dürig-Klein, Art. 21 Rn. 329.
[445] Alternativkommentar-Gusy, 3. Aufl., Art. 21 Rn. 68.

h. Mitwirkung an der Aufstellung von Kandidaten für Staatsämter

In der überwiegend repräsentativen Demokratiekonzeption des Grundgesetzes kommt den Wahlen eine überragende Rolle für die aktive Beteiligung der Wählerschaft am politischen Leben zu.[446] Die Auswahlmöglichkeiten der Bürger beschränken sich bei den Wahlen jedoch grundsätzlich auf Kandidaten, die von den Parteien aufgestellt worden sind. Die Bewerbungen parteiloser Kandidaten sind zumindest für Wahlen auf Bundes- und auf Landesebene bedeutungslos geworden.[447] Insofern entscheidet sich meist bereits bei der Kandidatenaufstellung, wer das Volk als Abgeordneter in den Parlamenten vertritt.[448] Vor diesem Hintergrund gewinnt die Aufstellung der Kandidaten für Staatsämter durch die Parteien eine besondere Bedeutung für die demokratische Legitimität der Abgeordneten.[449] Fehlt es an einer demokratischen Grundsätzen entsprechenden Aufstellung der Wahlbewerber, so wird dadurch auch der demokratische Charakter der Wahlen und letzten Endes auch der des Staates an sich in Frage gestellt.[450]

Neben ihrer Bedeutung für die gesamtstaatliche Demokratie hat die Kandidatenaufstellung auch einen besonderen Stellenwert für die innerparteiliche Demokratie. Durch die Möglichkeit des ex officio Amtserwerbs erhalten die Abgeordneten der Parteien erheblichen Einfluss auf den jeweiligen innerparteilichen Willensbildungsprozess.[451] Auch unter diesem Gesichtspunkt muss der Prozess der Kandidatenaufstellung den demokratischen Grundsätzen des Art. 21 Abs. 1 S. 3 GG entsprechen. Dass bedeutet, dass den Parteimitgliedern in diesem Bereich ein bestimmender Einfluss zuzukommen hat.[452] Die §§ 21 Abs. 1 S. 1 und 27 des BWahlG tragen diesem Umstand Rechnung, indem dort statuiert wird, dass die Parteikandidaten entweder in einer Mitgliederversammlung oder durch eine Vertreterversammlung nominiert bzw. dass die Landeslisten durch die Mitglieder- oder eine Vertreterversammlung aufgestellt werden.[453] Indem die Kandidatenauswahl einer Versammlung übertragen wird, soll vermieden werden, dass

---

[446] Bericht Parteienrechtskommission, S. 167.

[447] Wolfrum, Die innerparteiliche demokratische Ordnung, S. 179; Kay, Innere Ordnung der pol. Parteien, S. 195; Schröder, Kandidatenaufstellung, S. 20; Zeuner, Kritik, Bd. III, S. 165.

[448] Wolfrum, Die innerparteiliche demokratische Ordnung, S. 179; Zeuner, Kandidatenaufstellung, S. 5; Duverger, Politische Parteien, S. 360; Peters, in: FS Nawiasky, S. 341; Kaack, Geschichte, S. 595 ff.

[449] Wolfrum, Die innerparteiliche demokratische Ordnung, S. 180.

[450] Trautmann, Innerparteiliche Demokratie, S. 280; Wolfrum, Die innerparteiliche demokratische Ordnung, S. 178.

[451] Vgl. §§ 9 Abs. 2 und 11 Abs. 2 ParteiG.

[452] Bericht Parteienrechtskommission, S. 167; Wolfrum, Die innerparteiliche demokratische Ordnung, S. 180.

[453] Das Parteiengesetz verweist abgesehen von der Regelung des § 17, nach dem die Kandidatenaufstellung in geheimer Wahl zu erfolgen hat, auf die Bundes- und Landeswahlgesetze.

der Vorstand die Wahlbewerber von sich aus bestimmen kann, da hierdurch der demokratische Charakter der Wahl in seiner Grundlage verfälscht würde.[454] Gleichzeitig wird durch diese Regelung sichergestellt, dass die Delegierten bzw. die Mitglieder die Möglichkeit zur Diskussion und Information über die Kandidaten haben. Durch die Regelungen des BWahlG und die entsprechenden Reglungen auf Landesebene wird also sichergestellt, dass die Entscheidung über die Kandidatenaufstellung bei den Parteimitgliedern bzw. ihren Vertretern verbleibt.

Des Weiteren müssen bereits bei dieser Auswahl die allgemeinen Wahlrechtsgrundsätze des Art. 38 Abs. 1 S. 1 GG beachtet werden.[455] Dies gilt unabhängig davon, dass es sich bei der Kandidatenaufstellung um eine rein parteiinterne Angelegenheit handelt.[456] Die Anwendung der allgemeinen Wahlrechtsgrundsätze auf die innerparteiliche Kandidatenaufstellung ergibt sich aus den weit reichenden Wirkungen, die mit der Aufstellung als Parteikandidat einhergehen. Die Kandidatenaufstellung hat derartige Auswirkungen auf das staatliche Ämtersystem, so dass man in ihr schon einen Teil des Wahlvorgangs selber sehen kann.[457] Insofern ist es auch gerechtfertigt und notwendig, auf diese Aufstellung die staatlichen Wahlrechtsgrundsätze anzuwenden.

Um von diesen Grundsätzen abzuweichen, bedarf es einer besonderen Rechtfertigung.[458] Eine solche Ausnahme ist hinsichtlich des Grundsatzes der Unmittelbarkeit der Wahl zu machen. Die Kandidatenaufstellung in den Parteien wird regelmäßig durch die Vertreterversammlungen[459] vorgenommen. Das bedeutet, dass sie nicht von den Mitgliedern selber, sondern von einer Vielzahl von – innerparteiliche demokratisch legitimierten – Führungsgruppen vorgenommen wird.[460] Rechtfertigen lässt sich diese Praxis mit Praktikabilitätsgründen.[461] Gerade bei der Aufstellung von Landeslisten zeigt sich, dass die einzelnen Parteimitglieder über die Kandidaten häufig nicht ausreichend informiert sind. Dem-

---

[454] Wolfrum, Die innerparteiliche demokratische Ordnung, S. 182.

[455] BVerfGE 89, S. 243, 251; Nass, Die verfassungsrechtlichen Wahlrechtsgrundsätze, in: FS Weber, S. 311 ff.

[456] BVerfGE 89, S. 243, 251; Nass, Die verfassungsrechtlichen Wahlrechtsgrundsätze, in: FS Weber, S. 311 ff.

[457] Maunz/Dürig-Klein, Art. 21 Rn. 350.

[458] Maunz/Dürig-Klein, Art. 21 Rn. 351.

[459] Trautmann, Innerparteiliche Demokratie, S. 281; Luthmann, Die innere Ordnung der Parteien, S. 123; Schröder, Kandidatenaufstellung, S. 83; Zeuner, Kandidatenaufstellung, S. 1, 45 f.

[460] Wolfrum, Die innerparteiliche demokratische Ordnung, S. 186; Bilstein, Gegenwartskunde 18 (1969), S. 3, 14; Zeuner, Kritik, Bd. III, S. 165, 166; Müller-Wigley, Politische Studien 22 (1971), Heft 198, S. 337.

[461] Nass, Die verfassungsrechtlichen Wahlrechtsgrundsätze, in: FS Weber, S. 311, 316; Maunz/Dürig-Klein, Art. 21 Rn. 351.

entsprechend sind sie nicht in der Lage, die Bewerber objektiv zu beurteilen und von ihrem Bestimmungsrecht verantwortungsvoll Gebrauch zu machen.[462] Diese Informationsdefizite stammen zum einen daher, dass es dem normalen Parteimitglied bereits aus Zeitgründen nicht möglich ist, sich über jeden einzelnen Kandidaten hinreichend genau zu informieren. Zum anderen beruhen die Informationsdefizite auch vielfach auf der Passivität der Parteimitglieder selbst und nicht unbedingt auf dem Unwillen der Parteiführung, die Mitglieder ausreichend über die Kandidaten zu informieren.[463] Insofern ist es gerechtfertigt, wenn die Kandidatenauswahl für Staatsämter größtenteils von den Vertreterversammlungen vorgenommen wird. Eine Ausnahme ist allein bei der Auswahl der Spitzenkandidaten für Bundes- und Landtagswahlen möglich. Bei diesen ist der mit Urwahlen verbundene logistische und finanzielle Aufwand gerechtfertigt. Bei den dabei zur Wahl stehenden Kandidaten scheint es auch realistisch, dass die einzelnen Parteimitglieder die Möglichkeit besitzen, eine hinreichende Beurteilungsgrundlage für die Wahl zu erlangen.[464]

Anders als das Auswahlverfahren selbst ist das Nominierungsrecht für Kandidaten in den Wahlgesetzen nicht näher geregelt worden. Die nähere Ausgestaltung ist also den Parteien überlassen, die bei der genaueren Regelung durch Art. 21 Abs. 1 S. 3 GG gebunden sind.[465] Dem Gebot innerparteilicher Demokratie wird indessen nur dann Genüge getan, wenn das Vorschlagsrecht ebenso wie das An-

---

[462] Trautmann, Innerparteiliche Demokratie, S. 282 f.

[463] Borghorst, Bürgerbeteiligung, S. 79. Nach Niedermayer, in: Stand und Perspektiven der Parteienforschung, S. 230, 243, ist die mangelnde Bereitschaft eines wesentlichen Teils der Parteibasis, am innerparteilichen inhaltlichen bzw. personellen Willensbildungsprozess aktiv und regelmäßig zu partizipieren, durch empirische Studien bestätigt worden. Dies sieht er auch als einen der Gründe an, warum die große Mehrheit der Parteimitglieder ihren eigenen Einfluss in der Partei als eher gering ansieht, aber dennoch mit ihren Einflussmöglichkeiten zufrieden ist. Naschold meint hingegen, dass die Anreize zur aktiven Mitarbeit in Organisationen, also auch den Parteien, im Vergleich zu Berufsanforderungen und Freizeitaktivitäten für die meisten Mitglieder generell zu gering sind, als dass bei mehr als nur einem sehr geringen Prozentsatz Interesse und Aktivität in Organisationsangelegenheiten zu erwarten wäre, Organisation und Demokratie, S. 14.

[464] So wurde nach dem Rücktritt des damaligen SPD-Vorsitzenden Engholm im Mai 1993 eine Mitgliederbefragung zur Person des neuen Vorsitzenden durchgeführt, an der sich 56, 7 % der Parteimitglieder beteiligten, vgl. Schieren, ZParl 27 (1996), S. 214, 217 und Zeschmann, ZParl 28 (1997), S. 698 ff. Anhand solcher Befragungen und Urwahlen zeigt sich aber auch der organisatorische Aufwand, der sie in vielen Fällen unpraktikabel werden lässt. So bedurfte es bei der Mitgliederbefragung der CDU Baden-Württemberg im November 2004, in der der neue Ministerpräsident sowie der Spitzenkandidat für die Landtagswahl 2006 mitbestimmt werden soll, einer Briefwahl durch die fast 80.000 Mitglieder. Die Briefwahl selbst wurde durch 6 Regionalkonferenzen vorbereitet, vgl. FAZ vom 17.11.2004, S. 4. Die Kosten beliefen sich insgesamt auf 120.000 Euro, FAZ vom 04.12.2004, S. 4.

[465] Wolfrum, Die innerparteiliche demokratische Ordnung, S. 184.

tragsrecht in den allgemeinen Versammlungen so gestaltet ist, dass auch Minderheiten ihre Vorschläge ausreichend zur Erörterung bringen können.[466] Hierzu ist es erforderlich, dass neben den übrigen Parteigremien auch der Versammlung, die über die Kandidaten entscheidet, ein Antragsrecht zukommt. Das bedeutet, dass die Regelungen des Parteiengesetzes über das Antragsrecht in § 15 Abs. 3 S. 1 ParteiG auch auf das Vorschlagsrecht dieser Versammlungen anzuwenden ist.[467]

i. Fazit

Damit von einer demokratischen Grundzügen entsprechenden innerparteilichen Organisation gesprochen werden kann, muss diese bestimmte Merkmale aufweisen. Von entscheidender Bedeutung ist vor allem der Aufbau der Willensbildung von unten nach oben. Dies ist aber nicht im Sinne einer einseitigen, plebiszitären Willensbildung zu verstehen. Eine solche wäre bereits aufgrund der geringen Partizipationsmotivation der Parteimitglieder, die Grundvoraussetzung für eine plebiszitäre Willensbildung ist,[468] faktisch nicht möglich. Es ist vielmehr ausreichend, wenn die Parteimitglieder theoretisch in der Lage sind, sämtliche parteirelevanten Themen an sich zu ziehen und selbst bzw. durch ihre Repräsentanten zu entscheiden. Die Legitimation der Repräsentanten, für die Mitglieder zu entscheiden, ergibt sich daraus, dass sie ihre Ämter durch periodisch stattfindende Wahlen erhalten haben. Weitere Voraussetzungen einer demokratischen Parteiorganisation ist ihre räumliche Gliederung, die grundsätzliche Anwendung des Mehrheitsprinzips, die Gleichheit und Freiheit der Parteimitglieder sowie die Transparenz der innerparteilichen Entscheidungsprozesse.

Dagegen ist es nicht notwendig, dass abweichenden Meinungsgruppen innerhalb der Partei ein Recht auf innerparteiliche Opposition im Sinne einer dauerhaften, organisierten und grundsätzlichen Gegnerschaft zur herrschenden Parteilinie zugestanden wird. Die Stellung der einzelnen Parteimitglieder ist ausreichend gesichert, falls ihnen weiterhin die grundsätzlichen Freiheits- und Gleichheitsrechte zukommen.

---

[466] Wolfrum, Die innerparteiliche demokratische Ordnung, S. 184.

[467] Wolfrum, Die innerparteiliche demokratische Ordnung, S. 185.

[468] Trautmann, Innerparteiliche Demokratie, S. 261; Mühleisen, in: Partei und System, S. 59, 75 ff.; Jäger, ebenda, S. 108, 128 f.

4. Vereinbarkeit von Partizipationsrechten für Nichtmitglieder mit den demokratischen Grundsätzen

Nachdem die von Art. 21 Abs.1 S. 3 GG geforderten demokratischen Grundsätze anhand einzelner konstitutiver Merkmale näher konkretisiert worden sind, ist es möglich, die Öffnung der Parteien für die Mitarbeit von Parteifremden verfassungsrechtlich zu bewerten. Als erster Schritt ist zu untersuchen, wann überhaupt eine Partizipation von Parteifremden vorliegt. Mittels einer kurzen Analyse sollen dabei verschiedene Kriterien gefunden werden, die eine Differenzierung zwischen Parteimitgliedern, die grundsätzlich partizipationsbefugt sind, und Parteifremden erlauben.

a. Kriterien zur Differenzierung von Mitgliedern und Nichtmitgliedern

aa. Allgemeines

Eine grobe Einteilung in Mitglieder und Nichtmitglieder lässt sich zunächst durch einen Vergleich der Rechte und der Pflichten vornehmen. Eine Person, die sämtliche Mitgliedsrechte besitzt und der sämtliche Mitgliedspflichten obliegen, ist grundsätzlich als Mitglied anzusehen, wenn sie ihre Rechtsposition nach dem für Mitglieder üblichen Zugangsverfahren erhalten hat. Dagegen ist eine Person, der bestimmte Partizipationsrechte an der innerparteilichen Willensbildung vorenthalten werden, grundsätzlich nicht als Parteimitglied anzusehen, da die demokratischen Grundsätze des Art. 21 Abs. 1 S. 3 GG in diesem Bereich eine streng formale Gleichheit fordern.[469] Eine erste Einteilung in Parteimitglieder und Nichtmitglieder kann insofern anhand der Rechtsposition vorgenommen werden.

Eine Unterscheidung zwischen Parteifremden und –mitgliedern mittels weiterer Differenzierungskriterien wird dementsprechend nur dann relevant, wenn die fragliche Person eine Rechtsstellung innehat, die derjenigen der Mitglieder vergleichbar ist. In einer solchen Situation ist es zunächst denkbar, eine Unterscheidung anhand formaler Kriterien vorzunehmen. Des Weiteren kommt ein Vergleich der jeweiligen Pflichtenstellung in Betracht.

---

[469] Vgl. oben C II 3 e bb; V. Mangoldt/Klein/Starck-Streinz, Art. 21 Abs. 1 Rn. 167; Seifert, Die politischen Parteien, S. 219.

bb. Formale Kriterien als Unterscheidungsmerkmal zwischen Parteimitgliedern und -fremden

Auf den ersten Blick erscheint es nahe liegend, die Differenzierung nach formalen Kriterien, also dem Zugangsverfahren oder der Bezeichnung, unter der die fragliche Person innerhalb der Partei geführt wird, vorzunehmen. Grundsätzlich ist es auch von Bedeutung, wie die jeweilige Partei denjenigen, dem sie Partizipationsrechte zubilligt, führt. Dieses Merkmal allein kann aber nur dazu dienen, eine negative Abgrenzung in dem Sinne vorzunehmen, dass derjenige, der nicht einmal von der Partei als Mitglied anerkannt wird, grundsätzlich auch nicht als solches anzusehen ist. Eine positive Abgrenzung ist dagegen nicht möglich, dass heißt, dass nicht jede Person, die von einer Partei als Mitglied geführt wird, unabhängig von anderen Faktoren als Mitglied einzustufen ist. Anderenfalls wäre es möglich, den Grundsatz der innerparteilichen Demokratie dadurch zu umgehen, dass Parteifremde bei einer gegenüber Parteimitgliedern stark abweichenden Rechtsstellung, insbesondere unter der Befreiung von Pflichten, als Parteimitglieder geführt würden. Die Bezeichnung, unter der jemand von der Partei geführt wird, kann also allein einen ersten Anhaltspunkt darüber geben, wie die Partei dessen Position einschätzt. Sie kann aber nicht darüber entscheiden, ob die Person berechtigt ist, an der innerparteilichen Willensbildung zu partizipieren oder nicht.

Daneben wäre es möglich, auf das Verfahren abzustellen, welches der Bewerber durchlaufen muss, damit ihm die Partizipationsrechte zuteil werden. Das Aufnahmeverfahren ist gesetzlich nicht geregelt. Insofern haben die Parteien das Recht, dieses Verfahren eigenständig näher auszugestalten. Sie haben sich aber im Allgemeinen für ein schriftliches Verfahren entschieden, bei dem der Vorstand der Grundorganisation (Ortsverband, Kreisverband) das Organ ist, das über das Beitrittsgesuch zu entscheiden hat.[470]

Teilweise wird vertreten, dass es für die Mitgliedseigenschaft bereits ausreichend sei, wenn die betreffende Person in einem formalisierten Verfahren Zugang zur Partei gefunden hat.[471] Maßgeblich sei allein, dass dieses Verfahren demjenigen entspricht, welches die Parteien zur Erlangung der Mitgliedschaft aufgestellt haben. Nachdem der Bewerber ein solches Verfahren durchlaufen hat, soll er unabhängig davon, ob ihm die gleiche Rechtsposition wie den or-

[470] Seifert, Die politischen Parteien, S. 210; siehe z.B. § 5 Abs. 1 Statut der CDU.
[471] Kießling, Rissener Rundbrief 10-11/2001, S. 31, 43.

dentlichen Parteimitgliedern zukommt oder nicht, als Parteimitglied anzusehen sein.[472]

Gegen ein solches Verständnis der Parteimitgliedschaft sprechen aber zwei Gründe. Zum einen ist ein Aufnahmeverfahren wie das, das die Parteien für Parteimitglieder eingeführt haben, aus organisatorischen Gründen zwingend notwendig. Die effektive Verwaltung einer modernen Massenpartei ist anderenfalls nicht denkbar.[473] Das Gleiche gilt aber vielfach auch für die Sympathisanten und Unterstützer, denen die Parteien Partizipationsrechte einräumen. Auch diese müssen in den organisatorischen Apparat der Parteien eingegliedert werden, damit sie zum einen ihre Partizipationsrechte wahrnehmen können und damit die Partei zum anderen auf deren Mitarbeit zurückgreifen kann. Da es sich bei dem schriftlichen Aufnahmeverfahren also um eine faktische Notwendigkeit handelt, wäre es falsch, die Differenzierung von Mitgliedern und Nichtmitgliedern mit ihren weit reichenden Konsequenzen allein anhand dieses Merkmals vorzunehmen. Zum anderen wäre es allein mit dem Erfordernis eines bestimmten Zugangsverfahrens den Parteien möglich, die Erfordernisse der innerparteilichen Demokratie zu umgehen. Die Mitgliedseigenschaft wäre dadurch nicht an eine bestimmte Ausgestaltung ihrer Rechtsstellung gebunden, sondern ausschließlich an die Form des Zugang. Dies könnte dazu führen, dass die Parteien Personen als Mitglieder führen dürften, die über sämtliche Mitgliedsrechte verfügen, ohne von Mitgliedspflichten getroffen zu werden, solange sie nur das formalisierte Zugangsverfahren durchlaufen haben. Hierin würde ein Verstoß gegen das Prinzip der Mitgliedergleichheit liegen.

Das formalisierte Zugangsverfahren ist damit zwar eine der Voraussetzungen für die Mitgliedschaft, weil es für eine effektive Parteiorganisation unentbehrlich ist. Personen, die ohne ein solches Verfahren Partizipationsrechte an der innerparteilichen Willensbildung erhalten haben, sind daher grundsätzlich auch nicht als Parteimitglieder anzusehen. Ein solches formales Antragsverfahren allein ist aber nicht ausreichend, um einem Bürger den Status des Parteimitglieds zu verleihen. Allein das Fehlen formaler Kriterien kann dazu führen, die Mitgliedseigenschaft zu verneinen.

---

[472] Vgl. Nachweise bei Kießling, Rissener Rundbrief 10-11/2001, S. 31, 43. Hier wurde diese Frage bei der sog. Gastmitgliedschaft der CDU nach § 4 Abs. 3 CDU-Statut relevant. Diesen Gastmitgliedern werden wesentliche Mitgliedsrechte vorenthalten. Näher zu den Gastmitgliedschaften unten D II 1.

[473] So für Vereine, der Rechtsform, in der die Parteien durchweg bestehen, Stöber, Handbuch des Vereinsrechts, Rn. 139; Sauter/Schweyer/Waldner, Der eingetragene Verein, Rn. 73.

cc. Pflichten, insbesondere Beitragspflicht, als entscheidendes Differenzierungskriterium

Sollten einer Person die vollen Mitgliedsrechte zukommen, so ist eine Differenzierung zwischen Parteimitgliedern und Parteifremden deshalb vornehmlich an den Pflichten festzumachen, die diese Person treffen. Personen, die, obwohl ihnen Partizipationsrechte zukommen, nicht von einer Mitgliedern entsprechenden Pflichtenstellung betroffen sind, sind als Nichtmitglieder anzusehen. Maßgeblich ist dabei die Beitragspflicht als die in der Praxis hauptsächliche Mitgliedspflicht.[474] Eine solche Differenzierung ergibt sich bereits aus dem allgemeinen Gleichheitssatz, der im Bereich der Mitgliedspflichten ebenso gilt wie im Bereich der Mitgliedsrechte. Anders als bei den Partizipationsrechten an der innerparteilichen Willensbildung ist er aber nicht in einer strengen, formalen Form der Mitgliedergleichheit anzuwenden, sondern allein in Form eines Willkürverbots.[475] Entsprechend können die Parteien in diesem Bereich Differenzierungen zwischen einzelnen Mitgliedergruppen vornehmen, solange sie durch einen sachlichen Grund gerechtfertigt werden.[476]

Die Probleme, mit denen sich die Parteien derzeit konfrontiert sehen, sowie der daraus hervorgehende Versuch, neue Wege der Mitgliederrekrutierung zu erschließen, stellen einen solchen sachlichen Grund dar, der eine Ungleichbehandlung in der Pflichtenstellung rechtfertigt. Eine zumindest zeitweilige Beitragsfreiheit, die im Zusammenhang mit der Gewinnung neuer Mitglieder steht, stellt insofern keine willkürliche Ungleichbehandlung dar. In einem solchen Fall begründet die zeitweilige Suspendierung von Mitgliedsbeiträgen noch keine Einstufung als Parteifremder, da immer noch mitgliedergleiche Rechte und Pflichten gegeben sind, die zusammen mit dem formalisierten Zugangsverfahren die Mitgliedseigenschaft begründen.

Jedoch muss die Befreiung von den Mitgliedsbeiträgen zeitlich eng begrenzt werden. Als angemessen erscheint hier ein Zeitraum zwischen drei und sechs Monaten. Innerhalb eines solchen Zeitraumes ist es den potentiellen Neumitgliedern möglich, die Parteiarbeit intensiv kennen zulernen und sich für oder gegen eine Mitgliedschaft zu entscheiden. Eine Beitragsfreiheit länger aufrechtzuerhalten ist deshalb als willkürlich anzusehen.

---

474 Seifert, Die politischen Parteien, S. 212; ausführlich zur Beitragspflicht: Reichert, Handbuch, Rn. 578 ff.

475 Seifert, Die politischen Parteien, S. 219 f.

476 Seifert, Die politischen Parteien, S. 219 f.; Wolfrum, Die innerparteiliche demokratische Ordnung, S. 144.

Demzufolge sind Personen, denen Parteimitgliedern gleichstehende Rechte eingeräumt werden, nur dann als Nichtmitglieder anzusehen, wenn sie kein den Parteimitgliedern entsprechendes, formalisiertes Zugangsverfahren durchlaufen müssen und ihnen bestimmte Mitgliedspflichten, insbesondere die Beitragspflicht, über einen längeren Zeitraum erlassen werden. Ist dies nicht der Fall, so üben diese Personen die ihnen übertragenen Partizipationsrechte zu Recht aus; ein Verstoß gegen den Grundsatz der innerparteilichen Demokratie liegt nicht vor.

b. Grundsätzliche Zulässigkeit der Partizipation von Parteifremden an der innerparteilichen Willensbildung

Bevor auf die einzelnen denkbaren Partizipationsformen von Parteifremden eingegangen wird, ist es notwendig, zunächst einmal zu klären, ob die Einflussnahme Parteifremder grundsätzlich mit den von Art. 21 Abs. 1 S. 3 GG verlangten demokratischen Grundsätzen zu vereinbaren ist. Erst wenn diese Frage bejaht werden kann, ist es sinnvoll, auf die Zulässigkeit der einzelnen Ausprägungen, einer solchen Mitarbeit, näher einzugehen.

aa. Faktische Unmöglichkeit eines Ausschlusses von parteifremden Einflüssen auf den innerparteilichen Willensbildungsprozess

Unabhängig von der rechtlichen Zulässigkeit der Beeinflussung des innerparteilichen Willensbildungsprozesses durch Parteifremde ist vorab festzuhalten, dass eine ausschließlich parteiinterne Willensbildung ohne jegliche Einwirkungen von außen de facto unmöglich ist. Bei den Parteien handelt es sich um Gebilde, die im gesellschaftlichen Bereich agieren. In diesem Bereich sind sie im Ganzen und ihre Mitglieder im speziellen der Beeinflussung durch andere Meinungsbildner ausgesetzt, seien es nun Medien, Verbände, Vereine oder sonstige persönliche Kontakte zu Parteifremden. Durch dieses Umfeld wird die Gedankenwelt der Parteimitglieder notwendigerweise mit Willensimpulsen konfrontiert, mit denen sie sich auseinander zu setzen haben. Eine scharfe Trennung zwischen dem Leben als Parteimitglied und dem Alltagsleben ist grundsätzlich nicht möglich. Meinungsbildungsprozesse innerhalb der Parteien werden also zwangsläufig durch externe Vorgänge und Ansichten mitbestimmt.

Die durch diese Beeinflussung an die Parteien herangetragenen Anregungen bedürfen zwar zunächst der Übernahme durch die Parteimitglieder, die sie in den parteiinternen Willensbildungsprozess einbringen müssen. Die Einwirkungen setzen demnach allein im Prozess der Meinungsbildung ein, der nur als Vorstufe der Willensbildung zu sehen ist.[477] Die Beeinflussung ist also nur eine „indirekte“. Trotzdem gehen auch von einer solchen Beeinflussung Impulse aus, die letztlich in den Willensbildungsprozess einfließen. Deshalb ist es unrealistisch, von der Möglichkeit auszugehen, dass eine parteiinterne Willensbildung ohne jegliche Einflüsse von Parteifremden stattfinden könnte.

Eine solche theoretische, rein innerparteiliche Willensbildung ist im Hinblick auf die Parteiaufgaben auch nicht unbedingt erstrebenswert. Den Parteien obliegt es aufgrund ihrer Stellung als Mittler zwischen Volks- und Staatswillensbildung, den Staat zur Gesellschaft hin zu öffnen bzw. offen zu halten.[478] Nur so kann sichergestellt werden, dass es den für ein Funktionieren der Demokratiekonzeption des Grundgesetzes notwendigen Austausch von Ideen und Konzepten zwischen Regierung, Parlamenten, Partei und Volk gibt.[479] Ideal wäre dieser Austausch, wenn er allein über Parteimitglieder stattfinden würde, also Volk und Parteimitglieder identisch wären. Aufgrund des geringen Organisationsgrades der Bevölkerung[480] ist dies jedoch nicht möglich. Deshalb ist es wünschenswert, wenn die Parteimitglieder für die innerhalb der Gesellschaft herrschenden Meinungsströmungen offen sind. Nur so kann erreicht werden, dass sämtliche im Volk vorhandenen Ansichten auch wirklich Eingang in den parteiinternen Willensbildungsprozess finden und - ausgehend von dort - unter Umständen auch in den Prozess der Staatswillensbildung.

Zunächst ist also festzuhalten, dass die innerparteiliche Willensbildung nicht nur zwingend externen Einflüssen ausgesetzt ist, auch wenn es sich bei diesen allein um „indirekte“ Einflüsse handelt, die allein in der Phase der Meinungsbildung ansetzen. Diese Beeinflussung ist daneben auch Voraussetzung für den im demokratischen System des Grundgesetzes notwendigen Austausch zwischen Volk und Staat mit den Parteien als Mittler.[481]

bb. Rechtliche Zulässigkeit der Schaffung von Einflussmöglichkeiten für Parteifremde

Dass die parteiinterne Willensbildung zwingend durch parteifremde Einflüsse mitgesteuert wird, bedeutet jedoch noch nicht, dass dies generell rechtlich zuläs-

---

[477] Köppler, Mitwirkung, S. 58.
[478] Henke, Das Recht der politischen Parteien, S. 50.
[479] Machnig/Hauff, Parteien des 21. Jahrhunderts, http://www.spd.de/servlet/PB/menu/1010776/index.htm.
[480] Gegenwärtig etwa 3 % der wahlberechtigten Bevölkerung, siehe z.B. Sontheimer/Bleek, Grundzüge, S. 260; Berliner Kommentar-Volkmann, Art. 21 Rn. 14.
[481] So auch Müller, Die innere Ordnung der Parteien, S. 134.

sig ist. Die Zulässigkeit hängt davon ab, ob die Mitwirkung von Parteifremden mit den für die demokratischen Grundsätze konstitutiven Elementen vereinbar ist. Fraglich erscheint das vor allem im Hinblick auf die von Art. 21 Abs. 1 S. 3 GG geforderte, demokratisch ausgestaltete Stellung der Mitglieder, insbesondere die Mitgliedergleichheit, sowie des Aufbaus der Partei von „unten nach oben".

Im übrigen hat die Mitarbeit Parteifremder im Allgemeinen keinen Einfluss auf die Anwendung des Mehrheitsprinzips, das Erfordernis der Legitimation der handelnden Organe durch periodische Wahlen oder die Unentbehrlichkeit der räumlichen Gliederung der Parteien. Eine Verletzung dieser Prinzipien ist nur dann denkbar, wenn die Mitarbeit in einer Form geschieht, die nicht den Partizipationsformen der Mitglieder entspricht. Kommt es in der konkreten Ausgestaltung durch die Mitarbeit der Parteifremden zu einer Verletzung eines dieser Prinzipien, so ist diese Partizipation unzulässig. Die Mitarbeit der Parteifremden an sich, d.h. losgelöst von einer bestimmten Mitwirkungsform, verstößt aber grundsätzlich nicht gegen diese Grundsätze. Solange die Einflussnahme der Parteifremden in einer der Mitglieder entsprechenden Form geschieht, ist auch das Gebot der innerparteilichen Transparenz nicht zwangsläufig tangiert. Auf eine potentielle Verletzung dieser Strukturelemente soll und kann deshalb erst bei der Untersuchung der Zulässigkeit der konkret geschaffenen Mitwirkungsmöglichkeiten eingegangen werden.[482]

Wesentlich für die Frage der Zulässigkeit der Mitarbeit von Parteifremden ist deshalb die Vereinbarkeit mit dem Prinzip der Mitgliedergleichheit sowie einer demokratischen Grundsätzen entsprechenden innerparteilichen Willensbildung. Zu diesem Problemkreis ist auch die Ausgestaltung der Kandidatenaufstellung zu zählen, insbesondere die Partizipationsrechte der einfachen Mitglieder an der Auswahl von Bewerbern für Staatsämter, da sie gerade für die einfachen Parteimitglieder einen bedeutenden Teil der innerparteilichen Willensbildung darstellt.

aaa. Vereinbarkeit mit den Gleichheitsrechten der Mitglieder

Bezüglich der Gleichheitsrechte der Mitglieder ist festzuhalten, dass diese durch die Mitarbeit der Parteifremden nicht zwingend beeinträchtigt werden. Gerade bei der Mitwirkung an der parteiinternen Willensbildung ist der Gleichheitssatz zwar im Sinne einer formalen Gleichbehandlung aller Mitglieder zu verstehen.[483] Das bedeutet aber nicht, dass jedem Parteimitglied tatsächlich exakt der gleiche Einfluss auf die Willensbildung zukommen muss. Vielmehr ist es be-

---

[482] S. Abschnitt D.
[483] S.o. C II 3 e bb.

rechtigterweise so, dass der faktische Einfluss sowohl von den Fähigkeiten als auch von der Stellung des einzelnen Mitglieds abhängt.[484] Dementsprechend nehmen gerade die Vorstände eine herausragende Stellung im Willensbildungsprozess ein.[485] Der Einfluss der Parteiführung ist um ein vielfaches höher als der Einfluss, den das einzelne Parteimitglied an der Basis ausüben kann. Eine absolute Gleichbehandlung ist insofern allein bei den Stimmrechten möglich. Um den demokratischen Grundsätzen Genüge zu tun, ist es aber auch ausreichend, wenn jedem Parteimitglied einerseits das gleiche Stimmrecht bei innerparteilichen Abstimmungen zukommt und ihm andererseits die theoretische Möglichkeit gegeben wird, sich um jedes von der Partei zu vergebende Amt zu bewerben.[486] Hierdurch wird sichergestellt, dass jedes Mitglied die grundsätzlich gleiche Partizipationsmöglichkeit an der innerparteilichen Willensbildung besitzt.

Diese Grundsätze werden durch die Öffnung der Parteien für Parteifremde nicht zwangsläufig tangiert. Der Gleichheitssatz verlangt zum einen, dass es nicht zu einer Privilegierung bestimmter Gruppen im Prozess der Willensbildung kommt.[487] In Anbetracht der Tatsache, dass bestimmte Stellungen innerhalb der Partei ihren Inhabern de facto einen erhöhten Einfluss auf diesen Prozess geben, wie dies z.B. bei Vorstandsmitgliedern der Fall ist, kann diese Vorgabe meines Erachtens nur dahingehend verstanden werden, dass – bei einem für alle Mitglieder unabhängig von ihrer Stellung gleichen Stimmrecht - die bestehenden Privilegierungen durch eine Öffnung der Parteien nicht verstärkt werden dürfen. Eine Erhöhung des Einflusses der einfachen Parteimitglieder gegenüber dem der Parteispitze scheint mit dem Gleichheitsgebot aber auf jeden Fall vereinbar. Zum anderen darf die Mitarbeit nicht dazu führen, dass die Stellung der Mitglieder im Willensbildungsprozess verschlechtert wird. Auch dies ist augenscheinlich so zu verstehen, dass die Position der einfachen Mitglieder nicht geschwächt werden darf, ein Abbau der faktischen Privilegierung der Parteispitze

---

[484] Wolfrum, Die innerparteiliche demokratische Ordnung, S. 143.

[485] Trautmann, Innerparteiliche Demokratie, S. 260; Lohmar, Innerparteiliche Demokratie, S. 84; Zeuner, Innerparteiliche Demokratie, S. 74. Zu den bestehenden Oligarchisierungstendenzen innerhalb der Parteien anstatt vieler Grimm, HdbVerfR § 14 Rn. 3; dazu bereits Michels, Soziologie. Vielfach wird in diesem Zusammenhang ein dreigliedrige, pyramidenförmige Einteilung der Parteien vorgenommen: die unterste, zahlenmäßig größte Gruppe besteht aus den einfachen Parteimitgliedern, denen kaum Einfluss zukommt; über ihnen stehen die aktiven Funktionsträger der Partei, die Spitze wird von der zahlenmäßig zwar relativ kleinen aber für die innerparteiliche Willensbildung entscheidenden Gruppe der Parteiführung gebildet.; Reichart-Dreyer, in: Parteiendemokratie in Deutschland, S. 570, 590 f.; Berliner Kommentar-Volkmann, Art. 21 Rn. 68; Hennis, in: Brauchen wir ein neues Parteiensystem, S. 37, 39 f.

[486] Wolfrum, Die innerparteiliche demokratische Ordnung, S. 143.

[487] Wolfrum, Die innerparteiliche demokratische Ordnung, S. 143; Luthmann, Die innere Ordnung der Parteien, S. 105; Müller, Die innere Ordnung der Parteien, S. 112; Rabus, AÖR 78 (1952/53), S. 163, 182.

aber zulässig wäre. Die Öffnung der Parteien für Parteifremde wird nun vielfach als Mittel propagiert, mit dem es möglich erscheint, die bestehenden Oligarchisierungstendenzen innerhalb der Parteien zu mildern.[488] Dementsprechend könnte durch diese Öffnung primär der ohnehin überproportional große Einfluss der Führungsgremien der Parteien zurückgedrängt werden. Hierdurch käme es zwar nicht zwangsläufig zu einer Verbesserung der Stellung der einfachen Parteimitglieder, eine Verschlechterung ihrer Stellung durch die Öffnung ist aber ebenfalls nicht unbedingt zu erwarten. Deshalb kann auch nicht davon gesprochen werden, dass die Öffnung für Parteifremde zwangsläufig das Gleichheitsgebot verletzt. Vielmehr besteht die Chance, dass es durch die Mitarbeit Parteifremder aufgrund der Verminderung des Einflusses der Parteiführung zu einer erhöhten Mitgliedergleichheit kommt.

Die Partizipation von Parteifremden an der innerparteilichen Willensbildung ist somit nicht generell unvereinbar mit dem Grundsatz der Mitgliedergleichheit. Die Grenze zur Verletzung des Gleichheitssatzes wäre jedoch dann überschritten, wenn den Parteifremden ein überproportionaler Einfluss auf den innerparteilichen Willensbildungsprozess zugebilligt würde oder wenn es durch deren Mitarbeit zu einer Differenzierung in den bislang für alle Parteimitglieder gleichen Stimmrechten bei innerparteilichen Abstimmungen und Wahlen käme.

bbb. Vereinbarkeit mit dem von den demokratischen Grundsätzen geforderten Aufbau der Parteiorganisation

Problematischer ist die Vereinbarkeit der Mitarbeit Parteifremder mit der von den demokratischen Grundsätzen geforderten Parteiorganisation. Generell müssen die Parteien von „unten nach oben" aufgebaut sein.[489] Maßgeblich ist dabei der Willensbildungsfluss. Wie bereits gezeigt, ist es notwendig, dass den Parteimitgliedern die potentielle Möglichkeit zukommt, sämtliche parteirelevanten Fragen an sich zu ziehen und selbst oder durch ihre Repräsentanten zu entscheiden.[490] Es bedarf insofern eines Maximums an Einfluss und ständiger effektiver Entscheidungsgewalt der Parteimitglieder, damit die Parteiorganisation den Vorgaben des Art. 21 Abs. 1 S. 3 GG entspricht.[491] Daraus ergibt sich aber nicht das Erfordernis einer rein plebiszitär ausgerichteten Parteiorganisation; vielmehr

---

[488] So z.B. Müller, Die innere Ordnung der Parteien, S. 134; Trautmann, Innerparteiliche Demokratie, S. 178.

[489] S. o. C II 3 a ; BVerfGE 2, 1, 40.

[490] S. o. C II 3 a.

[491] Henke, Das Recht der politischen Parteien, S. 50; Forsthoff, in: Die politischen Parteien im Verfassungsrecht, S. 5, 16 f.

verlangen die tatsächlichen Gegebenheiten moderner Massenparteien, dass repräsentative Entscheidungsorgane in die Parteihierarchien eingebaut werden.[492]

Eine den demokratischen Grundsätzen des Art. 21 Abs. 1 S. 3 GG entsprechende Willensbildung setzt folglich nicht voraus, dass der Basis der Parteimitglieder eine Alleinentscheidungskompetenz zukommt.[493] Nun könnte man bereits in diesem Zugeständnis eigenständiger Entscheidungskompetenzen die Grundlage für eine Rechtfertigung der Einflussnahme von Nichtmitgliedern sehen. Durch sie eröffnet sich der Parteiführung ein Aktionsraum für Entscheidungen, die zwar als demokratisch legitimiert angesehen werden, aber dennoch von der legitimierenden Basis weder diskutiert von bewertet werden können. [494] Ist es aber mit den Grundsätzen einer demokratischen Parteiorganisation zu vereinbaren, dass die Repräsentativorgane der Partei eigenständige Entscheidungen treffen, ohne dass die Parteibasis an diesen beteiligt worden ist, so muss dies erst Recht für Entscheidungen gelten, die durch die Mitglieder selbst an der Parteibasis getroffen worden sind, auch wenn es dabei zu einer Beeinflussung durch Parteifremde gekommen ist.

Meiner Ansicht nach spricht aber eher noch ein anderer Grund für die prinzipielle Zulässigkeit der Mitwirkung Parteifremder an der innerparteilichen Willensbildung. Das Zugeständnis eigenständiger Entscheidungskompetenzen der Repräsentativorgane findet seine Rechtfertigung in den Parteifunktionen. Eine gewisse Eigenständigkeit der Parteiführung ist unerlässlich, damit eine Partei ihren Aufgaben gerecht werden kann.[495] Die Zwänge, die sich aus diesen Parteifunktionen ergeben, sind es meines Erachtens auch, die es rechtfertigen, dass Parteifremden eine Partizipation an der innerparteilichen Willensbildung zugestanden wird. Hierfür spricht zunächst die Vermittlungsfunktion der Parteien. Um dieser nachkommen zu können, haben die Parteien die staatliche Willensbildung gegenüber den Meinungsströmen, die in der Öffentlichkeit existieren, offen zu halten.[496] Diese Vorgabe können die Parteien nur erfüllen, wenn sie selber für Anregungen aus dem Volk offen sind. Allein dann besteht die Möglichkeit, dass sie die Meinungen, die im Volk gebildet werden, wirklich aufnehmen und innerhalb der Staatswillensbildung zur Geltung bringen. Die insofern notwendige Durchlässigkeit der Parteien kann nun durch die Mitarbeit von Parteifremden verbessert werden. Die Parteifremden sind in der Lage, in der Bevölkerung vorhandene Interessen in den innerparteilichen Willensbildungsprozess einzubringen, die

---

[492] S. o. C II 3 a

[493] S. o. C II 3 a aa.

[494] S. o. C II 3 a; Trautmann, Innerparteiliche Demokratie, S. 178.

[495] S. o. C II 3 a bb.

[496] Trautmann, Innerparteiliche Demokratie, S. 50, 53; Müller, Die innere Ordnung der Parteien, S. 134.

dort bislang nicht vertreten waren. Bisher bestehende Defizite der Repräsentation von unorganisierten oder nicht wirklich organisierbaren Meinungen innerhalb der Parteien und damit letztendlich innerhalb der staatlichen Sphäre würden dadurch ausgeglichen. Als Konsequenz würde also ein proportional größerer Anteil der innerhalb der Bevölkerung bestehenden Ansichten Eingang in den staatlichen Willensbildungsprozess finden. Unter diesem Aspekt stellt die Beeinflussung der innerparteilichen Willensbildung durch Parteifremde ein Mittel dar, die erforderliche Durchlässigkeit der Parteien nach außen zu gewährleisten[497] und damit den repräsentativen Charakter der Demokratie an sich zu stärken.

Daneben stellt die Öffnung für Nichtmitglieder eine Notwendigkeit dar, ohne die der Bestand der Parteien in ihrer Organisationsform als Mitgliederparteien gefährdet ist.[498] Man könnte nun diese Entwicklung als Resultat von Anpassungsproblemen bzw. von sich verändernden Umweltbedingungen akzeptieren und sich von den Mitgliederparteien generell verabschieden.[499] So wird vertreten, dass sich die Parteien konsequent zu mandatsträgerorientierten Organisationen mit nur noch rudimentärer außerparlamentarischer Parteiorganisation fortentwickeln sollen.[500] Die Unterstützer von solch radikalen Reformen verkennen jedoch, dass die Parteifunktionen deren Organisation als Mitgliederpartei verlangen.[501] Zum einen sind demokratische Parteien ohne Mitglieder kaum funktionsfähig. Dies zeigt sich vor allem im Bereich der Elitenbildungsfunktion.[502] Die Parteien sind darauf angewiesen, ihren Führungsnachwuchs aus dem Mitgliederreservoir zu rekrutieren.[503] Ohne eine hinreichend große Mitgliedschaft wären die Parteien also nicht mehr in der Lage, ausreichend kompetentes Personal für Wahlen zu präsentieren. Gerade Wahlen als eines der wichtigsten Mittel der Vermittlung des Volkswillens sind aber ohne die Personalauswahl der Parteien nicht mehr denkbar.[504] Zum anderen ist gerade das Konzept der Innensteuerung der Parteien, welches untrennbar mit der Forderung nach einer demokratischen Parteiorganisation verbunden ist, auf Volksparteien in der Organisationsform als Mitgliederparteien zugeschnitten.[505] Eine binnendemokratische Parteiordnung ist ihrerseits essentiell für die Wahrnehmung der Parteifunktionen in

---

[497] Müller, Die innere Ordnung der Parteien, S. 134.
[498] S. o. B I und II.
[499] Hierfür spricht sich Nickig, ZParl 30 (1999), S. 382, 388 f. aus.
[500] Radunski, Sonde 4/1991, S. 3
[501] Abendroth, PVS 1964, S, 306, 315; Wolfrum, Die innerparteiliche demokratische Ordnung, S. 194.
[502] Haungs, ZParl 25 (1994), S. 108, 112.
[503] Haungs, ZParl 25 (1994), S. 108, 112.
[504] S. o C I 2 b cc.
[505] Berliner Kommentar-Volkmann, Art. 21 Rn. 71.

einem demokratischen Staat.[506] Ohne einen festen Mitgliederstamm müsste sich die Parteipolitik allein an demoskopischen Erwägungen oder den Einstellungen von anderen Meinungsbildnern orientieren. Es käme damit zu einer reinen Außensteuerung der Parteien. Eine solche innerparteiliche Willensbildung wäre aber nicht in der Lage, die für die Erfüllung der Parteifunktionen erforderliche demokratische Legitimität zu beanspruchen.[507] Die Parteifunktionen bedingen also die Organisation der Parteien als Mitgliederparteien. Damit diese Organisationsform zukunftsfähig ist, müssen die Parteien die Mitarbeit Parteifremder zulassen. Insofern ist diese Öffnung Voraussetzung dafür, dass die Parteien in der Lage sind, ihren Aufgaben nachzukommen. Da der Gehalt der Forderung des Art. 21 Abs. 1 S. 3 GG von den Parteifunktionen mitbestimmt wird,[508] kann es der dort geforderten innerparteilichen Demokratie nicht widersprechen, dass Parteifremden ein gewisser Einfluss auf die innerparteiliche Willensbildung zugebilligt wird.

Hiergegen spricht auch nicht das Konzept der Innensteuerung der Parteien. Wie bereits gezeigt, ist es nicht Inhalt einer demokratischen Parteiordnung und damit auch dieses Konzepts, dass die Ansichten der Parteimitglieder an der Basis alleinige Richtschnur des Parteihandelns werden.[509] Vielmehr soll allein eine Außensteuerung der Parteien durch Parteifremde verhindert werden.[510] Um dieser Forderung nachzukommen, ist es aber nicht notwendig, dass jegliche Beeinflussung der innerparteilichen Willensbildung durch Parteifremde ausgeschlossen wird. Es ist bereits ausreichend, dass dem Willen der Mitglieder letztendlich ein entscheidender Einfluss auf den Parteiwillen zukommt.[511] Um dieser Forderung zu genügen bedarf es also der Begrenzung des Einflusses der Parteifremden. Dies ergibt sich auch aus den Parteifunktionen selbst. Sollte den Parteifremden ein übermäßiger Einfluss zugebilligt werden, durch den sie in der Lage sind, die innerparteiliche Willensbildung zu bestimmen, so bestünde die Gefahr, dass in den Parteien ein Ausdruck der im Volk vorhandenen Meinungspluralität nicht mehr möglich wäre. Es könnte also vielmehr zu einer Verengung der innerhalb des innerparteilichen Willensbildungsprozesses vertretenen Anschauungen auf

---

[506] Maunz/Dürig-Klein, Art. 21 Rn. 320; Bonner Kommentar-Henke, Art. 21 Rn. 255, 262; Kunig, HStR, Bd. II, § 33 Rn. 27.

[507] Haungs, ZParl 25 (1994), S. 108, 113; a.A. Nickig, ZParl 30 (1999), S. 382, 389, der diese Fragestellung jedoch allein im Hinblick auf die politische Legitimität beurteilt, ohne auf die verfassungsrechtliche Problematik einzugehen.

[508] Wolfrum, Die innerparteiliche demokratische Ordnung, S. 26; Hättich, Innerparteiliche Demokratie, S. 43, 44 ff.; Müller, Die innere Ordnung der Parteien, S. 95; Hennis, Recht und Staat, Heft 200/201, S. 51; Hesse, VVDStRL 17 (1959), S. 11, 16.

[509] S. o. C II 3 a aa; Alternativkommentar-Gusy, 3. Aufl., Art. 21 Rn. 66.

[510] Bericht Parteienrechtskommission, S. 157; Maunz/Dürig-Klein, Art. 21 Rn. 333; Berliner Kommentar-Volkmann, Art. 21 Rn. 71.

[511] S. o. C II 3 a.

die einflussreichsten Meinungsgruppen kommen. Die Parteifunktionen verlangen zwar nicht, dass jede einzelne Partei ein möglichst genauer Spiegel aller im Volk vorhandenen Meinungen ist; dies ist aufgrund des bestehenden Mehrparteiensystems nicht notwendig. Dennoch ist es wünschenswert, dass eine Vielzahl von unterschiedlichen Meinungsgruppen in jeder einzelnen Partei vertreten sind, da durch den hieraus resultierenden innerparteilichen Gruppenwettbewerb die innerparteiliche Demokratie gestärkt wird. Daneben besteht die Gefahr, dass gerade schwache Meinungsgruppen nicht mehr angemessen innerhalb der Parteien repräsentiert werden. Eine unbegrenzte Einflussnahme von Parteifremden auf den innerparteilichen Willensbildungsprozess könnte die Erfüllung der Parteifunktionen also empfindlich beeinträchtigen.

Die Beeinflussung der innerparteilichen Willensbildung ist also grundsätzlich zulässig. Gerade aus einem Vergleich mit den Kompetenzen von parteilichen Repräsentativorganen sowie den Funktionen der Parteien ergeben sich aber zwei Einschränkungen.

Zum einen müssen die Parteifremden die Stellung, die es ihnen erlaubt, Einfluss auf die innerparteiliche Willensbildung zu nehmen, in der gleichen Weise erlangt haben wie die Repräsentanten der Parteien. Die Positionen der Nichtmitglieder müssen also durch den Willensentschluss der Parteimitglieder legitimiert werden. Dies ist insofern zwingend, als diese Mitwirkung ebenso wie die Entscheidungsbefugnisse der Repräsentativorgane nicht mehr der Kontrolle der Mitglieder unterliegen. De Facto wird diese Voraussetzung aber bereits dann erfüllt sein, wenn die Mitarbeitsmöglichkeiten entweder durch die Satzung oder durch einen Beschluss des jeweils für diesen Bereich zuständigen Parteiorgans eingeführt worden sind.[512] Zum anderen muss es trotz der Partizipation der Nichtmitglieder weiterhin zu einer Innensteuerung der Parteien durch die Mitglieder kommen. Dies ist aber bereits dann gewährleistet, wenn den Parteimitglieder entscheidender Einfluss auf die innerparteiliche Willensbildung zukommt. Die Parteimitglieder müssen also weiterhin in der Lage sein, in sämtlichen parteirelevanten Fragen eine abschließende Entscheidung erzwingen zu können, in der ihre Willensäußerung den Entscheidungsmaßstab darstellt.

Sind diese beiden Bedingungen erfüllt, so stellt eine Partizipation von Parteifremden meines Erachtens keinen Verstoß gegen eine demokratischen Grundsätzen entsprechenden innerparteilichen Willensbildung dar.

---

[512] So auch Alternativkommentar-Gusy, 3. Aufl., Art. 21 Rn. 70 für die Mitarbeit Parteifremder in Parteigremien und –ausschüssen.

Für eine solche grundsätzliche Zulässigkeit der Beeinflussung der innerparteilichen Willensbildung durch Parteifremde spricht auch ein Vergleich mit der grundsätzlichen Zulässigkeit von Parteispenden.[513] Diese sind primär ein Mittel der Beeinflussung dieser Willensbildung.[514] Ab einer gewissen Höhe[515] ist es offensichtlich, dass mit diesen Spenden ein maßgeblicher Einfluss auf die Politik der Partei genommen werden kann und vor allem auch soll.[516]

Natürlich könnte man in der Möglichkeit, die innerparteiliche Willensbildung durch Spenden zu beeinflussen, allein die Anerkennung der gesellschaftlichen Realität sehen, ohne dass durch diese Praxis irgendwelche Aussagen über deren verfassungsrechtliche Legalität getroffen werden. Es ist aber derzeit allgemein anerkannt, dass Parteispenden nicht nur zur Finanzierung der Parteien notwendig sind.[517] Zumindest bis zu einem gewissen Grad werden Parteispenden auch als verfassungsrechtlich zulässig betrachtet,[518] wobei diese prinzipielle Legalisierung der Spendenvergabe in § 25 Abs. 1 S. 1 ParteiG ihren Ausdruck gefunden hat. Hier soll nicht näher darauf eingegangen werden, worauf die prinzipielle verfassungsrechtliche Zulässigkeit der Parteispenden beruht. Unabhängig davon, ob man die Rechenschaftspflicht des Art. 21 Abs. 1 S. 4 GG,[519] die in Art. 2 Abs. 1 GG verbürgte Eigentums- und Entfaltungsfreiheit[520] oder die Parteifreiheit[521] als deren Grundlage ansieht, stellt diese Anerkennung doch mehr dar als allein die Hinnahme einer gesellschaftlichen Realität.

---

[513] Unter Parteispenden versteht man gem. § 27 Abs. 1 S. 2 ParteiG alle Zahlungen und geldwerten Zuwendungen, sofern sie keine Mitgliederbeiträge oder als von Mitgliedern sonst üblicherweise außerhalb eines Geschäftsbetriebs unentgeltlich zur Verfügung gestellte Leistungen darstellen. S. a. Volkmann, JZ 2000, S. 539 f.; Morlok, NJW 2000, S. 761, 763 f.

[514] Bonner Kommentar-Henke, Art. 21 Rn. 314; Boyken, Parteienfinanzierung, S. 18.

[515] Das BVerfG hat einen Betrag von 20.000 DM als Größenordnung angesehen, ab dem ein maßgeblicher Einfluss auf die Politik einer Partei genommen werden kann, BVerfGE 85, 264, 323. Ab dieser Größenordnung (nunmehr 10.000 Euro) setzt auch die Veröffentlichungspflicht in den Rechenschaftsberichten der Partei des § 25 Abs. 3 ParteiG ein.

[516] Berliner-Kommentar-Volkmann, Art. 21 Rn. 71; Volkmann, JZ 2000, S. 539, 540 f.

[517] Direkte Spenden bildeten im Jahr 1998 zwischen 12, 1 und 44, 3 % der Gesamteinnahmen der Parteien, Volkmann, JZ 2000, S. 529, 540. Daneben beeinflusst das Spendenaufkommen auch die staatliche Parteienfinanzierung, vgl. § 18 Abs. 3 S. 1 Nr. 3 ParteiG.

[518] Volkmann JZ 2000, S. 539, 544 sieht sie in ihrem Ansatz und in ihrem Ausgangspunkt sogar als „solide abgesichert".

[519] So Kulitz, Unternehmerspenden, S. 67. Dagegen Volkmann, JZ 2000, S. 539, 542, der in der Publizitätspflicht des Art. 21 Abs. 1 S. 4 GG eher einen Ausdruck gewisser Vorbehalte des Verfassungsgebers gegen Parteispenden sieht, die maßgeblich durch die Erfahrungen der Weimarer Republik motiviert sind, siehe auch V. Doemming/Füßlein/Matz, JöR N.F. 1 (1951), S. 207; Bericht Parteienrechtskommission, S. 174 f.; Dübber, Parteienfinanzierung, S. 1 ff.

[520] Vgl. Nachweise bei Volkmann, JZ 2000, S. 539, 542.

[521] Volkmann, JZ 2000, S. 539, 543 f.

Der Beeinflussung durch Parteispenden sind zwar Grenzen gesetzt, die um so eher erreicht sind, je stärker über die Spenden Einfluss ausgeübt werden soll, also faktisch je höher die Spende selbst ist.[522] Dass die Einflussnahme auf die innerparteiliche Willensbildung durch Spender, im Regelfall Parteifremde, dennoch grundsätzlich zulässig ist, wird dadurch aber nicht in Frage gestellt. Dementsprechend liegt es nahe, auch sonstige Beeinflussungen der innerparteilichen Willensbildung nicht generell als unvereinbar mit dem Grundsatz der innerparteilichen Demokratie anzusehen, wenn diese ebenso wie die bestehende Spendenpraxis für die Funktionserfüllung der Parteien notwendig ist. Wie bei den Spenden darf es aber nicht dazu kommen, dass der maßgebliche Einfluss der Parteimitglieder ausgeschaltet wird.

ccc. Verbesserung der Transparenz der innerparteilichen Entscheidungsprozesse durch die Mitarbeit Parteifremder.

Die Kontrollfunktion des Volk setzt voraus, dass es Einblick in die innerparteilichen Entscheidungsprozesse erhält.[523] Erst diese Transparenz ermöglicht es, die für eine effektive Kontrolle der Parteien notwendigen Informationen zu sammeln. In Anbetracht der Tatsache, dass es vielfach von den Parteien selbst abhängt, ob und inwieweit sie die Bevölkerung über interne Entscheidungsprozesse informieren, stellt die Mitarbeit von Parteifremden eine Verbesserung der Kontrollmöglichkeiten des Volkes dar. Die Nichtmitglieder sind in der Lage, direkten Einblick in den Prozess der Entscheidungsfindung der jeweiligen Partei zu nehmen. Dementsprechend sind sie in diesem Bereich nicht mehr auf die Kooperation der jeweiligen Partei angewiesen. Bei einer regelrechten Beteiligung vermögen sie festzustellen, inwieweit die innerhalb der Partei getroffenen Beschlüsse dem bei den Wahlen favorisierten Handlungsauftrag an die jeweilige Partei entsprechen. Insofern kann die Mitarbeit der Parteifremden auch ein Kontrollmoment beinhalten.

cc. Fazit

Es ist derzeit nicht nur eine gesellschaftliche Realität, dass die innerparteiliche Willensbildung durch Parteifremde beeinflusst wird. Diese Tatsache ist auch prinzipiell mit den Voraussetzungen einer binnendemokratischen Organisation der Parteien, wie sie von Art. 21 Abs. 1 S. 3 GG gefordert wird, zu vereinba-

---

[522] Koch, DÖV 2003, S. 451; Volkmann, JZ 2000, S. 539, 544.

[523] Wolfrum, Die innerparteiliche demokratische Ordnung, S. 142; Maunz/Dürig-Klein, Art. 21 Rn. 316, 319.

ren.[524] Des Weiteren liegt in der Partizipation von Parteifremden ein Mittel, welches die für die Wahrnehmung der den Parteien anvertrauten Vermittlungsfunktion zwischen Volks- und Staatswillensbildung notwendige Durchlässigkeit gegenüber der Bevölkerung verbessert.

Der Vergleich mit der Parteispendenpraxis zeigt darüber hinaus nicht nur die grundsätzliche Zulässigkeit der Beeinflussung, sondern auch, dass dieser Grenzen gesetzt sind. Diese werden je eher erreicht, je stärker sich der Einfluss der Parteifremden auswirkt. Abstrakt lässt sich diese Grenze so umschreiben, dass eine Einflussnahme nur so lange zulässig ist, wie der bestimmende Einfluss der Parteimitglieder und deren theoretische Möglichkeit, sämtliche parteirelevante Fragen an sich zu ziehen und zu entscheiden, gewährleistet bleibt. Anhand dieses Kriteriums ist es möglich, die prinzipielle Zulässigkeit der einzelnen möglichen Partizipationsformen näher zu untersuchen.

c. Die Zulässigkeit der einzelnen Partizipationsformen

aa. Mögliche Partizipationsformen

Es möglich, die verschiedenen Arten der Mitarbeit von Parteifremden in vier verschiedene Partizipationsformen zu gliedern. So lassen sich reine Teilnahmerechte, z.B. das Recht an den Parteitagen einer Partei zugegen zu sein, ohne jedoch irgendwelche weitergehenden Mitgliedsrechte ausüben zu können, Rederechte, z.B. auf den Vertreterversammlungen der Partei, Beratungsrechte, z.B. bei einer Mitarbeit in den Kommissionen einer Partei, sowie Stimmrechte unterscheiden. Einzelne dieser Beteiligungsformen bedingen einander – ein Rede- oder Beratungsrecht kann man nur ausüben, wenn man auch zur Teilnahme an der jeweiligen Veranstaltung berechtigt ist – und in den konkret von den Parteien geschaffenen Partizipationsformen sind sie auch vielfach kombiniert worden. Daneben besitzen die einzelnen Rechte einen unterschiedlich starken Einfluss auf den innerparteilichen Willensbildungsprozess. Grundsätzlich lässt sich eine zunehmende Beeinflussung, ausgehend von den Teilnahmerechten über die Rede- und Beratungsrechte hin zu den Stimmrechten konstatieren. Abstrakt gesehen geht insofern von reinen Teilnahmerechten die geringste, von Stimmrechten die stärkste Einflussnahme auf die innerparteiliche Willensbildung aus. Diese teilweise stark voneinander differierenden Auswirkungen sind bei der verfassungsrechtlichen Bewertung der einzelnen Partizipationsrechte zu beachten.

---

[524] So auch Alternativkommentar-Gusy, 3. Aufl., Art. 21 Rn. 70, der dies explizit für die Mitarbeit Parteifremder in Parteigremien und –Ausschüssen bejaht; Müller, Die innere Ordnung der Parteien, S. 134; Seifert, Die politischen Parteien, S. 191.

bb. Zulässigkeit reiner Teilnahmerechte

Sämtliche der im Bundestag vertretenen Parteien erlauben es Parteifremden, an einigen ihrer Veranstaltungen teilzunehmen. Besonders augenfällig wird dies bei den jeweiligen Bundesparteitagen, die insbesondere von zahlreichen Pressevertretern besucht und dokumentiert werden. Ziel dieser Öffentlichkeit ist aber weniger, den Parteifremden Einflussmöglichkeiten auf die innerparteiliche Willensbildung zu geben, sondern – neben der Möglichkeit, sich kostengünstig den Wählern zu präsentieren – die notwendige Transparenz der innerparteilichen Entscheidungsprozesse herzustellen, die Grundvoraussetzung für eine demokratische Parteiorganisation ist.[525] Die notwendige Öffentlichkeit des Parteigeschehens könnte zwar auch durch andere Maßnahmen erreicht werden, wie z.B. durch Publikation der innerparteilichen Entscheidungsprozesse. Größere Authentizität und damit auch Glaubwürdigkeit lässt sich aber erreichen, wenn den Parteifremden selbst die Möglichkeit gegeben wird, diese Prozesse direkt zu verfolgen. Die Teilnahmerechte an Parteiveranstaltungen, insbesondere an den Bundesparteitagen als den theoretisch höchsten Entscheidungsgremien, ermöglichen es den Bürgern also, ihre Kontrollfunktionen wahrzunehmen, sowie die notwendigen Informationen zu erhalten, die es ihnen erlauben, ihrer Verantwortung bei den Wahlentscheidung gerecht zu werden.[526]

Dass von der Anwesenheit Parteifremder eine gewisse Beeinflussung auf die innerparteiliche Willensbildung ausgeht, steht meiner Ansicht nach außer Frage. Im Lichte der Öffentlichkeit werden viele Positionen nicht derart rigoros vertreten, wie dies bei nichtöffentlichen Versammlungen der Fall wäre. Allein schon aus Sorge um potentielle Wähler, die von eindeutigen Aussagen abgeschreckt werden könnten, wird in öffentlichen Versammlungen von klaren Positionen Abstand genommen. Noch evidenter wird dieser Faktor bei der Teilnahme an eigentlich nichtöffentlichen Sitzungen der einzelnen Parteigremien,[527] da gerade der Ausschluss der Öffentlichkeit den Parteivertretern die Möglichkeit geben soll, ohne Rücksicht auf die Außenwirkung bestimmte Positionen zu diskutieren und abzuwägen.

Dennoch sind reine Teilnahmerechte meines Erachtens grundsätzlich zulässig. Hierfür spricht zunächst die Tatsache, dass durch die hiermit erreichte Öffentlichkeit das Recht der Bürger auf Information über innerparteiliche Entscheidungsprozesse umfassend befriedigt werden kann. Nur wenn parteiunabhängige

---

[525] S. o. C II 3 g.

[526] Wolfrum, Die innerparteiliche demokratische Ordnung, S. 142; Maunz/Dürig-Klein, Art. 21 Rn. 316, 319.

[527] So z.B. die Teilnahmemöglichkeit an den Beratungen des Parteivorstands der PDS nach Art. 8 Nr. 21 des Statuts der PDS.

Personen an den Veranstaltungen der Parteien teilnehmen, wird eine unverfälschte Weitergabe dieser Prozesse an das Volk garantiert. Der Bürger hat dann die Möglichkeit, sich unmittelbar ein Bild über die parteiinterne Willensbildung und die dabei ausschlaggebenden Entscheidungsgründe zu machen, ohne dass es der vorherigen Aufarbeitung dieses Prozesses durch die Parteien bedarf, wie dies bei Publikationen durch die Parteien selbst der Fall wäre. Die Öffentlichkeit von bestimmten Parteiveranstaltungen stellt sich damit schon als wesentlicher Bestandteil zur Erfüllung der von Art. 21 Abs. 1 S. 3 GG geforderten Transparenzpflicht dar.

Des Weiteren ist die von der reinen Teilnahme ausgehende Beeinflussung insgesamt betrachtet als gering einzustufen. Sie differiert zwar nach dem Gremium, in dem den Parteifremden die Anwesenheit ermöglicht wird und danach, ob dieses Gremium grundsätzlich öffentlich oder nichtöffentlich tagt. Gerade bei nichtöffentlichen Sitzungen, in denen der Einfluss potentiell am höchsten wäre, bedarf es aber regelmäßig der Zustimmung von mindestens der Mehrheit der Gremienmitglieder.[528] Ein solches Teilnahmerecht wird deswegen einerseits regelmäßig nur denjenigen Parteifremden zuteil werden, die ohnehin den Positionen der Partei nahe stehen, so dass ihre Anwesenheit keine größeren Auswirkungen haben wird. Andererseits ist die Teilnahme grundsätzlich von einem Willensentschluss der betroffenen Mitglieder abhängig. Bei einem Zugeständnis von Teilnahmerechten an nichtöffentlichen Parteiveranstaltungen kann der potentiell mögliche Einfluss der Parteifremden also bereits durch den Willensentschluss der Mitglieder abgeschwächt werden.

Die Einflussmöglichkeiten durch ein reines Teilnahmerecht werden aber vor allem dadurch limitiert, dass sich die Anwesenheit der Parteifremden nur mittelbar auf die Entscheidungsprozesse auswirken kann. Das Entscheidungsverhalten der Mitglieder wird zwar beeinflusst, wenn Nichtmitglieder anwesend sind. Direkte Einflussmöglichkeiten der Nichtmitglieder, wie sie den Parteifremden z.B. bei dem Zugeständnis von Stimmrechten zustehen würden, ergeben sich aus dieser Teilnahme aber nicht. Durch die Tatsache, dass Parteifremde anwesend sind, wird deshalb nur auf den Prozess der Meinungsbildung als Vorstufe der Willensbildung eingewirkt.[529] Die bloße Teilnahme Parteifremder hindert die Parteimitglieder grundsätzlich nicht, eine eigenständige, autonome Entscheidung zu treffen. Dementsprechend sind die Parteimitglieder trotz der Teilnahmerechte

---

[528] Siehe z.B. Punkt 5 der Geschäftsordnung für die Beratungen des Parteivorstands in der Wahlperiode 2003/2004, der die Teilnahmemöglichkeit Parteifremder an den nichtöffentlichen Sitzungen des Parteivorstandes nach Art. 8 Nr. 21 des Statuts der PDS dahingehend präzisiert, dass es für die Teilnahme eines Beschlusses von der Mehrheit der anwesenden Vorstandsmitglieder bedarf.

[529] Köppler, Mitwirkung, S. 58.

für Parteifremde weiterhin die alleinigen Träger des innerparteilichen Willensbildungsprozesses. Daher ist es generell nicht als Verstoß gegen eine demokratischen Grundzügen entsprechenden Willensbildung zu sehen, wenn Parteifremden die Möglichkeit gegeben wird, an Parteiveranstaltungen teilzunehmen.

Teilnahmerechte verstoßen auch nicht gegen das allgemeine Gleichheitsgebot, wenn sie so ausgestaltet worden sind, dass Parteimitgliedern unter den gleichen Voraussetzungen eine Teilnahme an den jeweiligen Parteiveranstaltungen möglich ist.

Reine Teilnahmerechte deshalb stellen keinen Verstoß gegen eine binnendemokratische Parteiordnung dar. Sie sind vielmehr Bestandteil der Informationsfunktion, die den Parteien im Rahmen ihrer Vermittlungsfunktion zukommt und dementsprechend notwendig für eine effektive Erfüllung der Parteiaufgaben. Es ist davon auszugehen, dass die Teilnahme von Nichtmitgliedern an Parteiveranstaltungen generell zulässig ist.

cc. Zulässigkeit von Rede- und Antragsrechten auf Parteiveranstaltungen

Sollten Parteifremden Rede- und - als nächste Stufe - Antragsrechte auf Parteiveranstaltungen zukommen, so wird ihnen ein potentiell größerer Einfluss zugebilligt als durch die reine Teilnahme.[530] Anders als bei der bloßen Teilnahme können die Parteifremden mittels des Rede- und gegebenenfalls Antragsrechts aktiv ihre Vorstellungen über einen bestimmten Gegenstand der parteiinternen Politik zum Ausdruck bringen. Sie sind nicht auf ein rein passives Verhalten beschränkt, sondern werden in die Lage versetzt, gestaltend tätig zu werden. Durch diese beiden Rechte ist es den Parteifremden deshalb theoretisch möglich, den Gang der innerparteilichen Willensbildung in eine bestimmte Richtung zu lenken. Anders als bei den Teilnahmerechten ist die Beeinflussung, die sich aus Rede- und Antragsrechten ergibt, auch nicht mehr mit dem Bedürfnis nach Transparenz der parteiinternen Entscheidungsprozesse zu rechtfertigen. Diese Transparenz verlangt, wie gezeigt,[531] nur, dass die Öffentlichkeit über Parteiinterna angemessen informiert wird. Die Möglichkeit, aktiv in den Prozess der Entscheidungsfindung einzugreifen, ist demgegenüber nicht notwendig. Insofern ist für die Frage, ob diese Rechte zulässig sind, allein maßgeblich, ob sie gegen die von Art. 21 Abs. 1 S. 3 GG geforderten demokratischen Grundzüge verstoßen.

---

[530] So z.B. das Rederecht für Nichtmitglieder auf den Bundesparteitagen der CDU, § 16 GO-CDU; Rederecht für Parteifremde auf den Kreisparteitagen der CDU, Bürgerpartei CDU, Beschluss des Bundesvorstands der CDU vom 21.06.2003, S. 13.

[531] S. o. C II 3 g.

Es lässt sich sagen, dass Rede- und Antragsrechte es den Beteiligten nur ermöglichen, den Prozess der Meinungsbildung indirekt zu beeinflussen. Sie erlauben es den Parteifremden zwar, sich an dem kommunikativen Prozess der Willensbildung mit eigenen Beiträgen zu beteiligen. Die für eine effektive Beeinflussung letztendlich maßgeblichen Entscheidungskompetenzen werden ihnen aber dennoch vorenthalten. Durch diese beiden Rechte können sie nur versuchen, die Parteimitglieder zu einer bestimmten Entscheidung zu veranlassen bzw. sie von ihren Positionen zu überzeugen. Im Endeffekt sind es aber immer noch diese Mitglieder, denen die Alleinentscheidungskompetenz zukommt. Die Mitglieder bestimmen darüber, ob die Anregungen, die von Parteifremden in ihren Reden vorgestellt werden, Teil des innerparteilichen Willensbildungsprozesses werden. Hierzu müssen diese Anregungen von den Parteimitgliedern rezipiert und in ihrem Abstimmungsverhalten zum Ausdruck gebracht werden. Gerade diese Annahme stellt sich aber als autonomer Willensentschluss der Mitglieder dar. Sobald die Parteimitglieder sich die Positionen der Nichtmitglieder zu Eigen gemacht haben, kann man aber nicht mehr davon sprechen, dass diese Positionen solche von Parteifremden sind. Die Willensimpulse, die Parteifremde durch Rede- und Antragsrechte geben können, werden zu solchen der Parteimitglieder, sobald die Mitglieder sich den Positionen der Nichtmitglieder angeschlossen haben. Dass bedeutet, dass sie in dem Moment, in dem sie durch die Zustimmung der Parteimitglieder Bestandteil des innerparteilichen Willensbildungsprozesses werden, nicht mehr als parteifremder Einfluss angesehen werden können. Den Parteimitgliedern verbleibt also der alleinige direkte Einfluss auf die innerparteiliche Willensbildung. Deshalb bedeutet die Einräumung von Rede- und Antragsrechten für Parteifremde generell keinen Verstoß gegen eine Willensbildung, die demokratischen Grundsätzen entspricht. Zu einem anderen Ergebnis könnte man nur unter der Voraussetzung kommen, dass es den Nichtmitgliedern durch diese Rechte möglich ist, einen derartigen Druck auf die Mitglieder auszuüben, dass diese zu einer autonomen Entscheidung nicht mehr in der Lage wären. Es ist aber schwer denkbar, dass Rede- und Antragsrechte eine Ausgestaltung erfahren, die eine derartige Zwangssituation zulässt.

Auch die Gleichheitsrechte der Mitglieder werden von Rede- und Antragsrechten für Nichtmitglieder grundsätzlich nicht tangiert, wenn die Voraussetzungen, unter denen Mitglieder berechtigt sind, in Parteiveranstaltungen das Wort zu erhalten oder Anträge zu stellen, denen der Parteifremden entsprechen. Sollten Parteifremden in dieser Hinsicht gleichartige Rechte eingeräumt werden, so ist darin also grundsätzlich kein Verstoß gegen eine binnendemokratische Ordnung zu sehen. Sie stellen vielmehr eine Möglichkeit dar, die Kommunikation zwischen dem nichtorganisierten Volk und den Parteien zu verbessern. Durch diese Rechte wird dem Nichtmitglied die Gelegenheit gegeben, Positionen, die in dieser Form noch nicht innerhalb der Partei vertreten worden sind, in die innerparteiliche Diskussion einzubringen. Daher helfen sowohl das Rede- als auch das Antragsrecht für Parteifremde, die für die Funktionserfüllung erforderliche[532] Durchlässigkeit der Parteien für Ideen aus der nichtorganisierten Gesellschaft zu verbessern. Insofern sind sie - abgesehen von der oben genannten Ausnahme - generell als zulässig anzusehen.

dd. Zulässigkeit von Beratungsrechten

Die parlamentarisch vertretenen Parteien werden in bestimmten Sachfragen von externen Experten unterstützt, sei es in Kommissionen, die in der Regel direkt den Vorständen zuarbeiten, oder in sonstigen Parteiausschüssen und -gremien.[533] Zahlreichen Parteifremden werden damit gleichzeitig Beratungsrechte in bestimmten Sachfragen eingeräumt.

Dass parteifremder Sachverstand mit in die Beratungen von Parteigremien einbezogen wird, ist eine Folge der Komplexität der modernen Gesellschaft einer Massendemokratie. Wegen der Vielschichtigkeit der Aufgaben, die von den Parteien wahrgenommen werden, bedarf es für sachgerechte Lösungsansätze eines derartigen Maßes an Kompetenz im betreffenden Problemfeld, wie es in den Reihen der Parteien vielfach nicht vorhanden ist. Die modernen Großparteien sind grundsätzlich nicht mehr in der Lage, für jedes dieser Problemfelder kompetente Spezialisten als Mitglieder zu gewinnen bzw. auszubilden. Allein schon wegen der angespannten Mitgliedersituation und der vorhandenen Probleme der Mitgliedermobilisierung[534] sind die Parteien also darauf angewiesen, auf parteifremden Sachverstand zurückzugreifen.

Aus rein praktischen Erwägungen ist eine Beratung durch parteifremde Spezialisten in Bereichen, in denen es den Parteien an Sachkompetenz mangelt, auch grundsätzlich wünschenswert. Die Parteiunabhängigkeit dieser Experten erlaubt es ihnen, in ihren Lösungsansätzen ohne Rücksicht auf etwaig innerhalb der Partei bestehende ideologische oder politische Zwänge neue Wege zu gehen, deren Ziel allein darin liegt, dass jeweils behandelte Problem effektiv zu lösen. Sie sind frei von der Notwendigkeit, eine bestimmte Klientelpolitik zu betreiben. Daneben kann durch die Beratung durch Spezialisten sichergestellt werden, dass an der Lösung dieser Probleme Personen mit anerkannter Sachkenntnis mitwirken. Dass es durch die Einrichtung von Kommissionen mit parteifremden Spezialisten zu einer teilweisen Verschiebung der Verantwortung für die später ge-

---

[532] S. Trautmann, Innerparteiliche Demokratie, S. 53; Müller, Die innere Ordnung der Parteien, S. 134.
[533] Poguntke, in: Parteiendemokratie in Deutschland, S. 253, 260.
[534] S. o. B I 2 c.

troffenen Entscheidungen von den Parteien weg, hin zu diesen Spezialisten kommt, ist dabei sicherlich ein nicht unerwünschter Nebeneffekt. Der Hauptgrund dafür, dass zu immer mehr Themenbereichen Kommissionen eingesetzt werden, liegt aber nicht in der Möglichkeit, Verantwortung auf Parteifremde übertragen zu können. Vielmehr ist diese Entwicklung das Ergebnis der Wandlung und vor allem Ausweitung der Parteiaufgaben – mithin also des Wandels der Gesellschaft selbst.

Es ist also zunächst einmal faktisch notwendig, dass Nichtmitglieder zu den Beratungen der Parteigremien herangezogen werden. Die Beratung durch externe Experten erlaubt es den Parteien, kompetente Arbeit zu leisten. Daneben ist der Einfluss, den Parteifremden durch diese Beratungsrechte auf die innerparteiliche Willensbildung ausüben können, aber auch rechtlich zulässig. Insgesamt ist die Problematik ähnlich gelagert wie bei den Rede- und Antragsrechten. Auch durch die Beratungsrechte wird den Nichtmitgliedern nicht mehr als die Möglichkeit gegeben, indirekt auf die innerparteiliche Willensbildung einzuwirken. Damit deren Vorschläge Eingang in den Willensbildungsprozess der Partei finden, müssen sie von den jeweils beratenen Parteigremien akzeptiert werden. Es bedarf also eines Willensentschlusses der Parteimitglieder, bevor die von den Parteifremden ausgehenden Impulse Teil der innerparteilichen Willensbildung werden. Es ist zwar wahrscheinlich, dass die Mitglieder den Vorschlägen von Experten, die gerade aufgrund des Mangels an eigener Sachkompetenz hinzugezogen worden sind, eher zustimmen werden, als solchen, die allein durch die Ausübung von Rede- und Antragsrechten auf Parteiveranstaltungen vorgebracht worden sind. Die Chancen, dass die von parteifremden Beratern ausgehenden Impulse in den Prozess der innerparteilichen Willensbildung eingehen, sind dementsprechend ungleich höher, als dies bei denen, die bloße Rede- und Antragrechten in Anspruch nehmen, der Fall ist. Dies ändert aber nichts an der Tatsache, dass eine autonome Entscheidung der Parteimitglieder zwischengeschaltet ist. Wie bei den Rede- und Antragsrechten sind auch bei den Beratungsrechten allein die Parteimitglieder in der Lage, Entscheidungen über die jeweiligen Themenkomplexe zu treffen. Die Alleinentscheidungskompetenz der Parteimitglieder wird dadurch, dass Nichtmitgliedern Beratungsrechte zugestanden werden, nicht berührt. Auch diese Rechte sind prinzipiell nicht als Verletzung einer demokratischen Willensbildung zu sehen. Ähnlich wie bei den Rede- und Antragsrechten wird man nur dann eine Ausnahme machen müssen, wenn die Nichtmitglieder eine Stellung erlangen, in der sie derart großen Druck auf die Parteimitglieder ausüben können, dass diese zu einer eigenständigen Entscheidung nicht mehr in der Lage sind. Aufgrund der Ausgangssituation, die zur Einführung von Beratungsrechten geführt hat, ist eine derartige Konstellation zwar eher denkbar als bei den Rede- und Antragsrechten. Sie wird dennoch nur in Extremfällen anzunehmen sein.

Daneben verstoßen Beratungsrechte auch nicht gegen eines der übrigen Elemente innerparteilicher Demokratie. Vor allem die Mitgliedergleichheit wird durch sie prinzipiell nicht gefährdet, solange den Parteimitgliedern bei einer den Parteifremden entsprechenden Qualifikation die Möglichkeit offen steht, in deren Positionen zu gelangen.

Es entspricht also nicht nur den realen Bedürfnissen, dass die Parteien durch externe Experten beraten werden. Diese Mitarbeit ist im Hinblick auf die dadurch von den Parteien erlangte Kompetenz bei der Erarbeitung von Lösungsansätzen auch wünschenswert und grundsätzlich nicht zu beanstanden.

ee. Zulässigkeit von Stimmrechten

Am ehesten kann man einen Verstoß gegen den Grundsatz der innerparteilichen Demokratie annehmen, wenn Nichtmitgliedern Stimmrechte zugestanden werden. Anders als die übrigen Partizipationsrechte ermöglichen es Stimmrechte, dass Parteifremde direkten Einfluss auf den parteiinternen Willensbildungsprozess ausüben können. Damit Positionen von Parteifremden durchgesetzt werden, ist es nicht mehr notwendig, dass die Parteimitglieder diesen vorher zustimmen. Eher als bei den übrigen Partizipationsmöglichkeiten für Parteifremde besteht deshalb die Gefahr, dass es zu einer Fremdsteuerung der Partei kommt. Durch Stimmrechte wären die Parteifremden also theoretisch in der Lage, ihre Ansichten zur allgemeinverbindlichen Richtschnur des Parteihandelns zu erheben. Damit einhergehend würden die Parteimitglieder ihren maßgeblichen Einfluss auf diesen Bereich der innerparteilichen Willensbildung verlieren. Insofern erscheint es fraglich, ob die Einräumung von Stimmrechten für Nichtmitglieder zulässig ist.

aaa. Die Notwendigkeit der Einräumung von Stimmrechten für Parteifremde zur Lösung der derzeitigen Probleme der Parteien

Bevor auf die Vereinbarkeit der Übertragung von Stimmrechten mit einer binnendemokratischen Ordnung eingegangen wird, soll die Frage beantwortet werden, ob das Zugeständnis von Stimmrechten für die Lösung der aktuellen Probleme der Parteien überhaupt erforderlich ist. Wie bereits gezeigt, stellt die Öffnung der Parteien für die nichtorganisierte Bevölkerung eines der effektivsten Mittel dar, mit dem die derzeit herrschende Parteiverdrossenheit und die damit zusammenhängenden Probleme bei der Mitgliederrekrutierung und auch –

motivation überwunden werden kann.[535] Ziel der Parteien ist es, die Vorbehalte innerhalb der Bevölkerung gegen eine Parteimitgliedschaft auszuräumen und motivierte Mitglieder zu gewinnen. In diesem Konzept spielt die Möglichkeit, die Parteiarbeit bereits als Nichtmitglied kennen zulernen, eine wichtige Rolle. Nun ist es zwar möglich, ohne Stimmrechte innerhalb einer Partei mitzuarbeiten und so einen Einblick in die innerparteilichen Arbeits- und Entscheidungsprozesse zu gewinnen. Die Parteien befinden sich aber in Konkurrenz zu einer Vielzahl von anderen meinungsbildenden Organisationen, die eine Mitarbeit bei einem im Vergleich zu den Parteien niedrigeren Engagement ermöglichen.[536] Insofern müssen die Parteien im Vergleich zu diesen Organisationen einen ungleich höheren Anreiz zur Mitarbeit bieten, um bei der Mitgliederrekrutierung erfolgreich bestehen zu können. Ein solcher Anreiz lässt sich vor allem durch die Aussicht, effektiv und gestaltend innerhalb der Organisation tätig werden zu können, schaffen. Parteifremde können am ehesten effektiven und sichtbaren Einfluss nehmen, wenn sie bei den Parteibeschlüssen, in denen ihre Ideen und Impulse umgesetzt werden sollen, mit abstimmen dürfen.

Die Attraktivität der Mitarbeitsmöglichkeiten für Parteifremde wird also maßgeblich davon bestimmt, ob den Parteifremden Stimmrechte eingeräumt werden oder nicht. Dies zeigt sich daran, dass sich gerade die von der Partei Die Grünen eingeführte Probemitgliedschaft, die den Parteifremden Stimmrechte innerhalb der jeweiligen Ortsvereine einräumt, als besonders erfolgreich erwiesen hat.[537] Durch die Stimmrechte werden die erforderlichen Anreize geschaffen, die einen größeren Teil der Bevölkerung als bisher an die Parteien heranführen können. Es ist deshalb zwar nicht unbedingt notwendig, dass Nichtmitgliedern Stimmrechte eingeräumt werden. Sie sind aber das effektivste Mittel zur Lösung der aktuellen Probleme der Parteien.

bbb. Die Vereinbarkeit von Stimmrechten mit einer demokratischen Grundsätzen entsprechenden Parteiorganisation

Gerade die durch Stimmrechte für Parteifremde eröffnete potentielle Möglichkeit, den Einfluss der Parteimitglieder innerhalb der Parteien auszuschalten, lässt ihre rechtliche Zulässigkeit besonders zweifelhaft erscheinen. Dennoch ist nicht jede Form der Einräumung von Stimmrechten für Parteifremde verfassungswidrig.

---

[535] S. o. B II.
[536] S. o. B I 2 a.
[537] Vgl. Gabriel, Berliner Tageszeitung, 14.03.2003, S. 6.

Meiner Ansicht nach sprechen drei Gründe dafür, dass Stimmrechte grundsätzlich mit einer demokratischen innerparteilichen Willensbildung zu vereinbaren sind. Zunächst muss eine den Anforderungen des Art. 21 Abs.1 S. 3 GG entsprechende Willensbildung zwar stärker plebiszitär orientiert sein, als dies für die Demokratie auf Staatsebene notwendig ist.[538] Dies bedeutet aber nicht, dass Art. 21 Abs. 1 S. 3 GG als Maximalforderung in dem Sinne zu verstehen ist, dass allein eine basisdemokratisch strukturierte innerparteiliche Willensbildung dessen Voraussetzungen genügen würde. Es reicht bereits aus, dass den Parteimitgliedern eine Letztentscheidungskompetenz verbleibt, durch die sie theoretisch in die Lage versetzt werden, sämtliche Fragen, die von einer bestimmten parteiinternen Relevanz sind, an sich zu ziehen und abschließend zu entscheiden.[539] Eine Stimmberechtigung von Parteifremden schließt die Kompetenz der Parteimitglieder, die parteirelevanten Fragen letztendlich und endgültig zu entscheiden aber nicht zwingend aus. Um dieses Recht der Parteimitglieder zu wahren ist es allein erforderlich, dass die Stimmrechte eine bestimmte Ausgestaltung erfahren haben. Obwohl Parteifremden Stimmrechte eingeräumt werden, muss den Parteimitgliedern weiterhin der maßgebliche Einfluss in diesen Fragen zukommen. Solange dieser Einfluss aber garantiert wird, erscheint mir eine Stimmberechtigung der Nichtmitglieder als möglich. Der Grundsatz der innerparteilichen Demokratie schließt Stimmrechte nicht kategorisch aus, sondern verlangt allein eine effektive Beschränkung des Einflusses, der von ihnen ausgeht.

Auch der nächste Grund, der meiner Ansicht nach für eine grundsätzliche Zulässigkeit spricht, hat seine Grundlage in der Tatsache, dass jede Entscheidung innerhalb der Partei direkt an der Parteibasis getroffen werden muss. Prinzipiell erfordert die Verwaltung und Steuerung moderner Volksparteien repräsentative Strukturen und damit einhergehend eine gewisse Führung durch die Parteispitze.[540] Den Repräsentativorganen wird dabei ein gewisser Entscheidungsspielraum zugebilligt. Es besteht in den modernen Volksparteien generell ein Bereich, in dem Entscheidungen unabhängig von der Parteibasis getroffen werden, ohne dass hieraus ein Verstoß gegen eine demokratische innerparteiliche Willensbildung erwächst. Dieser Entscheidungsspielraum ist zum einen deshalb gerechtfertigt, weil Repräsentativorgane zur Verwaltung der modernen Volksparteien faktisch notwendig sind.[541] Zum anderen sind diese Repräsentativorgane in der Satzung festgeschrieben, ihre Ein- und Zusammensetzung beruht also zumindest indirekt auf einer Entscheidung der Parteibasis, die diese Gremien

[538] S. o. C II 3 a bb.
[539] S. o. C II 3 a.
[540] S. o. C II 3 a bb.
[541] S. o. C II 3 a bb.

grundsätzlich durch Wahlen besetzt.[542] Sollten die Parteifremden ihre Stimmrechte nun ebenfalls durch die Satzung oder aufgrund eines anderen Willensentschlusses der Parteimitglieder oder ihrer Vertreter erhalten haben, so würde es für die Parteibasis zunächst keinen Unterschied machen, ob eine Entscheidung ohne ihre Mitwirkung allein durch die Parteiführung oder auch unter Mitwirkung von Parteifremden getroffen wird.[543] Maßgeblich ist auch in einer solchen Konstellation ausschließlich, dass den Mitglieder der maßgebliche Einfluss in der innerparteilichen Willensbildung zukommt. Hierfür ist es aber ausreichend, dass sie weiterhin in der Lage sind, die wesentlichen Entscheidungen jederzeit auch gegen den Willen der Parteifremden entscheiden können. Um den wesentlichen Einfluss der Mitglieder sicherzustellen ist es aber nicht notwendig, dass Parteifremden generell sämtliche Stimmrechte vorenthalten werden. Die Stimmberechtigung der Nichtmitglieder muss nur eine entsprechende Ausgestaltung erhalten haben.

Ihre entscheidende Rechtfertigung finden Stimmrechte für Nichtmitglieder aber meines Erachtens in den Parteifunktionen. Diese bedingen, dass die Parteien offen sind für die Meinungsströmungen innerhalb der Bevölkerung. Die Sammlungs- und die Integrationsfunktion erfordern diese Offenheit, damit der im Volk vorhandene Meinungspluralismus einen möglichst genauen Ausdruck in dem Integrationsergebnis findet.[544] Die Vermittlungsfunktion erfordert eine gewisse Durchlässigkeit, da anderenfalls benachteiligte oder bisher nicht organisierte Gruppen keinerlei Einfluss auf die Willensbildung im organisierten institutionellen Bereich erlangen könnten, was sich in einer verminderten demokratischen Legitimation staatlicher Entscheidungen niederschlagen würde.[545] Nun ermöglichen es zwar auch die vorgenannten Partizipationsrechte, Einfluss innerhalb der Parteiorganisationen auszuüben. Sie führen also bereits zu einer gesteigerten Öffnung für die Interessen des Volkes. Durch das Stimmrecht wäre die Parteiführung, deren Einfluss auf die innerparteiliche Willensbildung überproportional hoch ist, aber dazu gezwungen, sich um die Belange dieser unter Umständen noch nicht repräsentierten Meinungsgruppen zu kümmern. Nur durch das Zugeständnis von Stimmrechten wird also garantiert, dass die von den Nichtmitgliedern vertretenen Meinungsströmungen tatsächlichen Eingang in den innerparteilichen Willensbildungsprozess finden. Als Nebeneffekt erhöhen die Stimmrechte die innerparteiliche Gruppenkonkurrenz und tragen dadurch dazu bei, einer Oligarchisierung der Parteien entgegenzuwirken. Das Zugeständnis von Stimmrechten für Parteifremde verbessert demzufolge bei einer Ausgestaltung, die die

---

[542] Eine Ausnahme stellt der Erwerb kraft Amtes dar. Zu der Zulässigkeit des ex officio Amtserwerbs siehe Wolfrum, Die innerparteiliche demokratische Ordnung, S. 104 ff., 113 ff.

[543] So scheinbar auch Alternativkommentar-Gusy, 3. Aufl., Art. 21 Rn. 70.

[544] S. o. C I 2 b bb.

[545] S. o. C I 4 a.

gerade genannten Voraussetzungen einer binnendemokratischen Ordnung einhält, nicht nur die von Art. 21 Abs. 1 S. 1 GG geforderte Durchlässigkeit der Parteien nach außen, sondern stellt auch ein effektives Mittel dar, die Machtkonzentration in der Parteiführung aufzubrechen.[546]

Stimmrechte für Parteifremde verstoßen also nicht zwingend gegen eine demokratische innerparteiliche Willensbildung. Ausschlaggebend ist zum einen, dass es den Parteimitgliedern trotz der Stimmberechtigung der Parteifremden möglich ist, jede Entscheidung gegebenenfalls auch gegen deren Willen zu treffen. Dies gilt insbesondere bei den Wahlen für Vertreterversammlungen. Die besondere Stellung, die gerade diese Wahlen einnehmen, folgt daraus, dass gerade die untersten Gliederungsebenen ihren Einfluss auf die innerparteiliche Willensbildung größtenteils durch die Wahl der sie vertretenden Repräsentanten ausüben. Direkte Entscheidungsmöglichkeiten über Fragen der generellen Parteipolitik haben sie nur in den seltensten Fällen, normalerweise bei den für die Partei elementaren Fragen.[547] Ansonsten befassen sich die Mitgliederversammlungen der untersten Gliederungsebene meist mit kommunalen Sachproblemen.[548] Die dabei getroffenen Entscheidungen beeinflussen also primär die Willensbildung innerhalb der jeweiligen Basisgruppe. Deshalb ist gerade die Wahl von Delegierten für die einfachen Mitglieder das entscheidende Mittel zur Beeinflussung der Willensbildung innerhalb der Gesamtpartei. Wegen ihrer Bedeutung, müssen die Rechte der Mitglieder gerade bei Wahlen besonders geschützt werden. Daher ist es eher zulässig, Parteifremden Stimmrechte bei Abstimmungen über kommunale Probleme einzuräumen, als bei innerparteilichen Wahlen. Aber auch bei den ersteren muss die Entscheidung letztendlich von den Mitgliedern getroffen werden.

Des Weiteren müssen die Parteifremden ihre Stimmberechtigung entweder aufgrund einer Bestimmung der Satzung oder durch direkte Wahl der Mitglieder erhalten haben.[549] Solange dies gewährleistet wird, kann stets von einer demokratischen innerparteilichen Willensbildung ausgegangen werden. Die Stimmrechte sind auch mit dem Grundsatz der Mitgliedergleichheit zu vereinbaren, solange die Mitglieder in der Lage sind, unter identischen Umständen wie Nichtmitglieder in die Positionen zu gelangen, die den Parteifremden die Stimmrechte zuerkennen.

---

546 Müller, Die innere Ordnung der Parteien, S. 134.

547 Z.B. bei der Auflösung und Verschmelzung der Partei nach § 36 des Statuts der SPD.

548 Trautmann, Innerparteiliche Demokratie, S. 249.

549 So für das Stimmrecht von Parteifremden in Ausschüssen und Parteigremien Alternativkommentar-Gusy, 3. Aufl., Art. 21 Rn. 70.

Eindeutig für die Einführung von Stimmrechten spricht, dass gerade durch sie ein besonderer Anreiz für einen Parteibeitritt geschaffen wird. Sie sind am ehesten geeignet, die Mitgliederprobleme der Parteien zu lösen und damit deren Bestand in ihrer derzeitigen Organisationsform zu sichern. Auch die Parteifunktionen sprechen grundsätzlich für ihre Einführung.

Parteifremde sind also prinzipiell berechtigt, auch mit Stimmrechten an der innerparteilichen Willensbildung zu partizipieren. Mehr noch als bei den anderen Partizipationsformen muss jedoch bei der konkreten Ausgestaltung dieser Stimmrechte darauf geachtet werden, dass es nicht zu einer Verletzung der Rechtsstellung der Parteimitglieder kommt. Dies wird man nur dann ausschließen können, wenn es den Parteimitgliedern trotz der Beteiligung von Parteifremden an Abstimmungen weiterhin möglich ist, ihren Willen durchzusetzen.

ff. Fazit

Es steht grundsätzlich mit den von Art. 21 Abs. 1 S. 3 GG geforderten Voraussetzungen an eine demokratische Parteiorganisation in Einklang, wenn die Parteien sich für eine Mitarbeit von Nichtmitgliedern öffnen. Hierdurch wird den Nichtmitgliedern zwar Einfluss auf die innerparteiliche Willensbildung zugebilligt. Dieser bewegt sich aber in den meisten Fällen innerhalb der von den demokratischen Grundsätzen geforderten Grenzen. Auch die Einräumung von Stimmrechten für Parteifremde ist prinzipiell mit dem Grundsatz der innerparteilichen Demokratie zu vereinbaren.[550] Bei den Stimmrechten kommt es jedoch – mehr noch als bei den übrigen möglichen Partizipationsformen – entscheidend auf die konkrete Ausgestaltung an. Generell darf der von den Parteifremden ausgehende Einfluss nicht dazu führen, dass die Parteimitglieder nicht mehr in der Lage sind, die maßgeblichen Entscheidungen innerhalb der Partei gegebenenfalls auch gegen den Willen der Nichtmitglieder zu entscheiden. Sollte dies nicht mehr gewährleistet sein, so bedarf es einer effektiven Begrenzung des Einflusses, der von den Parteifremden ausgeübt werden kann.

d. Möglichkeiten der Begrenzung des Einflusses von Parteifremden

Aufgrund der ähnlich gelagerten Problematik liegt es nahe, sich bei der Begrenzung des Einflusses von Nichtmitgliedern an den Regeln des Parteiengesetzes über den Erwerb von Parteifunktionen kraft Amtes zu orientieren. Auch bei diesem liegt eine Umgehung der Mitglieder vor, deren Entscheidung für eine Auf-

---

[550] So auch Alternativkommentar-Gusy, 3. Aufl., Art. 21 Rn. 70; Müller, Die innere Ordnung der Parteien, S. 134.

nahme der Amtsträger in die jeweiligen Gremien notwendig wäre.[551] Es fehlt bei den Delegierten und Vorstandsmitgliedern kraft Amtes letztlich an der notwendigen demokratischen Legitimierung, für die das Votum der Mitglieder ausschlaggebend ist. Nach § 9 Abs. 2 bzw. § 11 Abs. 2 ParteiG können bestimmte Persönlichkeiten dennoch kraft Satzung den Vertreterversammlungen bzw. dem Vorstand angehören. Diese Regelungen werden als mit dem Grundsatz der innerparteilichen Demokratie vereinbar angesehen, da die Mitgliedschaft kraft Amtes entscheidend zur Funktionserfüllung der Parteien beiträgt.[552] Jedoch darf die Zahl der auf diese Art zu Vorstands- und Delegiertenpositionen gelangten nicht mehr als ein Fünftel der Gesamtzahl des jeweiligen Gremiums betragen. Dass im Bereich des ex officio Amtserwerbs eine Entscheidung der Mitglieder umgangen wird, lässt sich also dadurch rechtfertigen, dass der Einfluss der Delegierten und Vorstandsmitglieder kraft Amtes mittels einer Höchstgrenze begrenzt wird.[553] Generell wird angenommen, dass die vom Parteiengesetz vorgesehene Grenze von 20 % einerseits ausreichend ist, um die befürchtete Majorisierung der gewählten Delegierten bzw. Vorstandsmitglieder durch die ex officio Mitglieder zu verhindern, andererseits aber auch genügt, um die durch den ex officio Amtserwerb angestrebten Ziele zu erreichen.[554]

Bei einem Vergleich zwischen der Mitarbeit von Parteifremden und dem ex officio Amtserwerb zeigt sich, dass sich sowohl die Ursachen als auch die Problematik ähneln. Wie bei der Vergabe von Positionen in den Willensbildungsorganen der Parteien kraft Amtes wird durch die Schaffung von Einflussmöglichkeiten für Nichtmitglieder bezweckt, die Erfüllung der den Parteien übertragenen Aufgaben sicherzustellen. Während durch den ex officio Amtserwerb die Kommunikation zwischen Partei und Staat verbessert werden soll, um so der Mittlerstellung der Parteien gerecht zu werden, dient die Öffnung der Parteien für Nichtmitglieder dazu, die Mitgliederrekrutierung zu verbessern und dadurch

---

551 Wolfrum, Die innerparteiliche demokratische Ordnung, S. 103; Kritische Stellungnahme zum Parteiengesetzentwurf, DÖV 1967, S. 256, 257.

552 Wolfrum, Die innerparteiliche demokratische Ordnung, S. 107, 115; eher zurückhaltend Müller, Die innere Ordnung der Parteien, S. 131 ff, die sich dafür ausspricht, den ex officio Mitgliedern sämtliche Stimmrechte zu verweigern.

553 Wolfrum, Die innerparteiliche demokratische Ordnung, S. 105, 115; Luthmann, Die innere Ordnung der Parteien, S. 80 f.; Kay, Innere Ordnung der pol. Parteien, S. 126.

554 Wolfrum, Die innerparteiliche demokratische Ordnung, S. 104 ff., 113 ff: Als Begründung der Delegierten kraft Amtes nennt er die vernünftige Wahrnehmung der Vermittlungsfunktion der Parteien. Diese könne nur dann gewährleistet werden, wenn den Fraktionsmitgliedern aufgrund ihrer Stellung Rechte in der Parteiorganisation eingeräumt werden, S. 104 f. Die Vermittlungsfunktion sieht er auch als Grund für die Berufung in den Parteivorstand kraft Amtes an, da nur dadurch die Fraktionen die in den Vorständen geschaffenen Integrationsergebnisse als das Endergebnis der innerparteilichen Willensbildung wirklich aufnehmen und innerhalb des Parlaments zur Geltung bringen können, S. 113 f.

die Funktionsfähigkeit der Parteien zu bewahren. In beiden Fällen ergeben sich die verfassungsrechtliche Bedenken aus der Tatsache, dass es zu einer Umgehung und Marginalisierung des Einflusses der Parteimitglieder kommen könnte. Wenn es nun aber möglich ist, die Existenz des ex officio Amtserwerb durch die Begrenzung der Höchstzahl der möglichen Delegierten und Vorstandsmitglieder kraft Amtes zu rechtfertigen, spricht meines Erachtens nichts dagegen, dieses Verfahren auch bei der Mitarbeit von Nichtmitgliedern in den Fällen anzuwenden, in denen es zu dieser Marginalisierung des Einflusses der Parteimitglieder kommen könnte. Um die Höhe dieser Grenze festzulegen bietet sich ebenfalls eine Orientierung an den Wertungen der §§ 9 Abs. 2, 11 Abs. 2 ParteiG an.

Nimmt man diese Regelungen als Vorbild, so ist die Grenze für Partizipationsrechte Parteifremder enger zu ziehen. Bei der Öffnung für Nichtmitglieder geht es allein darum, Anreize für einen Parteieintritt zu schaffen. Die Partizipationsrechte sind nur ein Bestandteil einer ganzen Reihe von Maßnahmen, mit denen die Attraktivität der Parteien verbessert werden soll. Sie stellen dabei zwar das effektivste, aber dennoch nicht das einzige Mittel dar, das den Parteien zur Verfügung steht, wohingegen keine Alternativen zum ex officio Amtserwerb existieren. Insofern ist es nicht gerechtfertigt, den Begrenzungsmaßstab der §§ 9 und 11 ParteiG direkt zu übertragen. Hierfür spricht außerdem, dass es sich bei den Delegierten oder Vorstandsmitgliedern kraft Amtes um Parteimitglieder handelt. Deren Beziehungen zu der Partei und vor allem ihre Berechtigung, an der innerparteilichen Willensbildung zu partizipieren, sind dementsprechend weit stärker als die der Parteifremden.

Da also bereits beim ex officio Amtserwerb die Zahl der nicht gewählten Delegierten und Vorstandsmitglieder möglichst klein gehalten werden muss, und deshalb eine Begrenzung auf zwanzig Prozent der Gesamtmitglieder als angemessen gilt,[555] hat dies erst Recht für die Fälle zu gelten, in denen Nichtmitgliedern Partizipationsrechte eingeräumt werden. Mir erscheint es angebracht, die Zahl der Nichtmitglieder auf höchstens fünf bis zehn Prozent der Parteimitglieder zu begrenzen. Dadurch könnten die Parteien eine Vielzahl von Interessenten effektiv mitarbeiten lassen, und dennoch wäre sichergestellt, dass den Nichtmitgliedern keine dominierende Stellung zukommen kann.

Sollte die konkrete Partizipationsmöglichkeit den Parteifremden also eine Stellung zubilligen, die potentiell dazu geeignet ist, den beherrschenden Einfluss der Parteimitglieder zu gefährden, so darf der Anteil der Nichtmitglieder im Verhältnis zu den Mitgliedern fünf bis zehn Prozent nicht übersteigen.

---

[555] Kay, Innere Ordnung der pol. Parteien, S. 140.

III. Die Vereinbarkeit der Übertragung von Partizipationsrechten mit den Grundsätzen von Parteienfreiheit und Parteiengleichheit

Abschließend soll geprüft werden, welche Auswirkungen es auf den Status von Parteienfreiheit und –gleichheit hat, dass Parteifremde an der innerparteilichen Willensbildung partizipieren. Konkret ist dabei zu fragen, ob der Status der Freiheit es unbegrenzt zulässt, dass Nichtmitglieder in den Parteien mitarbeiten und ob es mit dem Status der Parteiengleichheit zu vereinbaren ist, dass die Parteien de facto unterschiedliche Ansätze und Möglichkeiten für diese Mitarbeit schaffen. Ihre Grundlage finden die den Parteien zuerkannten Status ebenso wie das Erfordernis der innerparteilichen Demokratie in den Parteiaufgaben, vor allem der Mitwirkung an der Volkswillensbildung gemäß Art. 21 Abs. 1 S. 1 GG; sie sind eine Voraussetzung dafür, dass die Parteien ihre Aufgaben sachgerecht erfüllen können.[556]

1. Parteienfreiheit; Grenzen der Organisationsfreiheit

Der Status der Parteienfreiheit wird für die Frage, ob eine Öffnung der Parteien zulässig ist, insofern relevant, als den Parteien im Rahmen des Status der Freiheit auch die Organisationsfreiheit zukommt.[557] Die Organisationsfreiheit berechtigt die Parteien grundsätzlich dazu, ihre Binnenorganisation frei zu wählen. Sollten die Parteien berechtigt sein, sich uneingeschränkt auf die Organisationsfreiheit zu berufen, so wäre es zulässig, dass sie eine Organisationsform wählen, in der Parteifremden Partizipationsrechte zugebilligt werden, die mit den demokratischen Grundsätzen des Art. 21 Abs. 1 S. 3 GG nicht mehr zu vereinbaren sind. Es ist deshalb notwendig, klarzustellen, wie sich der Status der Freiheit sowie das Gebot innerparteilicher Demokratie zueinander verhalten, insbesondere, ob die Organisationsfreiheit es rechtfertigt, wenn der Grundsatz der innerparteilichen Demokratie umgangen wird, oder ob Art. 21 Abs. 1 S. 3 GG als Einschränkung der Organisationsfreiheit anzusehen ist.

Dass die Parteienfreiheit nicht unbegrenzt garantiert wird, ergibt sich aber bereits aus der Regelung des Art. 21 Abs. 2 GG, der mit der Möglichkeit des Parteiverbots die Fortdauer der Parteifreiheit einschränkt.[558] Es ist jedoch umstritten, ob auch das Erfordernis einer demokratischen Parteiorganisation die Partei-

---

[556] Maunz/Dürig-Klein, Art. 21 Rn. 252; Hesse, VVDStRL 17 (1959), S. 11, 27 ff.; Trautmann, Innerparteiliche Demokratie, S. 40; Tsatsos, in: Parteiendemokratie in Deutschland, S. 131, 143.

[557] Maunz/Dürig-Klein, Art. 21 Rn. 272 f.; Grimm, HdbVerfR, § 14 Rn. 32.

[558] Seifert, Die politischen Parteien, S. 120.

freiheit einschränkt[559] oder vielmehr eine Voraussetzung für ihre Gewährleistung darstellt, da anderenfalls die innere Parteifreiheit als Freiheit der Parteimitglieder nicht gewährleistet werden könnte.[560]

Für die hier gestellte Frage, ob der Status der Freiheit es den Parteien erlaubt, Partizipationsmöglichkeiten für Nichtmitglieder zu schaffen, die nicht mehr den Grundsätzen einer demokratischen Parteiorganisation entsprechen, erübrigt sich dieser Streit jedoch. Von den Vertretern beider Ansichten wird anerkannt, dass es trotz der Organisationsfreiheit nicht zu einer Parteistruktur kommen darf, in der eine Rechtsstellung der Parteimitglieder, die den Anforderungen des Art. 21 Abs. 1 S. 3 GG entspricht, nicht mehr garantiert werden kann. Da also beide Ansichten zu dem Ergebnis kommen, dass gerade die demokratischen Grundsätzen entsprechende Parteiorganisation darüber entscheidet, inwieweit eine Partizipation der Nichtmitglieder zulässig ist, ist es nicht notwendig, auf diese Frage näher einzugehen.[561]

Dementsprechend gibt die Parteienfreiheit in der Form der Organisationsfreiheit den Parteien die grundsätzliche Möglichkeit, ihre Parteiorganisationen dem einfachen Bürger gegenüber zu öffnen. Das Maß dieser Öffnung wird aber durch die demokratischen Grundsätze des Art. 21 Abs. 1 S. 3 GG bestimmt. Es ist mithin mit dem Status der Freiheit vereinbar, dass die Parteien nicht berechtigt sind, eine Parteistruktur einzuführen, in der Nichtmitgliedern ein übermäßiger Einfluss zufallen würde.

2. Parteiengleichheit, Zulässigkeit einer individuellen Regelung einzelner Parteien[562]

Der Status der Gleichheit ist primär auf das Verhältnis der Parteien zueinander gerichtet, da der politische Prozess nur dann hinreichend funktioniert, wenn sämtlichen Teilnehmern am demokratischen Wettbewerb in ihren Aktionen

---

[559] So BVerfGE 20, 56, 109; Maunz/Dürig-Klein, Art. 21 Fn. 159; Badura, Staatsrecht, D Rn. 20; Bonner Kommentar-Henke, Art. 21 Rn. 255; Seifert, Die politischen Parteien, S. 120; Kunig, Jura 1991, S. 247, 251.

[560] Hesse, VVDStRL 17 (1959), S. 11, 30; ders., Verfassungsrecht, Rn. 175; Dreier-Morlok, Art. 21 Rn. 115; v. Münch/Kunig-Kunig, Art. 21 Rn. 52; Tsatsos, in: FS Mosler, S. 997, 1015. Kunig, HStR Bd. II, § 33 Rn. 27; Trautmann, Innerparteiliche Demokratie, S. 172.

[561] So auch v. Mangoldt/Klein/Starck-Streinz, Art. 21 Abs. 1 Rn. 149, der jedoch darauf abstellt, dass sowohl der Status der Freiheit als auch der Grundsatz innerparteilicher Demokratie eine Folge der Funktionszuweisung des Art. 21 Abs. 1 S. 1 sind.

[562] Allgemein zu dem Status der Gleichheit und insbesondere seinen rechtlichen Grundlagen siehe: Lee, Chancengleichheit der Parteien, S. 8 ff.; Jülich, Chancengleichheit, S. 63 ff.; Kißlinger, Chancengleichheit, S. 17 ff.

Chancengleichheit zugebilligt wird.[563] Der Staat wird durch ihn allein zur Neutralität verpflichtet.[564] Die moderne egalitäre Demokratie fordert für jeden Staatsbürger die gleiche Möglichkeit der Beteiligung am politischen Leben Dementsprechend müssen auch den Parteien, die de facto das politische Geschehen bestimmen, die gleichen Entfaltungs- und Wirkungsmöglichkeiten geboten werden.[565] Da dieses Gleichheitsgebot aber auf sehr unterschiedliche Gegenstände trifft – die Parteien unterscheiden sich vor allem in ihrer Größe und ihren Wahlchancen, aber auch in ihrer Stellung, je nachdem ob sie sich an der Regierung oder in der Opposition befinden, gewaltig -, beschränkt sich die Forderung des Gleichheitsgebots auf eine Gleichheit der Wettbewerbsbedingungen.[566] Er verlangt demnach keine absolute Gleichheit der Parteiorganisationen. Dies ist allein schon wegen der den Parteien anvertrauten Aufgabe – sie konkurrieren um die Wählergunst und damit um die Macht im Staat – sowie der Tatsache, dass sie grundsätzlich als Zusammenschlüsse von Gleichgesinnten entstanden sind und nicht die gesamte Pluralität des Meinungsspektrums des Gesamtvolkes abbilden, faktisch auch nicht durchsetzbar.[567]

Der Statuts der Gleichheit berechtigt dementsprechend die Parteien, unterschiedliche Formen und eine unterschiedliche Reichweite der Öffnung für Nichtmitglieder zu wählen. Die Verpflichtung, die demokratischen Grundsätze des Art. 21 Abs. 1 S. 3 GG bei der näheren, unter Umständen stark differierenden Ausgestaltung einzuhalten, garantiert, dass die Parteien ihre Aufgaben dennoch unter den gleichen Wettbewerbsbedingungen wahrnehmen können.

IV. Zusammenfassung

Festzuhalten ist zunächst, dass die in Art. 21 Abs. 1 S. 3 GG genannten demokratischen Grundsätze bezüglich der Frage, welche Rolle Nichtmitgliedern im parteiinternen Willensbildungs- und Entscheidungsprozess zukommen darf, den Parteien einen gewissen, wenn auch eng umgrenzten Spielraum für die Ausgestaltung und Organisation der inneren Ordnung zugestehen.[568] Dieser Organisationsspielraum ermöglich es den Parteien, Parteifremden Einfluss auf die innerparteiliche Willensbildung zu verschaffen.

---

[563] Hesse, VVDStRL 17 (1959), S. 11, 37; Koch, ZParl 33 (2002), S. 694 f.

[564] Lee, Chancengleichheit der Parteien, S. 15; Grimm, in: Haungs/Jesse, Parteien in der Krise, S. 132, 136; Brenner, AöR 116 (1991), S. 537, 579 f.; Koch, ZParl 33 (2002), S. 694, 698.

[565] V. Mangoldt/Klein/Starck-Streinz, Art. 21 Abs. 1 Rn. 119; Huber, DÖV 1991, S. 229, 232.

[566] Dreier-Morlok, Art. 21 Rn. 79; Kißlinger, Chancengleichheit, S. 14 ff.; Schoch, DVBl. 88, S. 863, 881; Schwerdtner, DÖV 1990, S. 14, 16; Robbers, DÖV 1988, S. 749, 757.

[567] Wolfrum, Die innerparteiliche demokratische Ordnung, S. 56.

[568] S. o. C II 2 b.

Auch die in Art. 21 Abs. 1 S. 3 GG geforderten demokratischen Grundsätze schließen eine Mitarbeit von Parteifremden nicht prinzipiell aus. Wegen der Schwierigkeiten, auf politischem Gebiet Massenorganisationen zu integrieren, der stets zu berücksichtigenden Parteiautonomie des Art. 21 Abs. 1 S. 2 GG sowie der Tatsache, dass ab einem bestimmten Führungsabbau Einheit und Aktionsfähigkeit der Parteien in Frage gestellt wird, ist in Art. 21 Abs. 1 S. 3 GG keine Maximalforderung im Sinne einer umfassenden unmittelbaren Entscheidungsmacht des Parteivolks zu sehen.[569] Dies darf aber nicht zu einer Entfremdung der Parteispitze von der Parteibasis führen, in deren Folge die Parteiführung in die Lage versetzt wird, Parteiangelegenheiten ohne Mitwirkung der Mitglieder zu entscheiden. Die Handlungen von Parteispitze und sonstigen Organen sind nur dann legitimiert, wenn der Basis die Möglichkeit zukommt, eine Grundsatzentscheidung in sämtliche Angelegenheiten, die für die Partei von einer gewissen Bedeutung sind, zu erzwingen.[570] Unter diesen Angelegenheiten sind insbesondere Fragen in Bezug auf die Satzung, das Programm, die Auflösung oder Parteienverschmelzung zu verstehen.[571] Dazu zählt aber auch, dass den Mitgliedern bzw. der Vertreterversammlung die Kompetenz zukommt, der Parteiführung jederzeit das Vertrauen zu entziehen und diese abzuberufen.[572]

Diese Voraussetzungen werden nicht dadurch zwingend verletzt, dass Nichtmitglieder in den innerparteilichen Entscheidungsprozess mit einbezogen werden. Grundsätzlich ist es möglich, dass auch Parteifremden Partizipationsrechte an der innerparteilichen Willensbildung eingeräumt werden. Hiervon werden sämtliche Arten von Mitwirkungsrechten erfasst, also auch Stimmrechte. Dies darf aber nicht dazu führen, dass den Parteifremden ein maßgeblicher Anteil an der Entscheidungsfindung zukommt. Sollten Parteifremde innerhalb einer Parteiorganisation mitarbeiten, so muss die Möglichkeit, dass der Einfluss der Parteimitglieder marginalisiert wird, ausgeschlossen sein. Die innerhalb der Partei zu treffenden Entscheidungen müssen dementsprechend im Wesentlichen von den zahlenden Parteimitgliedern getroffen werden, auch wenn die Impulse dafür berechtigterweise von Nichtmitgliedern ausgehen können. Gerade bei der Einräumung von Stimmrechten für Nichtmitglieder müssen die Parteimitglieder deshalb weiterhin in der Lage sein, erstere in Abstimmungen und Wahlen überstimmen. Sind diese Voraussetzungen nicht mehr gegeben, muss der Einfluss der Parteifremden auf ein zulässiges Maß begrenzt werden. Dies kann am ehes-

---

[569] Seifert, Die politischen Parteien, S. 191; v. Mangoldt/Klein/Starck-Streinz, Art. 21 Abs. 1 Rn. 150; Dreier-Morlok, Art. 21 Rn. 119.

[570] Bericht Parteienrechtskommission, S. 166; Seifert, Die politischen Parteien, S. 191

[571] Bericht Parteienrechtskommission, S. 166; Stuby, Die Macht des Abgeordneten, Der Staat 1969, S. 303, 321; Seifert, Die politischen Parteien, S. 191; Leibholz, Stellung der Parteien, 38. D.J.T., S. C 22.

[572] Seifert, Die politischen Parteien, S. 192.

ten durch die Einführung einer zahlenmäßigen Höchstgrenze der partizipierenden Nichtmitglieder erreicht werden. Durch eine solche Maßnahme wird – bei einer entsprechenden Festlegung, wie z. B. einer Begrenzung auf fünf bis zehn Prozent der Gesamtstimmen[573] - eine Dominanz der Parteifremden effektiv verhindert.

Weitere Voraussetzung dafür, dass gerade Stimmrechte für Parteifremden zulässig sind, ist, dass diese durch einen Willensentschluss der Parteimitglieder bzw. ihrer Vertreter gewährt worden sind. Diese Voraussetzung ist aber bereits dann erfüllt, wenn diese Positionen entweder in der Satzung verankert oder die Parteifremden durch die Mitglieder direkt gewählt worden sind.

Daneben muss es ausgeschlossen sein, dass den Nichtmitgliedern Einflussmöglichkeiten eröffnet werden, die Parteimitgliedern verweigert werden. Differenzen in der Gewichtung von Stimmrechten darf es nicht nur nicht unter Parteimitgliedern geben, sondern auch nicht zwischen Parteimitgliedern und Parteifremden, jedenfalls nicht zu Ungunsten der Parteimitglieder. Dagegen darf der tatsächliche Einfluss auf die innerparteiliche Willensbildung je nach der – durch Wahlen – erreichten Stellung differieren.[574] Somit ist es zulässig, wenn einem Nichtmitglied faktisch ein höherer Einfluss auf die innerparteiliche Willensbildung zukommt als dem normalen Parteimitglied an der Basis, wie es regelmäßig bei der Beratung durch Parteifremde in den Kommissionen der Fall sein wird.

Schließlich darf eine Einbeziehung von Nichtmitgliedern in den Willensbildungsprozess der Parteien nicht dazu führen, dass einzelne Mitglieder von diesem Prozess ausgeschlossen werden. Jedes Parteimitglied muss stets die Möglichkeit haben, unmittelbar Einfluss auf die Parteipolitik zu nehmen. Die Öffnung für Nichtmitglieder darf deshalb keine Formen annehmen, die zu einer Umgehung des Erfordernisses der regionalen Gliederung der Parteien führen. Eine Ausnahme könnte allein dann gemacht werden, wenn anstelle der regionalen Gliederung andere Organisationsformen treten, die ebenso zuverlässig eine Partizipation der einzelnen Parteimitglieder garantieren.

Die Partizipation von Nichtmitgliedern an der innerparteilichen Willensbildung ist also prinzipiell in sämtlichen Formen zulässig. Jedoch ist es möglich, dass die konkrete Ausgestaltung des jeweiligen Partizipationsrechts den Parteifremden einen derartigen Einfluss auf die Partei zubilligt, dass die Stellung der Parteimitglieder gefährdet ist. In einem solchen Fall ist es notwendig, dass dieser Einflusses durch die Einführung von Höchstgrenzen eingeschränkt wird. Um die hier

---

[573] S. o. C II 4 d.

[574] V. Mangoldt/Klein/Starck-Streinz, Art. 21 Abs. 1 Rn. 151; Bonner Kommentar-Henke, Art. 21 Rn. 264.

gefundenen Kriterien, die es erlauben, zu ermitteln, ob die von den Parteien ermöglichte Partizipation von Nichtmitgliedern mit den von Art. 21 Abs. 1 S. 3 GG geforderten Maßgaben zu vereinbaren ist, zu veranschaulichen, soll nunmehr auf einige dieser Maßnahmen der Parteien eingegangen werden.

D. Ausgewählte Partizipationsmöglichkeiten von Nichtmitgliedern an der innerparteilichen Willensbildung

Anhand der im vorigen Abschnitt gefundenen Kriterien ist es nunmehr möglich, diese Grundsätze anhand der von den Parteien geschaffenen Einflussmöglichkeiten praktisch zu konkretisieren. Hierzu sollen hier einige der markantesten Partizipationsmöglichkeiten, die bereits von den im Bundestag vertretenen Parteien geschaffen worden sind bzw. geplant werden, exemplarisch auf ihre Verfassungsmäßigkeit hin untersucht werden. Dies veranschaulicht die Anwendung der bisher gefundenen Ergebnisse auf konkrete Sachverhalte und erlaubt es gleichzeitig, den Parteien Leitlinien für eine weitere, verfassungskonforme Öffnung ihrer Parteiorganisationen an die Hand zu geben.

I. Maßnahmen der Sozialdemokratischen Partei Deutschlands (SPD)

Die SPD hat vor allem unter dem Einfluss des Mitgliederschwundes, der ihre Funktionsfähigkeit bedroht – allein in den ersten sechs Monaten des Jahres 2003 verließen 30.000 Mitglieder die Partei -, eine Vielzahl von Möglichkeiten eröffnet, Parteifremde in der Partei mitarbeiten zu lassen. Diese sind ein Teilaspekt der im Jahr 2000 begonnenen Parteireform, durch die eine aktive Betätigung innerhalb der Parteiorganisation der Sozialdemokraten wieder an Attraktivität in weiteren Teilen der Bevölkerung gewinnen soll. Vor allem die Gruppe der unter 30jährigen soll durch diese Maßnahmen angesprochen werden, da deren Anteil innerhalb der Partei erheblich zurück gegangen ist.[575] Neben der Intensivierung der Schulung und Weiterbildung der bereits aktiven Parteimitglieder - vor allem der hauptamtlichen Führungskräfte, aber auch der ehrenamtlichen Mitarbeiter - sowie der Vernetzung der einzelnen Untergliederungen der Partei zur Verbesserung und insbesondere zur Flexibilisierung des Informationsaustauschs[576] sollen dabei die bereits existierenden Möglichkeiten der Mitarbeit Parteifremder ausgebaut, aber auch neue Partizipationsmöglichkeiten für Nichtmitglieder geschaffen werden. Das langfristige Ziel ist es, dass die Parteiorganisation durch diese Ausweitung der Beteiligungsangebote für potentielle Mitglieder transparenter und attraktiver, sowie durch den damit erreichten Mitgliederzuwachs gestärkt wird.[577] Die dabei vorgeschlagenen Einflussmöglichkeiten reichen von einem

---

575 S. z.B. Machnig, Für eine offensive Nachwuchspolitik, http://www.spd.de/ servlet/PB/menu/1010763/index.htm.

576 Siehe z.B. Machnig, Vom Tanker zur Flotte – Die SPD als Volkspartei und Mitgliederpartei von Morgen, http://www.spd.de/servlet/PB/menu/1010766/index.htm.

577 Deutschland erneuern. Gemeinsam – Schwerpunkte für das Arbeitsprogramm 2003, http:// www.spd.de/servlet/PB/menu/1024183/index.htm

einfachem Gedankenaustausch in den sog. Foren über die Schaffung eines virtuellen Ortsvereins mit einer flexiblen und an den eigenen Interessenschwerpunkten ausgerichteten Mitgliedschaft bis zu dem (bei der Wahl 2002 nicht umgesetzten) Projekt, zehn Bundestagsmandate über sichere Listenplätze in der Parteiliste mit Nichtmitgliedern zu besetzen.[578]

Neben der Mitarbeit in der eigentlichen Parteiorganisation besteht auch die Möglichkeit, dass sich die Parteifremden in den Vorfeldorganisationen der Partei engagieren.

1. Schaffung von Einflussmöglichkeiten in den Vorfeldorganisationen der SPD

Die in den deutschen Parlamenten vertretenen Parteien haben vor allem seit der Gründung der BRD eine organisatorische Diversifikation durch die Gründung zahlreicher mit den Parteiorganisationen mehr oder weniger eng verbundener Unterorganisationen erfahren. Auch die SPD hat mehrere dieser Vorfeldorganisationen gegründet. Vorfeldorganisationen nehmen in den Parteiorganisationen eine Sonderstellung ein, da sie nicht grundsätzlich in die Parteistruktur integriert sind.

a. Entstehung und Aufgaben von parteilichen Vorfeldorganisationen

Anders als die Partei selbst sprechen diese Organisationen durch eine eng umgrenzte Programmgestaltung allein eine bestimmte Interessenlage bzw. ein bestimmtes Bevölkerungssegment an.[579] Die funktionale Ausdifferenzierung der Vorfeldorganisationen soll nicht nur diejenigen Parteimitglieder erreichen, die sich innerhalb der Parteiorganisation mit den Interessen und Zielsetzungen der jeweiligen Organisation auseinandersetzen.[580] Die Vorfeldorganisationen sind aufgrund ihrer allgemeinen Ausrichtung auch in der Lage, solche Individuen zumindest partiell in ein parteipolitisches Lager einzubinden, die aufgrund ihrer politischen Überzeugungen nicht direkt für die Partei zu gewinnen wären oder deren Sympathien für die Partei unterhalb der Beitrittsschwelle liegen.[581] Die Vorfeldorganisationen haben demnach die Aufgabe, den einzelnen gesellschaftlichen Gruppen zu signalisieren, dass die jeweilige Partei ihre Anliegen auf-

---

[578] Machnig, Auf dem Weg zur Netzwerkpartei, Frankfurter Hefte 11/2000, S. 654, 659.
[579] Stein, DÖV 2002, S. 713, 715.
[580] Niedermayer, in: Stand und Perspektiven der Parteienforschung in Deutschland, S. 230, 246.
[581] Niclauß, Das Parteiensystem in der Bundesrepublik Deutschland, S. 172 f.

nimmt und vertritt, und zwar in einem Maße, wie es von den Gesamtparteien selbst aufgrund ihrer Größe und programmatischen Komplexität nicht mehr vermittelt werden kann. Die Schaffung sog. Vorfeldorganisationen ist also eine Folge des Wandels der Parteien hin zu Volksparteien. Die innerhalb der Volksparteien nicht mehr mögliche Klientelpolitik wird teilweise von den vorgelagerten Vorfeldorganisationen wahrgenommen.

Die den Vorfeldorganisationen heute zukommende Funktion ist demnach das Ergebnis des Wandlungsprozesses, den die Parteien selbst durchgemacht haben. Die programmatische Entwicklung von beiden verläuft dementsprechend auch einigermaßen parallel. Während sowohl die Parteien als auch die ihnen verbundenen Vorfeldorganisationen in der Zwischenkriegszeit vornehmlich der parteipolitischen Einfassung aller Lebensbereiche einer weitgehend homogenen Wählerschaft dienten, die sich infolge ihrer Klassen- (SPD, KPD) bzw. Religionszugehörigkeit (Zentrum) konstituierte, ist es durch den organisatorischen und politisch-ideologischen Wandel der Parteien in der Nachkriegszeit auch zu einer sozialen Pluralisierung ihrer Vorfeldorganisationen gekommen.[582] Die Aufgabe dieser Organisationen bestand von da an darin, die von ihnen betreuten unterschiedlichen gesellschaftlichen Segmente (z.B. Frauen, Arbeitnehmer etc.) durch gezielte Ansprache mit den Zielen der jeweiligen Partei bekannt zu machen und die Partei durch die daraus resultierende Gewinnung neuer Mitglieder innerhalb dieser Segmente zu stärken.[583] Die auf bestimmte Programmsegmente zugeschnittenen Vorfeldorganisationen der Parteien stellen eine Abkehr vom Typus der ausschließlich territorial organisierten, bürokratischen Großorganisationen dar und ihre Entwicklung führte zur Entstehung von unabhängigen Organisationen neben der eigentlichen Massenpartei, die sich an spezifischen Lebenslagen oder Interessen orientieren und diese schwerpunktmäßig ansprechen.[584] Kulminationspunkt dieser organisationspolitischen Pluralisierung innerhalb der modernen Großparteien war 1973 die Schaffung einer „Arbeitsgemeinschaft für Arbeitnehmerfragen (AfA)" innerhalb der ehemaligen Arbeiterpartei SPD.[585]

Die organisatorische Verbundenheit der einzelnen Vorfeldorganisationen mit der Mutterpartei ist je nach Partei unterschiedlich stark ausgeprägt. Sie reicht von der vollständigen Eingliederung in die Parteistrukturen mit einem Minimum

[582] Poguntke, in: Parteiendemokratie in Deutschland, S. 253, 259.
[583] Siehe z.B. Art. 2 Nr. 1 der Richtlinien der Arbeitsgemeinschaft für Arbeitnehmerfragen (AfA) der SPD, beschlossen vom Parteivorstand am 30.01.1995.
[584] Machnig, Vom Tanker zur Flotte – Die SPD als Volkspartei und Mitgliederpartei von morgen, http://www.spd.de/servlet/PB/menu/1010766/index.htm.
[585] Poguntke, in: Parteiendemokratie in Deutschland, S. 253, 259.

an organisatorischer Eigenständigkeit[586] bis zur vollkommenen rechtlichen Unabhängigkeit.

b. Möglichkeit der Mitarbeit von Parteifremden in den Arbeitsgemeinschaften der SPD, § 10 Abs. 1 S. 4 Organisationsstatut

Die Arbeitsgemeinschaften der SPD sind Vorfeldorganisationen im gerade beschriebenen Sinne. Ihr Zweck besteht also vor allem in der Verbreitung der Parteiziele der SPD innerhalb der von den einzelnen Arbeitsgemeinschaften angesprochenen Gesellschaftsgruppen, um dadurch eine effektivere Mitgliederwerbung zu ermöglichen. Die Arbeitsgemeinschaften werden auf Beschluss des Parteivorstands innerhalb der Partei gebildet, § 10 Abs. 1 S. 1 Organisationsstatut SPD. Derzeit bestehen neun dieser Arbeitsgemeinschaften.[587] Ihre Gliederung entspricht dabei derjenigen der Partei. Sie sind also ebenfalls regional organisiert. Den Arbeitsgemeinschaften steht das Antrags- und Rederecht für den Parteitag der jeweiligen Ebene zu, § 10 Abs. 1 S. 3 Organisationsstatut der SPD und ihre Vorsitzenden auf Bundesebene sind nach § 29 Abs. 1 Nr. 2 k Organisationsstatut der SPD beratende Mitglieder des Parteirats.

Der grundsätzlich bestehende Vorteil der Arbeitsgemeinschaften, nämlich die gezielte Ansprache einzelner Gesellschaftsteile durch ein Programm, das auf diese Gesellschaftssegmente zugeschnitten ist unter der Ausblendung der die Volksparteien charakterisierenden Allzuständigkeit, wird jedoch durch das innerhalb der SPD herrschende Prinzip der einheitlichen Mitgliedschaft – Mitglieder einer Arbeitsgemeinschaft innerhalb der SPD müssen auch gleichzeitig Mitglieder der Partei SPD sein – wieder zunichte gemacht.[588] Die Arbeitsgemeinschaften der SPD weisen insofern eine sehr enge Bindung an die Mutterpartei auf.[589]

Durch die in § 10 Abs. 1 S. 4 des Organisationsstatuts eröffnete Möglichkeit der Mitarbeit von Nichtmitgliedern in den Arbeitsgemeinschaften sollte der Vorteil

---

[586] So z.B. bei fast allen Vorfeldorganisationen der SPD, bei denen das Prinzip der „einheitlichen Mitgliedschaft" gilt. Siehe dazu D I 1 b.

[587] Jusos, Arbeitsgemeinschaft für Arbeitnehmerfragen (AfA), Arbeitsgemeinschaft Sozialdemokratischer Frauen (ASF), SPD 60 plus, Arbeitsgemeinschaft Sozialdemokratinnen und Sozialdemokraten im Gesundheitswesen (ASG), Arbeitsgemeinschaft für Bildung (AfB), Arbeitsgemeinschaft sozialdemokratischer Juristinnen und Juristen (ASJ), Arbeitsgemeinschaft Selbständige in der SPD (AGS), Arbeitsgemeinschaft ehemals verfolgter Sozialdemokraten (AvS).

[588] Poguntke, in: Parteiendemokratie in Deutschland, S. 253, 259; Niclauß, Das Parteiensystem der Bundesrepublik Deutschland, S. 173.

[589] Niclauß, Das Parteiensystem der Bundesrepublik Deutschland, S. 173.

der gezielten Ansprache jedoch zumindest teilweise genutzt werden. Die Öffnung selber geht auf die Vorschläge zurück, die eine Kommission unter dem damaligen Bundesgeschäftsführer Karlheinz Blessing 1992 erarbeitet hatte. Dennoch wurde das Prinzip der einheitlichen Mitgliedschaft nicht vollends beseitigt. Wie § 10 Abs. 1 S. 4 Statut zeigt, dürfen Nichtmitglieder nicht Mitglieder der Arbeitgemeinschaften werden, sie werden allein dazu berechtigt, an der Arbeit der Arbeitsgemeinschaften teilnehmen. Diese Differenzierung ergibt sich auch aus einem Vergleich mit der Regelung des § 10 Abs. 2 Statut. Hier wird Nichtmitgliedern der SPD im Rahmen eines Modellprojekts die Möglichkeit der Wahrnehmung voller Mitgliedsrechte innerhalb der Arbeitsgemeinschaft der Jusos gegeben (dazu später). Aus dem Umkehrschluss dieser ausdrücklichen Zubilligung von Mitgliedsrechten ergibt sich zwingend, dass den Nichtmitgliedern in den anderen Arbeitsgemeinschaften nicht diese Rechte zukommen. Den Nichtmitgliedern werden in den übrigen Arbeitsgemeinschaften mithin die wichtigsten Partizipationsmöglichkeiten vorenthalten, nämlich die Entscheidungsbefugnisse innerhalb der Gremien der Arbeitsgemeinschaft und ihren Untergliederungen sowie das aktive und passive Wahlrecht. Ihre direkten Einflussmöglichkeiten bleiben damit auf die unterste Gliederungsebene der Arbeitsgemeinschaft beschränkt, da sie nicht in die Gremien der jeweils höheren Gliederungsebenen gewählt werden können.

Dennoch ergibt sich aus der Teilnahmeberechtigung die theoretische Möglichkeit, dass Nichtmitglieder durch ihre Mitsprache bei der Meinungsbildung innerhalb der jeweiligen Arbeitsgemeinschaft Anträge von dieser bis hinauf zum Bundesparteitag lancieren bzw. dort das den Arbeitsgemeinschaften zustehende Rederecht ausnutzen könnten. Damit kommt ihnen zumindest potentiell ein erheblicher Einfluss auf den Gang des innerparteilichen Willensbildungsprozesses zu, da die Versammlungen - sei es die Mitgliederversammlung auf der untersten Gliederungsebene der Partei oder eine der Versammlungen der von den Mitgliedern gewählten Vertreter auf höheren Gliederungsebenen - eines der Hauptwerkzeuge der Formung und des Ausdruck eines innerparteilichen Willens sind. Neben dieser wohl eher unwahrscheinlichen Einflussmöglichkeit haben die Parteifremden die Möglichkeit die von ihnen entwickelten Positionen durch die Teilnahme an den Veranstaltungen der Arbeitsgemeinschaft auf unterster Gliederungsebene in die politische Debatte einzubringen.

Grundsätzlich ist also zunächst einmal festzustellen, dass die Einflussmöglichkeiten der Nichtmitglieder fast ausschließlich auf die Willensbildung innerhalb der jeweiligen Arbeitsgemeinschaft beschränkt sind. Die organisatorische Verbindung zwischen Vorfeldorganisation und Mutterpartei ist zwar bei der SPD aufgrund des Prinzips der einheitlichen Mitgliedschaft recht eng. Dennoch handelt es sich bei den Arbeitsgemeinschaften um organisatorisch von der Partei unabhängige Verbände. Die Willensbildung der Partei können die Nichtmitglieder deshalb ausschließlich durch die Rede- und Antragsrechte, die den Arbeitsgemeinschaften auf Parteiveranstaltungen zustehen, beeinflussen.

Aber auch eine Mitwirkung Parteifremder, die in einer Antragstellung auf dem Bundesparteitag gipfeln könnte, stellt keinen Verstoß gegen die innerparteiliche Demokratie dar. Es kommt dadurch nicht zu einer Unterminierung der Stellung der einzelnen Parteimitglieder. Da die Voraussetzungen, die Art. 21 Abs. 1 S. 3 GG an eine den demokratischen Grundsätzen entsprechende innerparteiliche Ordnung stellt, bereits dann erfüllt sind, wenn den Mitgliedern neben einer Letztentscheidungskompetenz in allen parteirelevanten Fragen die gleichen Mitwirkungsrechte an der innerparteilichen Meinungsbildung zukommen, ist ein solches Antrags- oder Rederecht nicht als verfassungswidrig anzusehen. Mangels eines eigenen Stimmrechts ist eine direkte Einflussnahme auf die Entscheidungen der Mitglieder- bzw. Vertreterversammlung für Parteifremde nicht möglich. Auch hier haben die Parteifremden nur die Möglichkeit, durch ihre Aktivitäten Akzente im Bereich der Meinungsbildung zu setzen, also in der Phase, die dem Willensbildungsprozess vorausgeht.[590] Auf die Willensbildung an sich haben sie als reine Teilnehmer keinen Einfluss.

Daneben werden die vorauszusetzenden gleichen Partizipationsmöglichkeiten der Mitglieder durch das Mitwirken von Parteifremden innerhalb der Arbeitsgemeinschaften nicht beschnitten. Zu einer differierenden Gewichtung der Stimmrechte, die den einzelnen Mitgliedern bzw. Vertretern zustehen, kommt es nicht.

Darüber hinaus ist die Mitglieder- bzw. auf höheren Ebenen deren Vertreterversammlung in der Lage, sich die gestellten Anträge zu Eigen zu machen, sie also anzunehmen. Ist dies der Fall, so sind die von Parteifremden ausgearbeiteten Anträge als Willensakt der Mitglieder anzusehen. Auch bei einer Ablehnung der Anträge liegt ein autonomer Willensakt allein der Parteimitglieder vor. Sie tragen die Letztentscheidungskompetenz darüber, ob die von Nichtmitgliedern erarbeiteten Vorschläge den innerparteilichen Willensbildungsprozess auf den jeweils höheren Gliederungsebenen der Arbeitsgemeinschaft beeinflussen bzw. Eingang in die Parteipolitik finden.

Zwar stellt bereits der reine Akt der Antragsstellung auf einer Mitglieder- oder Vertreterversammlung an sich bereits eine Beeinflussung der parteiinternen Willensbildung dar, da neue Denkanstöße und mögliche politische Alternativen innerhalb dieser Gremien zur Entscheidung gestellt werden. Diese müssen sich

[590] Köppler, Mitwirkung, S. 58.

also mit ihnen auseinandersetzen. Die daraus resultierende Beeinflussung ist aber als so gering einzustufen, dass sie unterhalb der Schwelle der Verfassungswidrigkeit liegt. Denn einerseits sind die Parteien in Anbetracht der Konkurrenz, die sowohl zu den übrigen Parteien als auch zu den anderen Meinungsbildnern besteht, auf Anregungen von außen angewiesen. Zum anderen wird die durch das Bedürfnis der Willensentscheidung der Mitglieder bereits geminderte Beeinflussungsmöglichkeit noch dadurch abgeschwächt, dass die Anträge der Arbeitsgemeinschaften auf Bundesebene nach § 18 Abs. 2 S. 1 des Organisationsstatuts acht Wochen vor dem Parteitag beim Bundesvorstand einzureichen sind, um dann zwei Wochen vor dem Parteitag mit einer Stellungnahme der Antragskommission den Delegierten und den antragstellenden Organisationsgliederungen zugeleitet zu werden. Dem Parteivorstand verbleibt durch dieses Recht eine Möglichkeit, die Auswirkungen der Einwirkung auf den Willensbildungsprozess der Mitglieder, zu minimieren bzw. sie in seinem Sinne zu beeinflussen. Der Parteivorstand als Repräsentationsorgan der Parteimitglieder kann sich also bereits zu diesem Zeitpunkt vor dem Parteitag die Positionen in den Anträgen zu Eigen machen. Mittels einer ablehnenden Kommentierung kommt es dagegen zu einer Schwächung des Einflusses auf die innerparteiliche Willensbildung. Die theoretische Möglichkeit, dass von den Nichtmitgliedern über die Arbeitsgemeinschaften Anträge auf dem Bundesparteitag lanciert werden, führt damit eher zu einer Steuerung des Mitgliederwillens durch die gewählte Parteispitze. Der einzelne Delegierte rezipiert zwar die Anregungen aus dem Antrag, verlässt sich aber im Allgemeinen eher auf die Wertungen des Vorstandes und folgt diesen. Das Antragsrecht auf den Parteitagen stellt damit zwar eine Einflussmöglichkeit dar, die zumindest theoretisch auch von Parteifremden genutzt werden kann. Die gestellten Anträge bedürfen aber selbst dann, wenn sie ohne oder gegen die Mitwirkung der in den Arbeitsgemeinschaften organisierten Parteimitglieder zustande gekommen sind, noch der Annahme durch die Delegierten auf den Parteitagen. Den Parteimitgliedern verbleibt damit zumindest durch die sie repräsentierenden Delegierten die Letztentscheidungskompetenz.

Auch das Rederecht auf dem Parteitag der jeweiligen Ebene stellt keine Beeinträchtigung der Mitgliedsrechte dar. Aufgrund des für die Arbeitsgemeinschaften geltenden Prinzips der einheitlichen Mitgliedschaft (mit Ausnahme der Jusos) kann nur ein Parteimitglied der SPD dieses Rederecht für die jeweilige Arbeitsgemeinschaft ausüben. § 10 Abs. 1 S. 4 des Organisationsstatut der SPD gewährt den Parteifremden allein ein Teilnahmerecht, nicht aber Mitgliedsrechte innerhalb der Arbeitsgemeinschaft. Sie können also nicht als gewählte Vertreter der Arbeitsgemeinschaft auf dem jeweiligen Parteitag auftreten, da ihnen das passive Wahlrecht vorenthalten wird. Das Rederecht wird demnach immer nur von denjenigen ausgeübt, die ohnehin zu einer Partizipation berechtigt sind. Eine Beeinflussung der innerparteilichen Willensbildung durch einen von Nichtmitgliedern mitverfassten Redebeitrag auf dem jeweiligen Parteitag ist zwar unbestreitbar. Ein solcher Einfluss liegt aber innerhalb der verfassungsrechtlich gerechtfertigten Beeinflussung des Willensbildungsprozesses. Auch hierbei bleibt den Mitgliedern bzw. den von ihnen gewählten Vertretern die Möglichkeit, sich die im Redebeitrag gegeben Anmerkungen und Anregungen durch Berücksichtigung im jeweiligen Abstimmungsverhalten zu Eigen zu machen.

Ebenfalls nicht zu beanstanden ist, dass die von den Arbeitsgemeinschaften entwickelten Positionen, an deren Entstehung Nichtmitglieder beteiligt waren, außerhalb der Parteitage in die politische Diskussion innerhalb der Partei einfließen, da auch hierbei keine Entscheidungsrechte der Mitglieder beschnitten werden. Vielmehr kommt es zu einer quantitativen Ausweitung und aufgrund der Beschäftigung von interessierten und vielfach auch qualifizierten Personen mit dem jeweiligen Thema vielfach auch qualitativen Aufwertung der jeweiligen Diskussionsansätze, die im Zuge der innerparteilichen Willensbildung von den einzelnen Parteimitgliedern aufgenommen oder abgelehnt werden können. Die Mitarbeit der Parteifremden führt damit auch zu einer verbesserten Wahrnehmung der Vermittlungsfunktion der Parteien.

Gegen eine Beeinträchtigung der Mitgliederrechte durch die Mitwirkung von Nichtmitgliedern in den Arbeitsgemeinschaften spricht schließlich, dass es den Nichtmitgliedern auch an Möglichkeiten fehlt, bereits innerhalb der Arbeitsgemeinschaften Entscheidungen zu treffen, da sie nicht über Stimmrechte verfügen. Sie können zwar Positionen anregen, die Entscheidung über deren Behandlung liegt aber bei den Mitgliedern der Arbeitsgemeinschaft und damit bei Parteimitgliedern. Nur die Mitglieder der Arbeitsgemeinschaft sind in der Lage, Beschlüsse zu fassen.

Insgesamt eröffnet die Teilnahme von Nichtmitgliedern an der Arbeit der Arbeitsgemeinschaften der SPD zwar Einflusschancen auf die innerparteiliche Willensbildung - ganz in Übereinstimmung mit dem Zweck der Einführung solcher Partizipationsangebote. Die Einflussnahme liegt jedoch unterhalb der vom Gebot innerparteilicher Demokratie aufgestellten Schwelle, so dass kein Verstoß gegen das Gebot aus Art. 21 Abs. 1 S. 3 GG vorliegt.

c. Probemitgliedschaft für Mitglieder der Arbeitsgemeinschaft der Jungsozialisten, § 10 Abs. 2 Organisationsstatut

Der Arbeitsgemeinschaft der Jungsozialisten und Jungsozialistinnen in der SPD gehören nach Art. III Nr. 1 der Richtlinien der Arbeitgemeinschaft die Parteimitglieder an, die noch nicht das 35. Lebensjahr vollendet haben. Im Rahmen eines Modellprojekts können Jugendliche nach § 10 Abs. 2 des Organisationsstatuts der SPD[591] in der Arbeitsgemeinschaft auch ohne Mitgliedschaft in der SPD die vollen Mitgliedsrechte wahrnehmen, wenn sie den Jungsozialisten gegenüber ihre Mitgliedschaft schriftlich erklären und keine Unvereinbarkeit nach § 6 Organisationsstatut vorliegt. Hierbei handelt es sich um einen 1994 gestarteten und ursprünglich bis 1998 befristeten Modellversuch, der das bis dahin innerhalb der SPD geltende Prinzip der einheitlichen Mitgliedschaft in Partei und der ihr angehörenden Vorfeldorganisationen gelockert hat.[592] Die ursprüngliche zeitliche Befristung des Modellversuchs wurde durch Beschluss des Parteitags vom 02.12.1997 in Hannover aufgehoben.

Die Vertreter der Arbeitsgemeinschaft der Jungsozialisten, die einem der Gremien der Partei angehören, müssen jedoch nach § 10 Abs.2 S. 2 Organisationsstatut bzw. Nr. 2 der Regelungen zur Umsetzung in jedem Fall Parteimitglied sein. Kassiererfunktionen innerhalb der Arbeitsgemeinschaft müssen im Rahmen der Statuten und der gesetzlichen Bestimmungen ebenfalls von Parteimitgliedern wahrgenommen werden, Nr. 6 Regelungen zur Umsetzung. Die Tätigkeit der mitarbeitenden Nichtmitglieder unterliegt weiterhin generell der Schiedsgerichtsbarkeit der Partei.

Im Unterschied zu den anderen Arbeitsgemeinschaften ermöglichen die Jusos Nichtmitgliedern damit nicht nur die Mitarbeit, sondern geben ihnen volle Mitgliedsrechte, also aktives und passives Wahlrecht sowie Stimmrechte in den Gremien der Arbeitsgemeinschaft. Im Vergleich zur bloßen Mitarbeit in den anderen Arbeitsgemeinschaften stellt dies eine deutliche Erhöhung des Einflusses von Nichtmitgliedern auf die innerhalb der Jusos stattfindende Willensbildung dar. Insbesondere das aktive und passive Wahlrecht verhilft den Nichtmitgliedern wegen der Bedeutung, die Wahlen nicht nur für die politischen Willensbildung des Volkes, sondern auch für die Willensbildung innerhalb jeglicher anderen Organisation haben, zu einem gesteigerten Einfluss.

Dieser Einfluss ist aber primär auf die Arbeitsgemeinschaft als von der Partei organisatorisch zu unterscheidenden Vorfeldorganisation beschränkt, da die Nichtmitglieder allein innerhalb der Arbeitsgemeinschaft Mitgliedschaftsrechte geltend machen können. Dass die Nichtmitglieder innerhalb der Arbeitsgemeinschaft der Jusos einen deutlich höheren Einfluss als andere bloß zur Mitarbeit berechtigte Nichtmitglieder in den übrigen Arbeitsgemeinschaften haben, bedeutet nicht, dass damit auch das Gewicht der Parteifremden bei der innerparteili-

---

[591] Siehe auch Nr. 1 der Regelungen zur Umsetzung des Modellversuchs „Öffnung für Nichtmitglieder in der Arbeitsgemeinschaft der Jungsozialisten und Jungsozialistinnen" auf Beschluss des Parteivorstands vom 21.03.1994.

[592] Poguntke, in: Parteiendemokratie in Deutschland, S. 253, 259.

chen Willensbildung erhöht worden ist bzw. die den Parteimitgliedern innerhalb der Partei zukommenden Partizipationsrechte stärker beeinträchtigt werden.

Da den Nichtmitgliedern das passive Wahlrecht zugestanden wird, besteht zwar die theoretische Möglichkeit, dass sie in die Gremien der Arbeitsgemeinschaft gewählt werden. Ein damit verbundenes Amt innerhalb der Gremien der Partei können sie jedoch aufgrund des in § 10 Abs. 2 S. 2 Organisationsstatut[593] ausdrücklich verfügten Verbots der Übernahme von Parteimandaten kraft Amtes in einer Arbeitsgemeinschaft bei Nichtmitgliedschaft in der Partei, nicht erhalten.

Der Einfluss, den die Nichtmitglieder auf die innerparteiliche Willensbildung ausüben, beschränkt sich also zum einen ebenso wie bei der Mitarbeit in den anderen Arbeitsgemeinschaften auf die theoretische Möglichkeit, dass Anträge auf den Parteitagen der jeweiligen Ebene lanciert werden. Diese Anträge finden auch in dem Zeitpunkt, in dem sie gestellt werden, Eingang in die innerparteiliche Willensbildung. Den Parteimitgliedern verbleibt aber das alleinige Recht, diese Anträge anzunehmen oder abzulehnen. Sie haben somit weiterhin die erforderliche Letztentscheidungskompetenz, so dass die Übertragung von Mitgliedsrechten der Jusos auf Parteifremde zumindest bezüglich des Antragsrechts keine Beeinträchtigung der Rechtsstellung der Mitglieder der SPD darstellt. Dass der potentielle Einfluss der Nichtmitglieder auf die Gestaltung dieses Antrags weit größer ist als bei der Mitarbeit in den anderen Arbeitsgemeinschaften, führt auch nicht zu einem anderen Ergebnis, da auch er letztlich nicht eine veränderte Behandlung auf den Parteitagen erfährt.

Neben dem Antragsrecht besteht die hypothetische Möglichkeit, dass eines der Nichtmitglieder das der Arbeitsgemeinschaft der Jusos nach § 10 Abs. 1 S. 3 Organisationsstatut zustehende Rederecht auf einem Parteitag ausübt. Anders als bei den übrigen Arbeitsgemeinschaften ist es hier denkbar, dass das Rederecht von einem Nichtmitglied ausgeübt wird. Aber auch dieses Rederecht wird dann in einer Funktion für die gesamte Arbeitsgemeinschaft der jeweiligen Ebene ausgeübt. Der Redner vertritt deshalb Positionen der Jusos. Sie stammen nicht allein von ihm, sondern sie wurden durch den Prozess der internen Willensbildung der Jusos entwickelt. Sollte der Redebeitrag selbst von Parteifremden erarbeitet worden sein, so liegt darin immer noch keine unzulässige Beeinflussung der innerparteilichen Willensbildung, da wiederum allein die Parteimitglieder darüber entscheiden, ob die in der Rede vorgestellten Anregungen aufgenommen werden oder nicht. Die Mitarbeit der Nichtmitglieder beschränkt sich damit primär auf die Willensbildung innerhalb der Arbeitsgemeinschaft. Insofern be-

[593] Bzw. Nr. 2 der Regelungen zur Umsetzung des Modellversuchs „Öffnung für Nichtmitglieder in der Arbeitsgemeinschaft der Jungsozialisten und Jungsozialistinnen“.

stehen bei der Ausübung des Rederechts selbst keine Bedenken, dass dieses die Rechtstellung der Parteimitglieder beeinträchtigen kann.

Das Gleiche gilt für die Aufgaben, die der Arbeitsgemeinschaft der Jusos nach Nr. II der Richtlinien übertragen worden sind, und die auch die Parteifremden als Vollmitglieder dieser Arbeitsgemeinschaft treffen.[594] Diese Aufgaben beschränken sich allein auf die Vorfeldorganisation, so dass sich hieraus keine gesteigerte Einflussnahme im Vergleich zu der einfachen Mitarbeit in den anderen Arbeitsgemeinschaften ergibt. Indem die Nichtmitglieder diese Aufgaben erfüllen, können sie allein ein für die Partei positives Klima und Umfeld erzeugen. Ein direkter Einfluss auf die innerparteiliche Willensbildung ergibt sich aus ihr jedoch nicht.

Dass den Parteifremden volle Mitgliederrechte innerhalb der Jusos verliehen werden, stärkt zwar deren Einflussmöglichkeiten auf die Arbeitsgemeinschaft selbst. Dies bedeutet aber nicht, dass, zwangsläufig der Einfluss innerhalb der Parteiorganisation selber erhöht wird. Insofern ist es nicht zu beanstanden, dass Nichtmitgliedern volle Mitgliedsrechte innerhalb der Arbeitsgemeinschaft der Jusos verliehen werden.

2. Möglichkeit der Mitarbeit in den Foren

Neben den Arbeitsgemeinschaften bestehen innerhalb der SPD noch die sog. Foren.[595] Bei diesen handelt es sich um Gesprächskreise über wichtige Politikbereiche, die vom Parteivorstand bzw. der jeweiligen Gliederung gegründet worden sind, und die auch Nichtmitglieder ansprechen sollen. Ziel dieser Foren ist es, die Zielgruppen- und Vorfeldarbeit zu optimieren und den Sachverstand gesellschaftlich relevanter Gruppen durch den kontinuierlichen Dialog zwischen Fachpolitikern und Fachleuten stärker in die Parteiarbeit mit einzubinden.[596] Gegenwärtig existieren auf Bundesebene das Forum „Eine Welt“, das Forum „Ostdeutschland“, das „Kulturforum“, das „Wissenschaftsforum“, das Forum

---

[594] Nach Nr. II der Richtlinien der Arbeitsgemeinschaft der Jungsozialisten und Jungsozialistinnen in der SPD haben sie die Aufgaben, innerhalb der Jugend für den demokratischen Sozialismus zu wirken, die Arbeit der SPD auf allen Gebieten im Sinne des Berliner Programms zu unterstützen, politische Aufklärung besonders unter Jungwählern/Jungwählerinnen zu betreiben, politische Schulungs-, Bildungs- und Informationsarbeit durchzuführen und durch Kontakte mit anderen Jugendverbänden auf nationaler und internationaler Ebene zur Solidarität zwischen Menschen verschiedener Nationalitäten, Rassen und Kulturen beizutragen.

[595] http://www.foren-spd.de.

[596] http://www.spd.de/servlet/PB/menu/1009449/.

„Familie und sozialer Zusammenhalt“ sowie seit Dezember 2003 das Forum „Nachhaltigkeit“. Daneben gibt es zahlreiche Foren auf regionaler Ebene.

Die Arbeitsweise dieser Foren besteht aus dem Dialog zwischen den in der Partei für den jeweiligen Sachgegenstand zuständigen Mitgliedern und parteifremden Fachleuten. Die Resultate dieser Auseinandersetzung, Thesen bzw. Referate von Einzelpersonen, werden veröffentlicht.[597] Die Teilnehmer der Foren haben aber keinen Anspruch darauf, dass die Resultate Eingang in den formellen Gang des Willensbildungsprozesses der Partei finden. Sie stellen allein Anregungen dar, deren Aufnahme von den Parteimitgliedern bzw. der von diesen gewählten Parteigremien abhängt. Die Arbeit der Foren kann damit nur auf indirektem Weg die innerparteiliche Willensbildung beeinflussen, das heißt durch die Übernahme der Vorschläge durch die mit den Foren kommunizierenden Stellen der Partei. Eine Gefahr für die Rechtsstellung der Parteimitglieder stellt sie nicht dar. Dies gilt zumindest solange, bis den Foren keine Möglichkeit gegeben wird, verbindliche Entscheidungen unter Mitwirkung der Nichtmitglieder zu treffen. Eine solche Neuerung steht jedoch nicht zur Diskussion und ist deshalb auch in naher Zukunft nicht zu erwarten.

Des Weiteren sind die Problemstellungen, zu denen die Foren Stellung beziehen, vielfach sehr allgemein gehalten. Ihre Lösungsansätze sind dementsprechend allgemein. Ihre Aufgabe ist es nicht, ein konkretes Problem zu behandeln und dieses einer konkreten, real umsetzbaren Lösung zuzuführen. Vielmehr besteht in den Foren die Möglichkeit, auch fern liegende Lösungsansätze, die keinerlei Chancen auf Verwirklichung haben, zu diskutieren und deren Auswirkungen auf Politik und Umwelt zu untersuchen. Diese fehlende Umsetzungsmöglichkeit bzw. die geringe Umsetzungschance mindert den konkreten Einfluss der Arbeit der Foren auf die innerparteiliche Willensbildung.

Bei den Foren handelt es sich insofern um Organisationen, die allein den Informations- und Erfahrungsaustausch zwischen Parteimitgliedern und Fachleuten intensivieren und dadurch die Kompetenzen der Partei auf bestimmten Politikfeldern erhöhen sollen. Die Ergebnisse der Arbeit der Foren haben nur geringen Einfluss auf den Gang der innerparteilichen Willensbildung. Die Mitarbeit von Nichtmitgliedern in diesen Foren stellt deshalb keinen Verstoß gegen das Gebot innerparteilicher Demokratie dar.

---

[597] Z.B. Die Thesenpapiere und Impulsreferate der Mitglieder und Teilnehmer des Forums Nachhaltigkeit und Mobilität auf der Homepage http://www.spd.de/servlet/PB/menu/1028664/index.html.

3. Mitarbeit von Nichtmitgliedern in den Kommissionen

Neben dem Netz der Vorfeldorganisationen kennt die SPD ebenso wie die anderen Parteien noch Kommissionen, die in der Regel direkt den Vorständen zuarbeiten und die versuchen, externe Experten einzubinden.[598] Dass parteifremder Sachverstand mit in die Arbeit der Kommissionen einbezogen wird, ist Folge der Komplexität der modernen Gesellschaft. Grundsätzlich sind die Parteien nicht mehr in der Lage, eine den externen Spezialisten entsprechenden Sachkompetenz in sämtlichen Problembereichen, denen sie sich widmen, innerhalb der Partei selbst zu entwickeln.

Dieses sich für die gesamte Partei stellende Problem trifft in besonderem Maße auf den Vorstand – und zwar nicht nur den der SPD, sondern auf die Vorstände sämtlicher Parteien - zu, der allein schon aufgrund der personellen Zusammensetzung nicht in der Lage ist, ausreichend Fachkompetenz für sämtliche sich im Zusammenhang mit seiner Aufgabe zu treffenden Entscheidungen zu akkumulieren. Wegen der seltenen Zusammentritte des Parteitages hat der Vorstand nicht nur die Aufgabe die Beschlüsse von diesem zu erfüllen, sondern er muss auch als eigentlich politisch führendes Organ, in dem die wichtigsten Entscheidungen getroffen werden,[599] tätig werden. Diese Aufgabe erfüllt der Vorstand, indem er ebenso wie die Parteitage die verschiedenen in der Partei vorhandenen Meinungen integriert.[600] Daneben kommt ihm die Aufgabe als eigentliches Vermittlungsorgan der Partei zu. Von ihm aus werden die Impulse der Partei in die Fraktion und damit in den parlamentarischen Willensbildungsprozess getragen.[601] Dabei ist es vor allem für die Vermittlungs- und Integrationsaufgabe notwendig, dass externer, in der Partei und vor allem im Vorstand selbst nicht vorhandener Sachverstand hinzugezogen wird.

Problematisch an der Mitarbeit von Parteifremden in den Kommissionen der Partei ist vor allem die Tatsache, dass diese Kommissionen eine innerhalb der Partei nicht vorhandene Sachkenntnis ersetzen sollen. Da ihnen von den Gremien, die sie eingesetzt haben, ein besonderer, über das in der Partei vorhandene Maß hinausreichender Sachverstand zugebilligt wird, kommt ihrem Urteil und ihren Empfehlungen erhebliches Gewicht innerhalb der innerparteilichen Dis-

---

[598] Poguntke, in: Parteiendemokratie in Deutschland, S. 253, 260.

[599] Von Katte, Mitgliedschaft von Fremden, S. 48; Seifert, Die politischen Parteien, S. 18; Bermbach, ZParl 1 (1969/70), S. 342, 354.

[600] Wolfrum, Die innerparteiliche demokratische Ordnung, S. 111; Lohmar, Innerparteiliche Demokratie, S. 81; Kay, Innere Ordnung der pol. Parteien, S. 132 ff.; Dittberner, PVS 1970, S. 236, 239.

[601] Wolfrum, Die innerparteiliche demokratische Ordnung, S. 112; Kay, Innere Ordnung der pol. Parteien, S. 134.

kussion zu.[602] Auf ihr Urteil wird besonderer Wert gelegt, wodurch die Parteifremden in der Lage sind, die Ausrichtung der Parteipolitik in bestimmten Fachfragen entscheidend mitzubestimmen. Die von ihnen beratenen Parteigremien sind viel eher bereit, ihren Vorschlägen zu folgen, als etwa Ansätzen, die innerhalb der Foren erarbeitet worden sind. Die von den Kommissionen erarbeiteten Fragestellungen sind des Weiteren auch konkreter als die der Foren, die sich eher zu allgemeinen Problemkreisen gebildet haben. Damit sind auch die gefundenen Lösungsansätze konkreter und damit auch eher umsetzbar. Die Ergebnisse der Kommissionsarbeit haben damit nicht nur eine reelle Chance auf Verwirklichung. Kommissionen werden eingesetzt, damit sie Vorschläge unterbreiten, deren Umsetzung einen konkreten Missstand behebt. Insofern ist der Einfluss, den die in den Kommissionen mitarbeitenden Nichtmitglieder auf die innerparteiliche Willensbildung ausüben können, allein schon wegen ihrer Aufgabenstellung größer als der von Nichtmitgliedern, die sich an den Diskussionen innerhalb der Foren beteiligen. Man kann also sagen, dass es der Aufgabe der Kommissionen entspricht, einen entscheidenden Beitrag zu der innerparteilichen Willensbildung zu leisten.

Es ist aber zu berücksichtigen, dass ein solcher Rückgriff auf parteifremdes Fachwissen generell notwendig und teilweise auch wünschenswert ist.[603] Notwendig ist er aufgrund der Komplexität der modernen Gesellschaft. Zwar sind die Parteien eher als der einzelne Bürger in der Lage, Sachverstand in den eigenen Reihen zu akkumulieren; dies ist einer der Gründe für ihre gesellschaftliche Notwendigkeit. Aber die Problemstellungen, mit deren Lösung die modernen Volksparteien konfrontiert werden, gehen derzeit meist über das hinaus, was die einzelnen Parteien ohne fremde Hilfe bewältigen können. Sie sind damit Opfer der von ihnen angestrebten Allzuständigkeit geworden. Um ihren verfassungsmäßigen Aufgaben aber weiterhin gerecht zu werden müssen sie in der Lage sein, sich mit diesen Problemen auseinanderzusetzen und sie sachgerecht zu lösen. Die bei der Integration des Volkswillens notwendigen Kompromisse machen es ebenso wie deren Vermittlung in die Entscheidungen des organisierten staatlichen Bereichs notwendig, dass die Parteien in der Lage sind, die Meinungspluralität innerhalb des Volkes sowie die sich innerhalb der Gesellschaft stellenden Probleme intellektuell zu durchdringen. Hierzu sind sie vielfach auf parteifremden Sachverstand angewiesen. Die den Parteien übertragenen Funktionen bedingen also bereits den Rückgriff auf externe Experten. Wünschenswert ist eine Mitarbeit von Experten in beratender Funktion, da es hierdurch zu einer Erhöhung der Sachkompetenz bei der Erarbeitung von Lösungsansätzen kommt. So kann sichergestellt werden, dass die von der Arbeit der Kommissionen mit-

---

[602] S. bereits oben C II 4 c dd.
[603] S. bereits oben C II 4 c dd.

bestimmte Lösung die – zumindest in der Theorie – sachgerechteste für das jeweilige Problem ist.

Bei der Einordnung der verfassungsrechtlichen Relevanz der Mitarbeit von Parteifremden in den Kommissionen ergibt sich das Problem, dass den Parteifremden wegen ihrer Sachkompetenz eine enorme Einflussmöglichkeit zugestanden wird, die Heranziehung dieses externen Sachverstandes aber notwendig und im Hinblick auf die Erzielung eines bestmöglichen Ergebnisses auch grundsätzlich wünschenswert ist. Problematisch ist hierbei vor allem, dass die Parteien die Entscheidungsalternativen nicht mehr selber entwickeln, sondern diese Aufgabe an Parteifremde abgeben. Dennoch ist zu sagen, dass die Ergebnisse der Arbeit der Kommissionen den innerparteilichen Willensbildungsprozess nur indirekt beeinflussen, da sie keinerlei Verbindlichkeit für die Entscheidung der von den Kommissionen beratenen Gremien haben. Die an den Kommissionen beteiligten Nichtmitglieder können nicht für die Partei verbindliche Entscheidungen treffen, sondern allein die zu einer Entscheidung erforderliche Weichenstellung beeinflussen. Die Letztentscheidungskompetenz liegt damit immer noch bei den Parteimitgliedern bzw. den von ihnen gewählten Vertreterorganen und Gremien. Die Entscheidungsträger sind bei dieser Entscheidung auch nicht an die Vorschläge der Kommissionen gebunden, selbst wenn sie die von den Kommissionen erarbeiteten Vorschläge mangels Sachkompetenz manchmal nicht hinterfragen können, diese also ohne erneute inhaltliche Prüfung übernehmen oder ablehnen müssen. Diese trotz der Mitarbeit von Nichtmitgliedern weiterhin uneingeschränkt bestehende Entscheidungsfreiheit der Angehörigen der verschiedenen Parteigremien sowie die Tatsache, dass eine fachliche Beratung durch externe Experten in den meisten Feldern, in denen den Parteien Entscheidungskompetenzen zukommen, notwendig geworden sind, spricht dagegen, diese Beratungstätig als verfassungswidrig einzuordnen. Da die Parteien ohne die Mithilfe externen Sachverstandes nicht in der Lage wären, ihre Aufgaben angemessen zu erfüllen, stellt die Mitarbeit Parteifremder in Fachkommissionen keinen Verstoß gegen Art. 21 Abs. 1 S. 3 GG dar.[604]

4. Projektgruppen im Sinne des § 10a Organisationsstatut der SPD

Nach § 10a des Organisationsstatuts der SPD können von den Vorständen der Partei themenspezifische Projektgruppen eingerichtet werden, in denen auch Nichtmitglieder mitarbeiten dürfen. Diesen Projektgruppen steht das Antrags- und Rederecht auf dem Parteitag der jeweiligen Ebene zu.

[604] So auch Alternativkommentar-Gusy, 3. Aufl., Art. 21 Rn 70, der es auch für zulässig hält, dass den Externen Stimmrechte eingeräumt werden, solange sie von den Mitgliedern gewählt worden sind.

Die Problematik der Projektgruppen ähnelt derjenigen der Kommissionen. Wie diese werden sie zu spezifischen Themen eingesetzt. Dieser Vorgang an sich ist nicht zu beanstanden.[605] Darüber hinaus stehen ihnen Rede- und Antragsrechte zu, was an sich ebenfalls nicht zu verfassungsrechtlichen Bedenken führt.[606]

Fraglich ist, ob sich aus dieser Kombination ein gegenüber den Kommissionen und Arbeitsgemeinschaften derart erhöhter Einfluss auf die innerparteiliche Willensbildung ergibt, dass er über der von Art. 21 Abs. 1 S. 3 GG zulässigen Grenze liegt.

Dafür könnte zunächst sprechen, dass den Projektgruppen ein anderes Forum zur Darlegung ihrer Arbeitsergebnisse gegeben ist, und sie durch das Antragsrecht auf den jeweiligen Parteitagen einen direkten Willensentscheid der Partei, ggf. vertreten durch die Delegierten der jeweiligen Stufe, herbeiführen können. Die Projektgruppen haben also erhöhten Einfluss auf die Umsetzung ihrer Ansichten, die nicht mehr wie diejenigen der Kommissionen durch das durch sie beratene Gremium gefiltert werden. Dazu kommt, dass die Anträge der Projektgruppen anders als die der Arbeitsgemeinschaften nicht nach § 18 Abs. 2 S. 1 des Organisationsstatuts acht Wochen vor dem Parteitag beim Parteivorstand einzureichen sind. Die Vorstände bzw. Antragskommissionen haben also anders als bei den unter Mitarbeit von Nichtmitgliedern erarbeiteten Anträgen der Arbeitsgemeinschaften nicht mehr die Möglichkeit, diese kommentiert an die Parteitagsdelegierten weiterzugeben.

Des Weiteren werden die Projektgruppen aus ähnlichen Gründen wie die Kommissionen eingesetzt. Sie werden also zu spezifischen Problemen eingesetzt, deren Lösung den Projektgruppen wegen ihrer Sachkompetenz vom Parteivorstand zugetraut wird. Parteifremde Experten dürfen in den Projektgruppen mitarbeiten, um eine gegenüber den regulären Parteigremien größere Sachkompetenz sicherzustellen. Wie bei den Kommissionen wird ihren Vorschlägen deshalb ein verglichen mit den Anregungen der Arbeitsgemeinschaften erhöhtes Verwirklichungspotential zukommen, da die jeweiligen Entscheidungsträger bereits mit der Einsetzung der Projektgruppen auf die Kompetenz der dort arbeitenden Experten vertrauen. Dies führt eher zu einer unvoreingenommenen Aufnahme der dort erarbeiteten Vorschläge. Anders als bei den Kommissionen können die Projektgruppen darüber hinaus ihre Vorschläge auch zur Abstimmung auf dem Parteitag stellen, ohne dass sie vorher von einem Parteigremium angenommen werden müssten.

---

605 S. o. D I 3.

606 S. zu den Arbeitsgemeinschaften o. D I 1 b.

Zu bedenken ist aber, dass der Vorstand das eigentlich politisch handelnde Organ einer Partei ist.[607] Die Möglichkeit der Antragsstellung auf Parteitagen bzw. das Rederecht auf diesen stellt also nicht nur wegen der Notwendigkeit der Annahme der Anträge durch die Parteimitglieder eine nicht zu beanstandende Einflussmöglichkeit dar. Weil die Parteitage nur selten zusammentreten, ist das Recht zur Antragstellung auf diesen bezüglich der Beeinflussung der innerparteilichen Willensbildung nicht höher einzustufen als eine kontinuierliche Kommunikation mit den Mitgliedern des Vorstandes und vor deren Beratung. Insofern stellt das Recht zur Antragstellung auf Parteitagen allein schon wegen der seltenen Gelegenheiten, auf denen es ausgeübt werden kann, nicht unbedingt eine erhöhte Einflussmöglichkeit auf die innerparteiliche Willensbildung dar.

Auch die Mitarbeit Parteifremder in den Projektgruppen stellt keinen Verstoß gegen die von Art. 21 Abs. 1 S. 3 GG aufgestellten Grundsätze der innerparteilichen Demokratie dar. Zum einen sind auch die Projektgruppen notwendige Folge des Allzuständigkeitsanspruchs der Parteien. Insbesondere der von ihnen hauptsächlich beratene Vorstand ist genauso wie auf die Vorarbeiten der Kommissionen auch auf die Arbeit der Projektgruppen angewiesen, damit er seine politische Leitfunktion effektiv ausüben kann. Die Projektgruppen sind demgegenüber ebenso wie die Kommissionen auf die Mitarbeit parteifremder Experten angewiesen, damit in ihnen die Sachkompetenz akkumuliert werden kann, die für ihre Arbeit notwendig ist. Zum anderen muss auch ihre Arbeit durch den Parteitag bzw. die jeweils beratenen Gremien angenommen werden, damit es zu einer Umsetzung der Vorschläge kommen kann. Den Projektgruppen kommt allein die Möglichkeit zu, Vorschläge zu unterbreiten, für deren Eingang in die innerparteiliche Willensbildung es aber eines Willensentschluss der Parteimitglieder bedarf. Zumindest bis zu dem Zeitpunkt, in dem die Projektgruppen bei einer Mitarbeit von Nichtmitgliedern noch nicht dazu berechtigt sind, für die Partei verbindlichen Entscheidungen zu treffen, ist deshalb die Grenze der verfassungsrechtlich zulässigen Beeinflussung der innerparteilichen Willensbildung nicht erreicht. Schließlich ist zu beachten, dass die Projektgruppen nicht allein mit Nichtmitgliedern besetzt werden. Der § 10a Organisationsstatut spricht allein von einer Mitarbeitsmöglichkeit für Nichtmitglieder. Dies zeigt, dass die Projektgruppen – anders als die Kommissionen – zumindest teilweise mit Parteimitgliedern besetzt werden müssen, ohne eine Aussage über die prozentuale Verteilung zu treffen. Dies mindert den Einfluss auf die innerparteiliche Willensbildung, der den Parteifremden zukommt, erheblich. Die von den Projektgruppen vorformulierten Entscheidungsalternativen werden also nicht allein von Parteifremden erarbeitet, sondern entstehen zumindest unter Mitwirkung der

[607] Von Katte, Mitgliedschaft von Fremden, S. 48; Seifert, Die politischen Parteien, S. 18; Bermbach, ZParl 1 (1969/70), S. 342, 354

Parteimitglieder. Aber selbst eine alleinige Besetzung der Projektgruppen durch Nichtmitglieder würde keine andere Einschätzung rechtfertigen.

Diese drei Gesichtspunkte sprechen meines Erachtens dagegen, die Mitarbeit von Parteifremden innerhalb der Projektgruppen nach § 10a des Organisationsstatuts als Verstoß gegen das in Art. 21 Abs. 1 S. 3 GG aufgestellte Gebot der innerparteilichen Demokratie und damit als verfassungswidrig anzusehen. Vielmehr ist sie für eine Erfüllung der den Parteien übertragenen Aufgaben notwendig und wünschenswert geworden.

5. Der „virtuelle Ortsverein – Arbeitskreis Sozialdemokratinnen und Sozialdemokraten im Internet (VOV)"

Der „Virtuelle Ortsverein - Arbeitskreis Sozialdemokratinnen und Sozialdemokraten im Internet (VOV)" wurde vom Bundestagsabgeordneten Tauss am 16.06.1995 gegründet.[608] Nach eigenem Bekenntnis ist er ein Zusammenschluss von Menschen, die der Sozialdemokratischen Partei Deutschlands (SPD) angehören oder ihr nahe stehen und über das Internet zusammenarbeiten wollen. Seit der Namensvereinbarung zwischen der SPD und dem VOV vom 27.01.1997[609] wird er als Arbeitskreis vom Parteivorstand der SPD anerkannt und darf den Namen „Ortsverein" führen. Es handelt sich bei ihm aber nicht um einen Ortsverein im Sinne des Statuts der SPD.[610] Eine Organisation als Ortsverein in der Form der Basiseinheit der innerparteilichen Willensbildung ist, wie der VOV selber einräumt,[611] aus juristischen Gründen nicht möglich, da § 7 Abs. 1 S. 3 ParteiG eine gebietliche Gliederung vorschreibt, die den einzelnen Mitgliedern ein angemessene Mitwirkung an der innerparteilichen Willensbildung ermöglicht.[612] Dem VOV fehlt aber der erforderliche territoriale Anknüpfungspunkt bzw. eine anderweitig zulässige Form der Anbindung, um als Ortverein in diesem Sinne zugelassen zu werden.[613] Der VOV ist deshalb als eigenständiger, nicht eingetragener Verein organisiert, Art. I Richtlinien des VOV. An die SPD

---

608 Zu der Entwicklung der Internetpräsenz der Parteien generell siehe Bieber, in: Parteiendemokratie in Deutschland, S. 553.

609 Siehe http://www.vov.de/ueber-uns/geschichte/namensvereinbarung.html; der zustimmende Beschluss des Parteivorstands wurde am 16.12.1996 getroffen.

610 Bieber, in: Parteiendemokratie in Deutschland, S. 553, 565.

611 http://www.vov.de/ueber-uns/geschichte.

612 Leggewie, in: Leggewie/Maar, Internet & Politik, S. 15, 31, sieht hierin einen Vorteil, denn „in ihm konfligieren parteilich gebundene Rekrutierungs- und Willensbildungsprozesse mit überparteilichen Themeninteressen".

613 Kraft, MMR 2002, S. 733, 735.

ist der VOV als Arbeitskreis beim Bundesvorstand - organisatorisch also auf der Bundesebene - angeschlossen.[614]

Nach Art. II der Richtlinien des VOV besteht die Aufgabe des Vereins vor allem in der Förderung der politischen Arbeit mittels rechnergestützten Kommunikationsmitteln. Die Arbeit des VOV dient insbesondere der Sammlung von Erfahrung auf diesem noch nicht erschlossenen Gebiet. Die Mitgliedschaft im VOV steht nach Art. IV der Richtlinien allen offen, die sich zu den Grundwerten und Grundsätzen der SPD bekennen. Eine Mitgliedschaft in der SPD ist keine Voraussetzung für die Mitgliedschaft im VOV.[615] Die Mitgliedschaftsrechte sind nach Art. V der Richtlinien aber auch allein auf den VOV beschränkt. Innerhalb des VOV dürfen sich die Mitglieder an Diskussionen und dem politischen Willensbildungsprozess, also auch an Wahlen und Abstimmungen beteiligen. Aus der Mitgliedschaft im VOV ergeben sich aber keinerlei Mitgliedschaftsrechte innerhalb der Partei.

Insofern hat der VOV und die von ihm ausgehende Beeinflussung der innerparteilichen Willensbildung starke Ähnlichkeiten mit den Foren der SPD. Auch diese werden zu bestimmten Themenschwerpunkten als lose Gesprächskreise ohne direkte Auswirkung auf die Partei selbst gegründet. Da auch die Foren meiner Ansicht nach für die Rechtsstellung der Parteimitglieder unbedenklich sind, ist auch der Virtuelle Ortsverein als mit dem Grundsatz der innerparteilichen Demokratie aus Art. 21 Abs. 1 S. 3 GG vereinbar anzusehen. Wie bei den Foren handelt es sich zwar auch bei ihm um eine von der Partei anerkannte Gruppierung. Die Mitgliedschaft in dieser Gruppierung allein berechtigt aber noch nicht zu einer Einflussnahme innerhalb der Partei. Beim VOV handelt es sich daher primär um ein Forum, welches seinen Mitgliedern die Möglichkeit bietet, mittels rechnergestützter Kommunikation Fragen zu diskutieren, die sich bei der politischen Arbeit mit solchen Medien ergeben. Die aus diesem Diskurs entstehenden Positionen haben unmittelbar keinerlei Auswirkungen auf den Prozess der Willensbildung innerhalb der SPD selbst. Auch dass der VOV organisatorisch auf Bundesebene angesiedelt ist, ändert nichts an dieser Einschätzung, da gleiches für die Foren gilt. Es sind deshalb keinerlei Gründe ersichtlich, die Mitgliedschaft von Nichtmitgliedern der SPD im VOV als Verstoß gegen den Grundsatz der innerparteilichen Demokratie anzusehen.

---

614 Kraft, MMR 2002, S. 733, 735.

615 Von den 745 Mitgliedern des VOV (Stand 15.April 2003) sind jedoch 83 % Mitglieder der SPD, Stradtmann, Schröders virtuelle Stoßtruppe, www.politik-digital.de/archiv/edemocracy/vov.shtml

6. Nicht bzw. noch nicht umgesetzte Reformvorschläge im Zuge der im Jahr 2000 begonnenen Parteireform

Im Zuge der im Jahr 2000 begonnenen Parteireform, die der Partei zu einer erhöhten Akzeptanz bei den Bürgern verhelfen und dadurch zumindest mittelfristig die Zahl der Mitglieder erhöhen soll, hat der damalige Generalsekretär Franz Müntefering bei einem Vortrag am 02.04.2000[616] mehrere Änderungen vorgeschlagen, die Nichtmitglieder stärker als bisher in die Arbeit und die Diskussionen der Partei einbeziehen sollten.[617] Dieses Ziel soll erreicht werden, indem die Angebote, die den Parteifremden eine Mitarbeit in der Partei ermöglichen, auf allen Ebenen erweitert bzw., falls sie noch nicht vorhanden sind, etabliert werden.[618] Neben der Nutzung der Potentiale des Internets zum Dialog mit und zur Einbindung von Interessierten soll die Beteiligung der Bürger an den demokratischen Entscheidungsprozessen ausgeweitet und vertieft werden.[619] Anders als die Vorschläge, die zu einer Verjüngung der Partei und vor allem ihrer gewählten Repräsentanten im Bundestag führen sollten – zum Beispiel das Projekt „30 unter 40", mit dem gewährleistet werden sollte, dass dreißig Bundestagsmandate der SPD mit Abgeordneten unter vierzig Jahren besetzt würden – wurden die nachfolgend genannten Vorschläge aber bislang noch nicht umgesetzt. Da sich die Mitgliedszahlen und die Popularitätswerte der Partei jedoch seit der Bundestagswahl 2002 dramatisch verschlechtert haben, ist eine spätere Umsetzung nicht auszuschließen.

a. Einführung von Vorwahlen zur Kandidatenauswahl

Im Rahmen der Ausweitung der Einflussmöglichkeiten der Bürger auf Entscheidungen von gesetzlicher Qualität sollte die Auswahl von Kandidaten für Staatsämter von den Parteien auf die Wähler übertragen werden. Ab der Bundestagswahl 2006 sollten nach den Vorstellungen des damaligen Generalsekretärs Müntefering deshalb nach Änderung der Wahlgesetze Vorwahlen zur Kandidatenaufstellung eingeführt werden, damit auch Bürgerinnen und Bürger, die nicht Mitglieder von Parteien sind, bei der Nominierung von Kandidatinnen und Kandidaten zu gesetzlich fixierten Bedingungen mit entscheiden können.[620] Mittels einer solchen Kandidatenauswahl soll nicht nur eine größere Flexibilität der Parteien erreicht werden; sie soll vor allem dabei helfen, die den mittelbaren Demokratien immanente Distanz zwischen dem Volk und seinen Repräsentanten

---

[616] Müntefering, ZParl 31 (2000), S. 337 ff.
[617] Müntefering, ZParl 31 (2000), S. 337, 339.
[618] Müntefering, ZParl 31 (2000), S. 337, 339.
[619] Müntefering, ZParl 31 (2000), S. 337, 341.
[620] Müntefering, ZParl 31 (2000), S. 337, 342.

zu verringern.[621] Der Parteivorstand der SPD hatte diesen Vorschlag mit dem Beschluss vom 22.05.2000 zur Kenntnis genommen und daraufhin eine Gruppe „Vorwahlen“ unter Vorsitz des Generalsekretärs einberufen, die das mögliche Verfahren konkretisieren, die Vor- und Nachteile auflisten und bewerten sollte.[622] Insgesamt wurde das Projekt nach intensiver innerparteilicher Diskussion vom Bundesvorstand abgelehnt, da es nicht nur weit reichende Konsequenzen für die Organisationsstruktur der Parteien gehabt hätte, sondern auch die Rechte der Mitglieder, zu denen vor allem die Elitenrekrutierung durch innerparteiliche Auswahl gezählt wird,[623] übermäßig eingeschränkt worden wären.[624] Diese Entscheidung fiel insbesondere im Hinblick darauf, dass die Vorschläge innerhalb der SPD von einer Mehrheit der Mitglieder (57%), der Funktionäre (69%) und der Mandatsträger (67%) abgelehnt wurden.[625] Diese Ablehnung ist unter anderem darauf zurück zu führen, dass den unteren Parteigliederungen bei der Kandidatenaufstellung deutlich mehr Einfluss zukommt als der Parteiführung. Die Wahlkreiskandidaten müssen sich in ihren jeweiligen Wahlkreisen durchsetzen, wobei diese Nominierungsprozesse weitgehend von lokalen politischen Verhältnissen bestimmt werden. Die Parteiführungen auf Landes- oder gar Bundesebene haben auf diesen Prozess vergleichsweise geringen Einfluss, sieht man einmal von dem in § 31 Abs. 4 S. 1 BWahlG vorgesehenen, aber so gut wie nie in Anspruch genommenen Vetorecht ab.[626] Das einzelne Parteimitglied kann seinen eigenen Einfluss innerhalb der Partei also am ehesten bei der Aufstellung von Kandidaten für Ämter und Mandate ausüben. Die Kandidatenaufstellung ist für die Mitglieder an der Basis mithin eines der gewichtigsten Instrumente innerparteilicher Partizipation. Für die Stellung des einzelnen Parteimitglieds ist dieses Recht insofern von enormer Bedeutung.

Dennoch ist der Ausschluss von Nichtmitgliedern bei der Kandidatenaufstellung nicht endgültig, wie etwa die Aussage des Parteivorstandes der SPD im Geschäftsbericht zum Bundesparteitag 2001 zeigt, die für eine Stärkung des Einflusses der Wähler auf die Personalauswahl der Parteien für Ämter und Mandate

---

621 Wolfrum, Die innerparteiliche demokratische Ordnung, S. 190.
622 Punkt 8 des Beschlusses des Parteivorstands der SPD vom 22.05.2000.
623 Von Beyme, in: Parteiendemokratie in Deutschland, S. 315, 317
624 Reichart-Dreyer, in: Parteiendemokratie in Deutschland, S. 570, 578; Kießling, Aus Politik und Zeitgeschichte B 10/2001, S. 29, 34, 36.
625 Kießling, Aus Politik und Zeitgeschichte B 10/2001, S. 29, 36. Greven, Parteimitglieder, S. 68 f. zeigt, dass gerade bei der CDU 20, 6 %, bei der SPD 23, 7 % und bei den Grünen 19, 6 % der Mitglieder die Auswahl der Kandidaten für Mandate und Ämter durch alle Wähler gutheißen würden.
626 Poguntke, in: Parteiendemokratie in Deutschland, S. 253 266; Niedermayer, in: Stand und Perspektiven der Parteienforschung in Deutschland, S. 230, 241

eintritt.[627] Deshalb erscheint es gerechtfertigt, die Verfassungsmäßigkeit solcher Vorhaben zu überprüfen.

Bei Vorwahlen handelt es sich prinzipiell um Wahlen, bei denen sich nicht die Bewerber mehrerer Parteien gegenüberstehen, wie dies bei den allgemeinen Wahlen für öffentliche Ämter der Fall ist, sondern allein die Bewerber innerhalb einer Partei.[628] Ansonsten gelten alle auf die allgemeinen Wahlen anwendbaren gesetzlichen Vorschriften in gleicher Weise.[629] Hier soll nicht näher auf die einzelnen unterschiedlichen Regelungen eingegangen werden, die sich gerade in den USA herausgebildet haben.[630] Es ist aber festzuhalten, dass unter Vorwahlen im nachfolgend gebrauchten Sinne nicht eine Urwahl der Kandidaten unter den Parteimitgliedern gemeint ist (ähnlich den „closed primaries" in den USA, bei denen der Wähler mangels fester Parteimitgliedschaft wie in Deutschland meist eidesstattlich versichern muss, dass er den Kandidaten bei der letzten Wahl unterstützt habe (past allegiance test), dass er sich als Parteianhänger fühle (present affiliation test) oder aber dass er beabsichtige, die Kandidaten dieser Partei in Zukunft zu unterstützen (future intention test)[631]), die des Öfteren zur Stärkung der Rechte der Parteibasis vorgeschlagen werden.[632] Ein solches Verfahren wäre wegen seines basisdemokratischen Charakters sowie der dadurch deutlich ausgeweiteten Rechte des einzelnen Parteimitglieds verfassungsrechtlich nicht zu beanstanden, wenn auch unter Umständen unpraktikabel. Eine solche Urwahl der Kandidaten würde auch nicht auf eine grundsätzliche innerparteiliche Ablehnung treffen. So gaben 74 % der SPD-Mitglieder bei einer Mitgliederbefragung im Sommer 2000 an, dass sie Vorwahlen durch die Partei-

---

[627] Dienstleistungszentrale Willy-Brandt-Haus, Geschäftsbericht der SPD-Parteizentrale zum Bundesparteitag vom 19. bis 22. November 2001 in Nürnberg, S. 11.; auch von Arnim, ZRP 2004, S. 115, 118 sieht in Vorwahlen eines der möglichen Mittel, die Dominanz der Parteien bei Wahlen zurück zu drängen. Auch aus den Reihen der Politik werden des Öfteren Vorwahlen gefordert, zB von Jürgen Möllemann, Interview mit Siegmar Schelling in der Welt am Sonntag 17.09.2000, der Vorwahlen zur Ermittlung eines Kanzlerkandidaten der FDP vorschlägt.

[628] Loewenstein, Verfassungsrecht, S. 171.

[629] Wolfrum, Die innerparteiliche demokratische Ordnung, S. 187; Penniman, American Parties, S. 419.

[630] Eine ausführliche Darstellung der einzelnen Verfahren findet sich bei Magiera, Vorwahlen, S. 65 ff.; s. auch Siefken, ZParl 33 (2002), S. 531, 535 ff.

[631] Wolfrum, Die innerparteiliche demokratische Ordnung, S. 188; Penniman, American Parties, S. 431; Ranney/Kendall, Democracy, S. 206; Key, Politics, S. 365.

[632] Z.B. von Peter Gauweiler in einem Interview mit dem Nachrichtenmagazin Spiegel, Heft 8/2004, S. 19. Eine direkte Übertragung ist dennoch nicht möglich, da eine das deutsche Parteinsystem kennzeichnende feste Parteimitgliedschaft den Parteien der Vereinigten Staaten fremd ist. Kay, Innere Ordnung der pol. Parteien, S. 212 bemerkt dazu zutreffend, dass ein solches System auch die Unterwanderung der Kandidatenaufstellung durch radikale Elemente in einer unzulässigen Weise erleichtert wird.

mitglieder begrüßen würden.[633] Solche Vorwahlen in der Form von „closed primaries“ treffen aufgrund des in Deutschland herrschenden Systems der festen Mitgliedschaft auch nicht auf Bedenken, dass sie den Grundsatz der geheimen Wahl beeinträchtigen.[634] Dies ist in den USA der Fall, denn es besteht die Vermutung, dass der Teilnehmer der Vorwahl den Kandidaten seiner Partei in der endgültigen Wahl unterstützen wird, auch wenn er bei der Vorwahl für einen anderen Bewerber gestimmt hat.[635] Durch die feste Mitgliedschaft in Deutschland besteht ohnehin die Vermutung, dass das Parteimitglied den Parteikandidaten bei der endgültigen Wahl unterstützt. Insofern ergibt sich aus dessen Teilnahme an einer parteiinternen Vorwahl keinerlei Veränderungen in dieser Beziehung.

Demgegenüber zielte der Vorschlag Münteferings, auch wenn er nicht weiter ausgearbeitet wurde, gerade auf eine Öffnung der Kandidatenaufstellung für in den Parteien nicht organisierte Bürger ab. Den wahlberechtigten Bürgern oder zumindest einem Teil von ihnen sollte die Möglichkeit gegeben werden, unabhängig von einer bestehenden Parteimitgliedschaft über die zur Wahl stehenden Personen mit zu entscheiden. Hier soll unberücksichtigt bleiben, ob die dadurch erhoffte Durchbrechung des Monopols der Parteienhierarchie bei der Kandidatenaufstellung[636] sowie eine Mobilisierung breiterer Wählerschichten für eine Mitarbeit innerhalb der Parteien[637] erreicht werden kann, was je nach Ausgestal-

---

633 Vgl. Polis, SPD-Mitgliederbefragung 2000.
634 Magiera, Vorwahlen, S. 84.
635 Wolfrum, Die innerparteiliche demokratische Ordnung, S. 190.
636 S. hierzu auch Loewenstein, Verfassungsrecht, S. 176; Duverger, Politische Parteien, S. 371; Sternberger, in: Die Auswahl der Bundestagskandidaten, S. 1, 46; Penniman, American Parties, S. 442 f.; Wolfrum, Die innerparteiliche demokratische Ordnung, S. 190 ff. verneint dies in Bezug auf einen Vorschlag einiger Mitglieder des vom Bundesminister des Inneren eingesetzten Beirats für Fragen der Wahlrechtsreform, die für den Fall der Einführung des Mehrheitswahlrechts in Einerwahlkreisen eine Neugestaltung der Kandidatenaufstellung im Sinne einer offenen Vorwahl angedacht hatten. Da es dem einzelnen unmöglich wäre, von den Parteien unabhängige Kandidaten vorzuschlagen, würde den Parteien ein faktisches Nominationsmonopol verbleiben.
637 Wolfrum, Die innerparteiliche demokratische Ordnung, S. 191 ff. sieht zwar die Möglichkeit, dass durch ein solches Vorwahlsystem einer breiteren Anhängerschaft als bisher die Möglichkeit gegeben wird, an den wie auch immer vorbereiteten und vorgeklärten Nominationen zu partizipieren als bei einer Delegiertenversammlung, aber auch er sieht durch dieses System zum einen eine Schwächung der den Parteien obliegenden Integrationsfunktion sowie die Gefahr, dass die Attraktivität der Parteimitgliedschaft selbst sinken könnte. Stolleis, Parteienstaatlichkeit, VVDStRL 44 (1986), S. 7, 36 verneint grundsätzlich bereits einen von den Vorwahlen ausgehenden Mobilisierungseffekt. Auch Forsthoff, in: Die politischen Parteien im Verfassungsrecht, S. 5, 20, sieht, sich auf Max Weber berufend, eine nicht zu ändernde, weil freiwillige Trennung in politisch aktive und passive Bürger. Diese Trennung sei in Deutschland besonders deutlich, weil die Parteien hier zum einen auf einer sehr schmalen

tung dieser Vorwahlen zumindest zweifelhaft erscheint.[638] Auch die Gefahr der Übernahme der Vorwahlen durch den politischen Gegner, die bei einer Öffnung des Prozesses der Kandidatenaufstellung für den wahlberechtigten Bürger möglich würde, soll hier nicht weiter thematisiert werden.[639]

Behandelt werden soll allein die Frage, ob eine Beteiligung Parteifremder bei der Kandidatenaufstellung einen Verstoß gegen Art. 21 Abs. 1 S. 3 GG darstellen würde. Entscheidend für die Frage der Verfassungsmäßigkeit einer solchen Maßnahme ist grundsätzlich die Ausgestaltung dieser Vorwahlen. Unstreitig unvereinbar mit dem Grundsatz der innerparteilichen Demokratie wäre es, wenn durch die Einführung von Vorwahlen eine vollkommene Ausschaltung bzw. Marginalisierung des Einflusses der Parteimitglieder angestrebt würde, indem die Bestimmungsmacht über die Kandidatenaufstellung allgemein den Wählern zukommen würde.[640] Durch ein solches Verfahren käme es zu einer Gleichstellung von Parteimitglied und Wähler in einem Bereich, der zu den originären Aufgaben der Parteien und damit auch deren Mitglieder gehört, nämlich der Elitenbildungsfunktion. Gerade in einem solchen Bereich muss den Parteimitgliedern, wenn schon nicht das alleinige Entscheidungsrecht - und sei es nur mittelbar über Vertreter und Delegierte - ein Letztentscheidungsrecht zukommen. Dies ist bei einer allgemeinen Öffnung der Kandidatenauswahl in Anbetracht des geringen Anteils an Parteimitgliedern im Vergleich zur Gesamtbevölkerung[641] nicht mehr gewährleistet. Daneben besteht die Gefahr, dass komplett offene Vorwahlen, d.h. solche, die nicht nur die endgültige Auswahl der Kandidaten, sondern auch die Nominierung der Bewerber zu dieser Wahl alleine den Bürgern überlassen, zu einer Schwächung der Integrationsfunktion der Parteien führen.[642] Bei einem solchen Verfahren fällt der kommunikative Prozess, der ansonsten dem notwendigen Kompromiss bei der Kandidatenaufstellung vorangeht, weg.[643] Dies führt aber unweigerlich zu einer erhöhten Rivalität innerhalb der einzelnen Gruppen der Partei und damit zu einem gesteigerten Einfluss die-

---

Mitgliederbasis ruhten, die Macht der Parteibürokratien sich zum andern aber allein nach der Zahl der Wählerstimmen bemesse.

638 Teilweise wird die Übertragung von Auswahlrechten auf die Wähler auch als Möglichkeit angesehen, die Parteien zur Auswahl attraktiver Kandidaten zu zwingen, z.B. Frankfurter Intervention, Recht und Politik 1995, S. 16, 22. Dabei wird jedoch übersehen, dass hierdurch nicht unbedingt besonders fähige, sondern vor allem besonders populistische Kandidaten gefördert werden könnten.

639 Auch hierzu Wolfrum, Die innerparteiliche demokratische Ordnung, S. 192 f.; Penniman, American Parties, S. 430.

640 Berliner Kommentar-Volkmann, Art 21 Rn. 71.

641 Gegenwärtig etwa 3 % der wahlberechtigten Bevölkerung, siehe z.B. Sontheimer/Bleek, Grundzüge, S. 260; Berliner Kommentar-Volkmann, Art. 21 Rn. 14.

642 Wolfrum, Die innerparteiliche demokratische Ordnung, S. 193.

643 Penniman, American Parties, S. 448.

ser einzelnen Interessengruppen.[644] Schließlich wird bei den Forderungen nach einem solchen Verfahren übersehen, dass das Volk auch im Bereich der Kandidatenaufstellung nicht zu einer spontanen Willensbildung in der Lage ist.[645] Eine solche wäre aber notwendig, wenn ihm nicht nur das Recht, die Kandidaten auszuwählen, sondern auch das Vorschlagsrecht zukommen würde. Deshalb bedarf es auch bei der Nominierung von Kandidaten für Vorwahlen einer gewissen Organisation.[646] Komplett freie Vorwahlen verstoßen nicht nur gegen Art. 21 Abs. 1 S. 3 GG, sie bedeuten auch eine Schwächung der Integrationsfunktion der Parteien.

Überlegt wurde auch, breitere Kreise als allein die Parteimitglieder zur Kandidatenaufstellung heranzuziehen, indem die dafür zuständigen Delegiertenversammlungen der jeweiligen Partei um nicht der Partei angehörige, aber ihr nahe stehende Wähler erweitert werden.[647] Diese Nichtmitglieder sollten durch die für den Wahlvorschlag verantwortliche Partei selbst herangezogen werden, um so eine Unterwanderung der Vorwahlen durch radikale Elemente zu vermeiden.[648]

Wolfrum spricht sich zu Recht auch gegen eine solche Einbeziehung von Nichtmitgliedern bei der Kandidatenauswahl aus.[649] Dies ergibt sich meines Erachtens nicht nur, wie von ihm dargelegt, daraus, dass zum einen durch ein solches System die Einbeziehung eines repräsentativen Querschnitts von Nichtparteimitgliedern nur schwer zu erreichen wäre[650], es vielmehr zu einer Erweiterung um Bürger käme, die ohnehin ein den Parteimitgliedern entsprechendes Wahlverhalten an den Tag legen würden.

Ein solches System der Kandidatenaufstellung widerspricht aber auch den Funktionen der Parteien in der Demokratiekonzeption des Grundgesetzes. Es wäre

---

644 Penniman, American Parties, S. 448; Fraenkel, Regierungssystem, S. 74; Wolfrum, Die innerparteiliche demokratische Ordnung, S. 193.

645 Wolfrum, Die innerparteiliche demokratische Ordnung, S. 196; Duverger, Politische Parteien, S. 371; Sternberger, in: Die Auswahl der Bundestagskandidaten, S. 48.

646 Key, Politics, S. 369; Duverger, Politische Parteien, S. 371.

647 Der 1968 vom Bundesminister des Inneren eingesetzte Beirat für Fragen der Wahlrechtsreform hielt es für erwägenswert, die Delegiertenversammlungen der Parteien um 35-50 % zu erweitern, Peters, in: FS Nawiasky, S. 341, 357 spricht sich sogar dafür aus, noch einmal die gleiche Zahl parteinaher Nichtmitglieder wie Delegierte zu den Wahlversammlungen zu entsenden. Hierfür spricht sich auch Kay, Innere Ordnung der pol. Parteien, S.213 f. aus. Bereits im Bericht der Parteienrechtskommission, S. 169, wurde das Hinzuziehen von nicht parteiangehörigen, aber den Parteien nahe stehenden Wählern (33 %, allenfalls 50 %) als erwägenswert angesehen.

648 Peters, in: FS Nawiasky, S. 341, 357.

649 Wolfrum, Die innerparteiliche demokratische Ordnung, S. 195 f.

650 Wolfrum, Die innerparteiliche demokratische Ordnung, S. 195.

nicht systemgerecht, einerseits die Parteien als notwendige Instrumente einer Vorformung des politischen Volkswillens anzuerkennen, ihnen aber andererseits die Kandidatenaufstellung als wesentliches Mittel dieses Prozesses nicht anzuvertrauen.[651] Insofern muss die Entscheidungskompetenz über die Kandidatenaufstellung bei den Parteien und aufgrund des Erfordernisses einer demokratischen Parteiorganisation vor allem bei den Parteimitgliedern verbleiben. Gerade in diesem Bereich muss den Parteimitgliedern das Entscheidungsmonopol zukommen, da es sich nicht nur um eine der wesentlichen Funktionen der Partei handelt, sondern konkret um eine, bei der die einzelnen Parteimitglieder entscheidenden Einfluss geltend machen können, sei es direkt oder indirekt über die Wahl der Delegierten der jeweiligen Entscheidungsgremien. Die etwaige Entscheidungsmöglichkeit über die in die Delegiertenversammlungen zu entsendenden Nichtmitglieder stellt für ein solches Entscheidungsmonopol keinen ausreichenden Ersatz dar, denn diese Nichtmitglieder können in der jeweiligen Versammlung unabhängig vom Willen der Mitglieder für die Partei verbindliche Entscheidungen treffen. Den Parteimitgliedern verbleibt je nach Ausgestaltung zwar die Mehrheit der Stimmen in diesen Versammlungen, jedoch sind die Nichtmitglieder durch das auf sie entfallende Stimmrecht – je nach Vorschlag zwischen einem Drittel und bis zur Hälfte der Stimmen – zumindest theoretisch in der Lage, bei Uneinigkeit der Mitglieder einen von diesen nicht akzeptierten Kandidaten durchzusetzen. Die Einführung eines solchen Vorwahlsystems würde also zum Entzug der Letztentscheidungskompetenz der Parteimitglieder in einem für die innerparteiliche Willensbildung essentiellen Bereich führen, da den Nichtmitgliedern die Möglichkeit gegeben würde, für die Partei endgültige Entscheidungen nicht nur ohne, sondern sogar gegen den Willen der Mitglieder durchzusetzen. Dies ist mit dem vom Grundgesetz geforderten Mindestmaß an Einflussmöglichkeiten der Parteimitglieder auf die innerparteiliche Willensbildung nicht mehr zu vereinbaren. Allein eine Begrenzung der Stimmanteile für Nichtmitglieder auf vorgeschlagene Maß von fünf bis zehn Prozent der Gesamtstimmen[652] würde eine Übertragung rechtfertigen, da hierdurch eine Beeinträchtigung des Entscheidungsmonopols der Parteimitglieder nicht mehr wahrscheinlich ist. Bei einer derartigen Veränderung des Wahlrechts ist es möglich, sowohl den Forderungen nach einer ausgeprägteren Mitsprache der Wähler bei der Kandidatenaufstellung als auch den Parteifunktionen gerecht zu werden. Es ist aber fraglich, ob eine derartig eingeschränkte Mitsprache der Wähler die mit den Vorwahlen erstrebten Effekte erzielen würde.[653]

---

[651] Wolfrum, Die innerparteiliche demokratische Ordnung, S. 195 f.
[652] C II 4 d.
[653] S. bereits allgemein zu den Erfolgsaussichten der Effekte, die mit Vorwahlen angestrebt werden Fn. 628 und 629, jeweils m. w. N.

Insofern bleibt festzuhalten, dass die Einführung von Vorwahlen zur Auswahl der Kandidaten für Staatsmandate allein in der Form der „closed primaries“, also der Urwahl durch die Parteimitglieder, zulässig ist, solange es nicht zu einer weiter reichenden Begrenzung des auf die Nichtmitglieder entfallenden Stimmanteils als bisher vorgeschlagen kommt. Eine generelle Öffnung der Kandidatenauswahl für die in den Parteien nicht organisierten Bürger stellt jedoch einen Verstoß gegen den Grundsatz der innerparteilichen Demokratie aus Art. 21 Abs. 1 S. 3 GG dar.

b. Zehn Bundestagsmandate für zehn Nichtmitglieder über sichere Plätze auf der Parteiliste

Als weiteren Punkt zur Steigerung der Attraktivität der SPD für Externe sollten zehn Bundestagsmandate über sichere Listenplätze der Parteilisten an Nichtmitglieder vergeben werden.[654] Auch dieses Projekt der Parteireform wurde bisher nicht in die Realität umgesetzt. Anders als die Einführung von Vorwahlen ist die Vergabe von Mandaten an Nichtmitglieder jedoch prinzipiell nicht zu beanstanden. Abgeordnete haben zwar die Möglichkeit, den Prozess der Staatswillensbildung zu beeinflussen. Den Parteien kommt aber ohnehin kein Monopol bei der Staatswillensbildung zu, so dass die Öffnung dieses Prozesses für Nichtmitglieder durch die Parteien selbst keinen Eingriff in Mitgliedsrechte darstellt.

Problematisch ist die mit dem Abgeordnetenmandat verbundene Möglichkeit des ex-officio-Amtserwerbs. Grundsätzlich ermöglicht es dieses Verfahren, dass mit bestimmten Staats- oder Parteiämter die Vollmitgliedschaft in Parteiorganen verbunden ist, ohne dass es einer vorherigen Wahl dieser Personen durch die Mitglieder bedarf. Bei dem vorliegenden Programm, das 10 Parteifremden Bundestagsmandate verschaffen würde, ist dies jedoch nicht bzw. nicht in dem vollen Ausmaß zu befürchten. Nach § 15 Abs. 2 des Statuts der SPD nehmen zwar zehn Prozent der Bundestagsfraktion der SPD an den Parteitagen teil, ihnen kommen aber keine Stimmrechte zu. Sie haben allein Beratungsrechte. Solche Rechte für Parteifremde sind grundsätzlich unbedenklich, da die alleinigen Entscheidungskompetenzen der Parteimitglieder durch sie nicht tangiert werden.[655] In den sonstigen Parteigremien erhalten Abgeordnete nicht bereits aufgrund ihres Abgeordnetenmandats Mitgliedsrechte. Durch das Bundestagsmandat besteht also allein die theoretische Möglichkeit, dass ein Parteifremder beratend an den Parteitagen teilnimmt. Auch hieraus ergeben sich zwar Einflussmöglichkeiten auf die innerparteiliche Willensbildung. Dieser Einfluss liegt aber unterhalb

[654] Machnig, Auf dem Weg zur Netzwerkspartei, Frankfurter Hefte 11/2000, S. 654, 659.
[655] S. bereits C II 4 c dd.

der Schwelle, ab der eine Gefährdung der Mitgliederstellung droht. Die Rechtsstellung der Mitglieder bleibt also gewahrt, wenn die Kandidaten ihren Listenplatz in dem dafür vorgesehenen Verfahren erhalten haben, d.h. wenn die Mitgliedsrechte bei der Kandidatenaufstellung gewahrt bleiben. Bedenklich erscheint vielmehr, dass die Parteiführung scheinbar die Möglichkeit hat, das Abstimmungsverhalten der Mitglieder bzw. ihrer Vertreter derart zu präjudizieren, dass eine anderweitige Entscheidung offenbar gar nicht mehr einkalkuliert wird. Dies stellt aber kein Problem der Beeinflussung der innerparteilichen Willensbildung durch Nichtmitglieder dar, sondern zeigt vielmehr die Machtstellung der Parteiführung, die ihrerseits durch eine Öffnung für Parteifremde abgebaut werden kann.

Das Projekt, zehn Bundestagsmandate an Parteifremde zu vergeben, verstößt obwohl diese Nichtmitglieder Beratungsrechte auf den Bundesparteitagen erhalten können, nicht gegen den Grundsatz der innerparteilichen Demokratie verstoßen.

7. Zusammenfassung

Abschließend ist festzuhalten, dass die SPD zwar eine Vielzahl von Möglichkeiten geschaffen hat, durch die Nichtmitglieder Einfluss auf die innerparteiliche Willensbildung nehmen können. Dieser Einfluss hält sich aber in so engen Grenzen, dass er keinen Verstoß gegen den Grundsatz der innerparteilichen Demokratie darstellt. Eine Überschreitung der von Art. 21 Abs.1 S. 3 GG statuierten Grenze wäre jedoch spätestens dann gegeben, wenn sich die Partei angesichts der weiterhin abnehmenden Mitgliederzahlen dazu entschließen würde, Vorwahlen einzuführen, durch welche die Kandidatenaufstellung entweder komplett den Wählern übertragen bzw. diesen oder parteinahen Nichtmitgliedern entscheidenden Einfluss bei dieser originären Aufgabe der Parteien einräumen würden. Konkrete und realisierbare Absichten zur Einführung von Vorwahlen sind jedoch derzeit nicht erkennbar.

Insofern sind die momentan von der SPD geschaffenen Mitwirkungsmöglichkeiten für Nichtmitglieder als verfassungskonform anzusehen.

II. Maßnahmen der Christlich Demokratischen Union (CDU)

Ebenso wie die SPD hat die CDU angesichts der Tatsache, dass es zu einem signifikanten Rückgang der Mitgliedszahlen innerhalb des letzten Jahrzehnts gekommen ist,[656] mit einer Reform ihrer Parteistrukturen begonnen. Um die Mitgliedschaft in der CDU für Quereinsteiger attraktiver zu machen, setzte der Parteivorstand mit Beschluss vom 16.12.2002 eine Kommission unter Leitung des Generalsekretärs ein. Diese Kommission sollte Lösungsansätze erarbeiten, um bisher nicht organisierte Bürger anzusprechen.[657] Auch die CDU setzt also im Zuge dieser Reform neben der Stärkung von Mitgliedsrechten auf eine sichtbare Öffnung und Dialogorientierung der Parteiarbeit.[658] Anders als bei der SPD kamen die Impulse zur Öffnung der Parteien aber nicht von der Bundespartei selbst, sondern vielfach von den Landesverbänden, die einige der Projekte zunächst auch erprobten (so z.B. die Gastmitgliedschaften, die zunächst im Landesverband Baden-Württemberg eingeführt und erst dann von der Bundespartei übernommen wurden).[659]

Neben konkret umgesetzten Angeboten zur Mitarbeit von Nichtmitgliedern gibt es eine Reihe bereits beschlossener Maßnahmen, die aber bislang keine genauere Ausgestaltung bzw. keinen Eingang in das Statut der Partei gefunden haben. So sollen zu den Tagungen des von der Landesgeschäftsführerkonferenz gebildeten „Ständigen Ausschusses für Weiterbildung", der Konzepte entwickelt für die Weiterbildung, insbesondere der hauptamtlichen Mitarbeiter der Partei, externe Experten hinzugezogen werden,[660] was – ebenso wie die parallele Problematik der Mitarbeit von Experten in Kommissionen[661] - grundsätzlich mit den Vorgaben des Art. 21 Abs. 1 S. 3 GG vereinbar ist. Des Weiteren sollen verstärkt parteilose Kandidaten für die Listen der CDU für Kommunalwahlen gewonnen werden, um diese ehrenamtlichen Mandatsträger mittelfristig von einer Mitgliedschaft in der CDU zu überzeugen.[662] Auch dies ist nicht zu beanstanden, solange die Kandidatenaufstellung in der dafür vorgesehenen Form von den Mitgliedern stattfindet.[663] Das Gleiche gilt für den Beschluss, neben der bereits bestehenden Mitgliederkartei eine sog. „Sympathisantenkartei" aufzustellen, um Interessenten stärker und unter Umständen nur zeitliche begrenzt zur Mitarbeit

---

656 S. Fn. 69.
657 Kommission Bürgerpartei, Beschluss des Bundesvorstandes der CDU vom 16.12.2002.
658 Bürgerpartei CDU, Beschluss des Bundesvorstandes der CDU vom 21.06.2003, S. 8.
659 Kießling, Rissener Rundbrief 10-11/2001, S. 31, 43.
660 Bürgerpartei CDU, Beschluss des Bundesvorstands der CDU vom 21.06.2003, S. 28.
661 S. dazu oben D I 3.
662 Bürgerpartei CDU, Beschluss des Bundesvorstands der CDU vom 21.06.2003, S. 30.
663 S. dazu D I 6 b.

einladen zu können.[664] Auch hier fehlt es noch an einer Umsetzung des Beschlusses, welche die Voraussetzungen und vor allem den Umfang der Mitarbeit genauer reglementiert. Insofern ist es auch noch nicht möglich, genaue Aussagen über die verfassungsrechtliche Einstufung dieser Mitarbeit zu treffen. Wahrscheinlich ist aber, dass sich die Mitarbeit vor allem auf Unterstützung der Wahlkämpfe, etwa auf die Mithilfe bei der Verteilung von Werbematerialien, beschränken wird. Dies träfe auf keinerlei Bedenken, weil die innerparteiliche Willensbildung davon unbeeinflusst bliebe.

Abgesehen von diesen vom Bundesvorstand der Partei beschlossenen, aber noch nicht umgesetzten Maßnahmen sind bereits einige andere konkret ausgestaltete Einflussmöglichkeiten für Nichtmitglieder geschaffen worden.

1. Einführung von Gastmitgliedschaften, § 4 Abs. 3 Statut der CDU

Um Nichtmitgliedern, die den politischen Zielen und Grundwerten der Partei nahe stehen, sich jedoch zum Eintritt in die Partei noch nicht entschließen konnten, die Möglichkeit zu geben, die Parteiarbeit näher kennen zu lernen, besteht nach § 4 Abs. 3 des Statuts der CDU die Möglichkeit, auf schriftlichen Antrag durch Beschluss des zuständigen Kreisvorstandes den Status eines Gastmitglieds zu erhalten. Nach § 4 Abs. 3 S. 2 können Gastmitglieder an allen Mitgliederversammlungen mit Rede-, Antrags- und Vorschlagsrecht teilnehmen. Sie besitzen aber weder aktives noch passives Wahlrecht, § 4 Abs. 3 S. 3 Statut. Auch an den übrigen Abstimmungen dürfen sie nicht teilnehmen, § 4 Abs. 3 S. 3 Statut. Einen Mitgliedsbeitrag haben die Gastmitglieder nicht zu leisten, § 4 Abs. 3 S. 4 Statut, aber sie sollen entsprechend ihren Möglichkeiten durch freiwillige Zuwendungen zur Finanzierung der Parteiarbeit beitragen, § 4 Abs. 3 S. 5 Statut. Die Gastmitgliedschaft endet automatisch mit dem Ablauf eines Jahres, falls das Gastmitglied nicht vorher der Partei beitritt, § 4 Abs. 3 S. 4 Statut.

Durch die Einführung der Gastmitgliedschaft erfolgt zwar keine vollkommene Gleichstellung von Parteimitgliedern und Parteifremden. Den Nichtmitgliedern werden aber durch die Einräumung von Rede-, Antrags- und Vorschlagsrecht Einflussmöglichkeiten auf die innerparteiliche Willensbildung eingeräumt. Gegenüber der Problematik der Möglichkeit zur Mitarbeit von Nichtmitgliedern in die Vorfeldorganisationen der SPD[665] besteht insofern wesentlicher Unterschied, als es sich hierbei nicht um die Einflussname auf die Willensbildung einer der Partei zwar verbundenen, von ihr aber organisatorisch getrennten Vereinigung

---

[664] Bürgerpartei CDU, Beschluss des Bundesvorstands der CDU vom 21.06.2003, S. 20 f.

[665] S. o. D I 1 b und c.

geht, sondern um die Schaffung von Einflussmöglichkeiten auf die Willensbildung der Partei selbst. Gastmitgliedschaften ermöglichen es Parteifremden, direkt innerhalb der CDU mitzuarbeiten.

Aufgrund des sehr formalistischen Antragsverfahrens wird teilweise bezweifelt, dass es sich bei dieser Regelung überhaupt um eine wirkliche Öffnung der Partei für Nichtmitglieder handelt.[666] Dazu ist anzumerken, dass schon aus praktischen Gründen ein solches Verfahren notwendig ist, da es den Gastmitgliedern ohne ihre Erfassung nicht möglich wäre, die ihnen mit der Gastmitgliedschaft zukommenden Rechte auszuüben. Ansonsten entspricht das Erfordernis des schriftlichen Antrags zwar dem Weg der Aufnahme von Parteimitgliedern, ändert aber nichts am Ergebnis, dass Gastmitglieder gerade nicht als Parteimitglieder gelten. Dies könnte man etwa am Fehlen der Beitragspflicht festmachen, die auch nicht durch das im Statut festgeschriebene Ersuchen um – freiwillige – Zuwendungen ausgeglichen wird. Es zeigt sich aber vor allem daran, dass den Gastmitgliedern nur eingeschränkte Kompetenzen und nicht sämtliche Mitgliedsrechte zukommen. Insofern reicht die Voraussetzung des schriftlichen Antrags nicht aus, um Gastmitglieder als Parteimitglieder anzusehen. Hierfür spricht außerdem, dass die Gastmitgliedschaft automatisch nach einem Jahr endet, wenn es nicht vorher zu einem Parteibeitritt des Gastmitgliedes kommt. Dieser Parteibeitritt setzt erneut einen schriftlichen Antrag voraus, § 5 Abs. 1 Statut. Der Antrag zur Gastmitgliedschaft ersetzt damit nicht den Antrag einer Vollmitgliedschaft.

Zu beachten ist, dass die Einflussmöglichkeiten auf das Rede-, Antrags- und Vorschlagsrecht bei der Mitgliederversammlung begrenzt sind. Die Gastmitglieder können zwar initiativ tätig werden, indem sie von diesen Rechten Gebrauch machen, und dadurch den Willensbildungsprozess in eine bestimmte Richtung lenken, die Entscheidungsbefugnis über die von ihnen gemachten Anträge und Vorschläge kommt dennoch allein den Parteimitgliedern selbst zu. Den Parteimitgliedern verbleibt also die Letztentscheidungskompetenz in allen parteirelevanten Fragen, die durch eine Ausübung des Antrags- und Vorschlagsrecht durch Nichtmitglieder berührt werden könnten. Auf diese Entscheidung der Mitglieder können die Parteifremden lediglich mittelbar einwirken – sei es durch die Ausnutzung des Rederechts, sei es durch die Antrags- oder Vorschlagsformulierung selbst. Da es an der Möglichkeit einer unmittelbaren Beeinflussung durch die Nichtmitglieder fehlt, liegen die Voraussetzungen für eine autonome Willensäußerung der Parteimitglieder vor. Insofern ist die Situation insgesamt vergleichbar mit der von der SPD geschaffenen Mitarbeitsmöglichkeit von

[666] So z.B. Kießling, Rissener Rundbrief 10-11/2001, S. 31, 43. Siehe bereits C II 4 a bb.

Nichtmitgliedern innerhalb der Arbeitsgemeinschaften.[667] Auch bei diesen ergibt sich die – zumindest theoretische – Möglichkeit dass Nichtmitglieder das Antrags- und Rederecht auf Delegiertenversammlungen der jeweiligen Gliederungsebene ausüben, was als zulässig anzusehen ist.[668]

Auch bei der Gastmitgliedschaft nach § 4 Abs. 3 des Statuts der CDU handelt es sich meines Erachtens nicht um eine verfassungswidrige Beeinflussung der innerparteilichen Willensbildung durch Parteifremde. Trotz der ihnen eingeräumten Mitwirkungsrechte sind sie nicht in der Lage, wirkliche Entscheidungskompetenzen auszuüben. Denn zum einen besitzen sie in Abstimmungen kein Stimmrecht, diese Entscheidungen werden also allein von Parteimitgliedern getroffen. Über die Leitlinien des Parteihandelns können die Nichtmitglieder somit nicht mitentscheiden. Da ihnen das aktive und passive Wahlrecht vorenthalten wird, wird ihnen zum anderen die Teilnahme an einem der wesentlichen Instrumente des innerparteilichen Willensbildungsprozesses, dem Verfahren der Kandidatenaufstellung für Ämter und Mandate, verwehrt. Mangels der Möglichkeit, in Ämter der Partei gewählt werden zu können, ist es außerdem ausgeschlossen, dass sie innerhalb der Partei selbst auf Positionen gelangen, durch die sie – etwa als Mitglied des Vorstands - die innerparteiliche Willensbildung innerhalb der zulässigen Grenzen von oben steuern könnten.

Die direkten Einflussmöglichkeiten bestehen also allein auf der untersten Gliederungsstufe der Parteiorganisation und sind auch dort stark eingeschränkt, da den Nichtmitgliedern eine Mitwirkung bei den wichtigsten Mitteln der innerparteilichen Willensbildung vorenthalten wird. Sie können wie gezeigt auch nicht innerhalb der Parteihierarchie aufsteigen. In Anbetracht des Übergewichts, das der Parteiführung beim Willensbildungsprozess zukommt, bedeutet die Beschränkung der Mitarbeit auf die unterste Gliederungsebene eine erhebliche Begrenzung der Einflussmöglichkeiten.

Insofern bleibt festzuhalten, dass diese Nichtmitglieder im Prozess der Willensbildung eher ein zu vernachlässigender Faktor sein werden, da ihnen hierbei die wichtigsten Instrumente verwehrt bleiben. Deshalb stellt die Möglichkeit der beitragsfreien Gastmitgliedschaft keinen Verstoß gegen den Grundsatz der innerparteilichen Demokratie dar.

---

[667] S. o. D I 1 b.

[668] S. o. D I 1.

2. Mitarbeit in Vorfeldorganisationen nach § 38 des Statuts der CDU

Auch die CDU hat verschiedene Vorfeldorganisationen gegründet.[669] Deren Ziele sind nach § 39 des Statuts der CDU die Vertretung und Verbreitung des Gedankenguts der CDU in ihrem Wirkungskreis, sowie die Wahrung der besonderen Anliegen der von ihnen repräsentierten Gruppen in der Politik der CDU. Sie nehmen nach Auffassung der Parteiführung eine unverzichtbare Mittlerrolle zwischen Partei und Gesellschaft ein; dies beinhaltet den Ideen-, Interessen- und Erfahrungstransfer aus gesellschaftlichen Gruppen in die Partei ebenso wie das offensive Werben und geschlossene Eintreten für die von der Partei gefassten Beschlüsse in der Gesellschaft.[670] Aufgrund der weniger engen Parteistrukturen in den fünfziger und sechziger Jahren und der Zielsetzung bei Parteigründung, eine Union der Konfessionen und Stände zu bilden, hat die CDU (aber auch die CSU) ein unreflektierteres Verhältnis zu ihren Vereinigungen als etwa die SPD, was insbesondere zu einer größeren Unabhängigkeit dieser Vereinigungen von der Partei geführt hat.[671]

Anders als bei der SPD ist die Mitgliedschaft in einer der Vorfeldorganisationen deshalb auch nicht zwingend an die Mitgliedschaft in der Mutterpartei gekoppelt. Dementsprechend ist die Zahl der Nichtmitglieder in diesen Vereinigungen signifikant größer ist als bei der SPD.[672] Nur die Delegierten der Vorfeldorganisationen in einem Gremium der CDU müssen gleichzeitig Mitglieder der Partei sein.[673] Gleiches gilt für die Vorsitzenden der örtlichen Gliederung, den Vorsitzenden und den Stellvertreter auf Kreisebene sowie alle Vorstandsmitglieder auf höheren Ebenen.[674] Der Vorstand der Vorfeldorganisation muss auf allen Ebe-

---

[669] Nach § 38 des Statuts der CDU existieren folgende Bundesvereinigungen: die Junge Union (JU), die Frauenunion (FU), die Christlich Demokratische Arbeitnehmerschaft (CDA), die Kommunalpolitische Vereinigung der CDU und CSU (KPV), die Mittelstands- und Wirtschaftsvereinigung (MIT), die Ost- und Mitteldeutsche Vereinigung der CDU/CSU (OMV), die Seniorenunion (SU). Der Evangelische Arbeitskreis ist keine Bundesvereinigung der CDU im Sinne des § 38 des Statuts, sondern eine Sonderorganisation, der alle Mitglieder evangelischen Glaubens der CDU/CSU angehören.

[670] Bürgerpartei CDU, Beschluss des Bundesvorstands der CDU Deutschlands vom 21. Juni 2003, S. 31.

[671] Niclauß, Das Parteiensystem der Bundesrepublik Deutschland, S. 176.

[672] Poguntke, in: Parteiendemokratie in Deutschland, S. 253, 259. Eine Ausnahme bilden die Frauenunion und die kommunalpolitische Vereinigung, deren Mitgliedschaft mit der der CDU/CSU identisch ist, Niclauß, Das Parteiensystem der Bundesrepublik Deutschland, S. 178.

[673] Z.B. § 8 Abs. 2 Satzung der Mittelstands- und Wirtschaftsunion; § 3 Abs. 2 Satzung der Frauenunion.

[674] Z.B. § 8 Abs. 3 Satzung der Mittelstands- und Wirtschaftsunion; § 3 Abs. 3 Satzung der Frauenunion.

nen mehrheitlich aus Parteimitgliedern bestehen.[675] Die Mitarbeit in einer Vorfeldorganisation setzt dagegen nicht unbedingt eine Mitgliedschaft in derselben voraus. So können nach § 4 Abs. 3 der Satzung der Mittelstands- und Wirtschaftsvereinigung der CDU auch Persönlichkeiten des öffentlichen Lebens und der Wirtschaft zu beratenden Mitgliedern berufen werden, wenn sie durch ihre Leistungen Wesentliches zu den Zielen der Politik für Mittelstand und Wirtschaft beizutragen haben.

Die Vorstände dieser Bundesvereinigungen sind nach § 6 der Geschäftsordnung der CDU antragsberechtigt zum Bundesparteitag. Die Vorsitzenden der Bundesvereinigungen nehmen an den Sitzungen des Bundesvorstands der CDU als beratende Mitglieder teil, § 33 Abs. 4 Statut der CDU.

Generell ist es für Bürger, die keine Mitglieder der CDU sind, also möglich, Mitglied in den Vereinigungen der CDU zu werden. Dabei muss man jedoch beachten, dass es sich bei diesen Vereinigungen um Zusammenschlüsse handelt, die der Partei zwar nahe stehen, von dieser aber organisatorisch getrennt sind. Aus den Mitgliedsrechten innerhalb der Vereinigung ergeben sich daher noch keinerlei direkte Einflussmöglichkeiten auf die Partei selbst. Die bloße Einräumung von Mitgliedsrechten in den einzelnen Vorfeldorganisationen ist damit unbedenklich in Bezug auf eine mögliche Beeinträchtigung der Rechte der Parteimitglieder.

Hinsichtlich der Partizipationsmöglichkeiten der Vereinigungen innerhalb der Partei selbst ist zu sagen, dass den Vereinigungen im Sinne von § 38 des Statuts der CDU - anders als den Arbeitsgemeinschaften der SPD - weder ein Antrags- noch ein Rederecht bei den Mitgliederversammlungen auf der jeweiligen Gliederungsstufe zukommt. Ihre Einflussmöglichkeiten auf den Willensbildungsprozess der Partei sind damit geringer als die der Arbeitsgemeinschaften der SPD. Sie haben nach § 39 Abs. 3 des Statuts zwar das Recht, eigene Verlautbarungen abzugeben, diese dürfen jedoch den von der Partei festgelegten Grundsätzen nicht widersprechen. Sie sind also nicht in der Lage, offizielle Stellungnahmen abzugeben, die nicht im Einklang mit den von den Parteimitgliedern innerhalb der Partei festgelegten Positionen stehen. Eine Beeinflussung der innerparteilichen Willensbildung durch dieses Recht zur Stellungnahme ist also unabhängig von der offiziellen Parteilinie nicht möglich.

Auch das Antragsrecht, das § 6 der Geschäftsordnung der CDU für den Bundesvorstand der Vereinigungen auf den Bundesparteitagen vorsieht, ist nicht geeig-

---

[675] Z.B. § 8 Abs. 3 Satzung der Mittelstands- und Wirtschaftsunion; § 3 Abs. 3 Satzung der Frauenunion.

net, Nichtmitgliedern einen signifikanten Einfluss innerhalb der Bundespartei zu gewähren. Die Mitglieder dieser Vorstände müssen zum einen bereits ab der Kreisebene aufwärts zwingend Parteimitglieder sein,[676] das heißt, dass auch die Beschlüsse dieser Vorstände, die einer Antragsstellung vorausgehen, allein von Parteimitgliedern, also ohne jegliche Mitwirkung der Nichtmitglieder, gefällt werden. Auch auf den unteren Ebenen muss der Vorstand als eigentlich handelndes Organ der Vereinigung[677] mehrheitlich mit Parteimitgliedern besetzt sein.[678] Grundsätzlich ist es also nicht möglich, Vorstandsentscheidungen, unabhängig von der Gliederungsebene, gegen den Willen der Mitglieder der CDU zu treffen. Da den Vorständen der Vorfeldorganisationen ebenso wie den Parteigremien ein Bereich eigenständiger Entscheidungsbefugnisse zukommt,[679] ist es den Parteifremden nicht möglich, ihre Vorstellungen innerhalb der Hierarchie der Vorfeldorganisation durchzusetzen. Sollten es die Nichtmitglieder erreicht haben, dass in den Versammlungen auf der untersten Gliederungsstufe Entscheidungen gegen den Willen der Mitglieder getroffen worden sind, so sind die Repräsentationsorgane an diese Entscheidungen aufgrund ihres eigenständigen Entscheidungsspielraums nicht zwingend gebunden. Zum anderen wurde bereits gezeigt,[680] dass selbst bei einer Antragstellung durch Nichtmitglieder die Grenze der verfassungsrechtlich zulässigen Beeinflussung der innerparteilichen Willensbildung nicht erreicht würde, da diese Anträge vor ihrer Umsetzung stets noch einer Annahme durch die Delegierten und damit durch die von ihnen vertretenen Parteimitglieder bedürfen.

Das Gleiche gilt für das Recht der Bundesvorsitzenden nach § 33 Abs. 4 des Statuts, an den Sitzungen des Bundesvorstandes der CDU mit beratender Stimme teilzunehmen. Natürlich besteht die theoretische Möglichkeit, dass die Bundesvorsitzenden der Vereinigungen auf diesen Sitzungen Positionen vertreten, die überwiegend von den innerhalb der Vereinigungen mitarbeitenden Nichtmitgliedern geteilt werden. Aber selbst wenn dies der Fall wäre, hätten sie keinerlei Möglichkeiten, diese Positionen in die Parteipolitik zu überführen, da den Vorsitzenden der Vereinigungen keinerlei Stimmrechte zukommen. Die Parteilinie würde also nur in dem Fall, dass die übrigen Vorstandsmitglieder bzw. ihre Mehrheit den genannten Positionen zustimmen würden, beeinflusst. Demnach

---

676 S. z.B. § 8 Abs. 2 Satzung der Mittelstands- und Wirtschaftsunion; § 3 Abs. 2 Satzung der Frauenunion.

677 Wolfrum, Die innerparteiliche demokratische Ordnung, S. 111; Lohmar, Innerparteiliche Demokratie, S. 81; Kay, Innere Ordnung der pol. Parteien, S. 134. Die dort gemachten Ausführungen über die Stellung des Parteivorstandes treffen auf die Vorstände der einzelnen Vorfeldorganisationen gleichermaßen zu.

678 S. z.B. § 8 Abs. 3 Satzung der Mittelstands- und Wirtschaftsunion; § 3 Abs. 3 Satzung der Frauenunion.

679 C II 3 a.

680 Siehe oben D I 1 b und c.

wären auch die durch die Bundesvorsitzenden eingebrachten Vorschläge der innerhalb der Vereinigungen mitarbeitenden Nichtmitglieder noch einem entscheidenden Votum des allein mit Parteimitgliedern besetzten Bundesvorstandes ausgesetzt. Es ist also theoretisch möglich, dass durch das Zusammenspiel dieser beratende Tätigkeit mit dem Antragsrecht der Bundesvorstände der Vereinigungen auf dem Bundesparteitag eine ursprünglich von Parteifremden erarbeitete Position Eingang in die offizielle Parteipolitik findet. Dem ist jedoch immer noch die zwingende Voraussetzung der Annahme durch die Parteimitglieder bzw. deren Delegierten und Vertreter vorgeschaltet. Insofern handelt es sich letztlich um einen Willensakt der Parteimitglieder selbst, falls diese Vorschläge Eingang in die Parteipolitik finden. Deshalb gibt auch das Recht der Bundesvorsitzenden der Vereinigungen, an den Sitzungen des Bundesvorstandes der Partei mit beratender Funktion teilzunehmen, den in den Vereinigungen mitarbeitenden Nichtmitgliedern keine den Grundsatz der innerparteilichen Demokratie verletzende Einflussmöglichkeit.

Des Weiteren wird vom Bundesvorstand jeder Vereinigung ein Vertreter für die Bundesfachausschüsse gewählt, § 30 Abs. 1 Nr. 3 Statut. Da aber sowohl die Mitglieder des Bundesvorstands der Vereinigungen selbst als auch der von ihnen gewählte Vertreter im jeweiligen Bundesfachausschuss Mitglied der CDU sein muss,[681] können sich auch aus diesem Mitgliedsrecht keinerlei Einflussmöglichkeiten für Nichtmitglieder innerhalb der Partei ergeben.

Insgesamt bleibt festzuhalten, dass zwar auch die CDU die Möglichkeit der Mitarbeit von Parteifremden innerhalb ihrer Vorfeldorganisationen zugelassen hat, deren Einfluss auf die Willensbildung innerhalb der Partei selbst jedoch trotz des freieren Zugangs von Nichtmitgliedern zu den Vorfeldorganisationen nicht größer ist als bei den in den Vorfeldorganisationen der SPD mitarbeitenden Nichtmitgliedern. Entscheidend ist in diesem Zusammenhang vor allem, dass ab der Kreisebene allein Parteimitglieder in die Gremien der Vereinigungen gewählt werden können und die Vorstände bereits auf den unteren Gliederungsebenen mehrheitlich mit Parteimitgliedern besetzt werden müssen. Die Beeinflussung der innerparteilichen Willensbildung, die von den innerhalb der Vereinigungen mitarbeitenden Nichtmitgliedern ausgeht, ist daher meines Erachtens nicht so groß, dass sie gegen den Grundsatz der innerparteilichen Demokratie verstößt.

Zwischen den Vereinigungen der CDU und den entsprechenden Organisationen der CSU besteht in der Regel ein enges Verhältnis, so dass die jeweilige Organi-

[681] § 2 Abs. 1 S. 2 Ordnung für die Bundesfachausschüsse der CDU (BFAO).

sation die gesamte Union vertritt.[682] Das hier gefundene Ergebnis gilt deshalb ebenso für die Vorfeldorganisationen der CSU.

3. Zusammenfassung

Auch die CDU hat – wie die SPD – einige Partizipationsmöglichkeiten für Nichtmitglieder geschaffen, vornehmlich in den von der Partei organisatorisch getrennten Vorfeldorganisationen. Weitergehend ist vor allem die Einführung der Gastmitgliedschaft nach § 4 Abs. 3 des Statuts der CDU. Da diesen Gastmitgliedern jedoch die wesentlichen Elemente zur Partizipation an der innerparteilichen Willensbildung – das aktive und passive Wahlrecht sowie das Recht, an Abstimmungen teilzunehmen – vorenthalten werden, stellt dies keine Verletzung der von Art. 21 Abs. 1 S. 3 GG garantierten Rechte der Parteimitglieder dar.

Auf die CSU soll hier nicht näher eingegangen werden, da die von dieser eröffneten Partizipationsmöglichkeiten – z.B. die Gastmitgliedschaft nach § 3 Abs. 3 des Statuts - identisch sind mit denen der CDU.

III. Maßnahmen der Freien Demokratischen Partei (FDP)

Obwohl die FDP ihre aus der Tradition der individuellen Honoratiorenpartei hervorgegangenen Wurzeln nicht leugnen kann und dementsprechend nur eine vergleichsweise geringe Mitgliederzahl hat, [683] öffnet auch sie sich gegenüber den Bürgern, um ihre gesellschaftliche Akzeptanz zu erhöhen.[684] Dies ist gerade bei dieser Partei nicht nur eine Folge des Mitgliederschwundes,[685] sondern auch der Tatsache, dass ihr aufgrund der derzeit schlechten Wahlergebnisse die Marginalisierung droht. Da sich die beiden großen Volksparteien im Zuge ihrer Bemühungen, sämtliche Politikfelder zu bedienen, eine Vielzahl der Forderungen der FDP zu Eigen gemacht haben, fällt es dieser immer schwerer, ein eigenständiges Profil zu entwickeln. Vor diesem Hintergrund ist es gerade für die FDP von existenzieller Bedeutung, durch die Öffnung ihrer Parteistrukturen für

---

[682] Niclauß, Das Parteiensystem der Bundesrepublik Deutschland, S. 176.

[683] Poguntke, in: Parteiendemokratie in Deutschland, S. 253, 259.

[684] Siehe z.B. Beschluss des 47. Ordentlichen Bundesparteitags der FDP in Karlsruhe von 7-9 Juni 1996, der eine derartige Reform der Parteiarbeit will, dass neue Formen der Mitwirkung auch für Nichtmitglieder geschaffen werden.

[685] Dieser hat jedoch gerade bei der FDP dramatische Züge angenommen. Seit der Vereinigung mit der ehemaligen Ostdeutschen Blockpartei BFD (Bund Freier Demokraten) 1990 ist die Zahl der Mitglieder um fast 65 % zurückgegangen, was insbesondere am Rückgang in Ostdeutschland liegt, aber auch in Westdeutschland sind die Mitgliederzahlen um 28 % gesunken, Kießling, Rissener Rundbrief 10-11/2001, S. 31, 33.

Nichtmitglieder nicht nur den Mitgliederrückgang auszugleichen, sondern auch generell von den Wählern wieder wahrgenommen und akzeptiert zu werden.

Anders als bei den meisten anderen Parteien sind in der Bundessatzung der FDP vom 12.05.2002 aber keinerlei Einflussmöglichkeiten für Nichtmitglieder explizit vorgesehen. Dennoch sind von der Bundespartei einige Maßnahmen zur Öffnung der Partei für Parteifremde beschlossen worden. Den Landesverbänden und ihren Untergliederungen ist es darüber hinaus freigestellt, ob und welche weiteren Formen der Mitwirkung von Nichtmitgliedern sie wählen.[686] Neben dieser Öffnung der Partei für Nichtmitglieder soll der Erfahrungsschatz von Bürgern mit liberalen Grundüberzeugungen, die im vorpolitischen Bereich engagiert sind, durch den Aufbau sog. liberaler Netzwerke genutzt werden.[687]

1. Einführung einer Kampagnenmitgliedschaft

Auf dem 51. Bundesparteitag der FDP im Jahr 2000 wurde die Einführung der Kampagnenmitgliedschaft beschlossen.[688] Durch diese zeitlich begrenzte Mitwirkungsmöglichkeit sollen die Chancen für Quereinsteiger innerhalb der Partei gesteigert werden. Eine detaillierte Regelung dieser Mitwirkungsmöglichkeit ist in der Satzung bisher noch nicht enthalten. Im Rahmen dieser Kampagnen, z.B. zum Thema Mobilität, wurden den Mitgliedern gegen einen geringen Beitrag Materialien zum jeweiligen Thema inklusive Aktionsvorschläge zugesandt. Zurzeit laufen keine dieser regulären Kampagnenmitgliedschaften, in modifizierter Form wird sie aber in der Seniorenkampagne „Alt macht neu“ angeboten. Hierbei wird die Möglichkeit einer kostenfreien, zunächst auf sechs Monate begrenzten Mitgliedschaft angeboten.

Im Rahmen dieser Mitgliederwerbekampagne für ältere aktive Menschen, die von Bundesvorstand und Präsidium der FDP am 08.12.2003 beschlossen[689] und Anfang Januar 2004 gestartet worden ist,[690] können Personen, die entweder im Ruhestand und/oder 65 Jahre oder älter sind, für ein halbes Jahr kostenlos bundesunmittelbares Mitglied der FDP werden. Nach der Vorstellung der Parteifüh-

---

686 Kießling, Aus Politik und Zeitgeschichte, B 10/2001, S. 29, 35.

687 Kießling, Aus Politik und Zeitgeschichte, B 10/2001, S. 29, 35 f.

688 Beschluss des 51. Ordentlichen Bundesparteitags der FDP, 16/17.06.2000, S. 6; Kießling, Aus Politik und Zeitgeschichte, B 10/2001, S. 29, 36.

689 Beschluss des Präsidiums der FDP vom 08.12.2003 „Die wachsende Generation – Für eine moderne und zukunftsfähige Seniorenpolitik“, http://www.fdp.de/portal/pdf/PR-Vorlage_Senioren.pdf.

690 Pressemitteilung der FDP vom 22.12.2003, http://www.fdp-bundesverband.de/ aktuell/presse.php?id=37617.

rung liegt der Zweck dieser Kampagne darin, „die großen Ressourcen zu nutzen, die im Wissen und den Lebenserfahrungen älterer Mitbürger liegen“.[691] Nach Ablauf der sechsmonatigen Probefrist müssen sich die Neumitglieder entscheiden, ob sie als reguläre, d. h. beitragspflichtige Mitglieder in der FDP bleiben wollen.

Die durch diese Kampagne beitretenden Mitglieder werden in keinen der bestehenden Landesverbände eingegliedert, sondern bleiben bundesunmittelbare Mitglieder. Diese bundesunmittelbare Mitgliedschaft ist ursprünglich für im Ausland lebende Parteimitglieder geschaffen worden, deren Eingliederung in die regionalen Verbände nicht möglich war. Durch diese Einordnung ist eine Partizipation in den regionalen Untergliederungen der Partei für die im Rahmen der Kampagne „Alt macht neu“ eingetretenen Mitglieder unmöglich, was ihre satzungsmäßige Stellung erschwert. Denn gerade durch die Organisation der Parteien in regionale Untergliederungen soll ein Maximum an Einflussmöglichkeiten des einzelnen Parteimitglieds gewährleistet werden, sollen Entscheidungen räumlich und organisatorisch mitgliedsnah getroffen werden. Die gerade aus der Stellung als Mitglied eines Gebietsverbandes resultierenden Rechte können die bundesunmittelbaren Mitglieder schon begriffsnotwendig nicht wahrnehmen. So ist es ihnen zum Beispiel nicht möglich, entweder als Delegierte für die Parteitage sowohl der Untergliederungen als auch der Bundespartei selbst gewählt zu werden, noch aufgrund der fehlenden Eingliederung in einen der Landesverbände an der Auswahl dieser Delegierten zu partizipieren.

Die Beteiligungsrechte der bundesunmittelbaren Mitglieder beschränken sich damit im Wesentlichen auf die Teilnahme an Mitgliederentscheidungen und Veranstaltungen der Gliederungen. Die Teilnahmemöglichkeit an Mitgliederentscheidungen stellt dabei zwar theoretisch die Chance einer wesentlichen Beeinflussung der innerparteilichen Willensbildung dar. Da aber die Parteiführung nur in den wenigsten Fällen auf diese Möglichkeit der direkten Mitgliederpartizipation zurückgreift, ein Großteil der Willensbildung vielmehr durch Repräsentanten der Mitglieder, an deren Wahl die bundesunmittelbaren Mitglieder keine Mitwirkungsmöglichkeit haben, wahrgenommen wird, erhalten die Kampagnenmitglieder nur selten die Gelegenheit, diese Partizipationsrechte auszuüben. An den Veranstaltungen der Gliederungen können die bundesunmittelbaren Mitglieder zwar teilnehmen, da sie aber nicht Mitglieder dieser Gliederungen sind, sind ihnen auch hier Partizipationsrechte verwehrt.

---

[691] Beschluss des Präsidiums der FDP vom 08.12.2003 „Die wachsende Generation – Für eine moderne und zukunftsfähige Seniorenpolitik“, http://www.fdp.de/portal/pdf/PR-Vorlage_Senioren.pdf.

Die Mitwirkungsmöglichkeiten der Kampagnenmitglieder sind durch die organisatorische Maßnahme, sie als bundesunmittelbare Mitglieder zu führen, also stark beschränkt. Von einer den Parteimitgliedern vergleichbaren Rechtsstellung der Kampagnenmitglieder kann nicht gesprochen werden. Man könnte insofern davon ausgehen, dass es der vorgeschlagenen Begrenzung der Zahl der Kampagnenmitglieder zur Sicherung der Rechtsstellung der Parteimitglieder, nicht bedarf. Dazu ist aber zunächst zu sagen, dass es sich bei diesen Kampagnenmitgliedschaften gerade aufgrund der unterschiedlichen Rechtsstellung nicht um ordentliche Parteimitglieder handelt.[692] Deshalb sind sie auch nicht berechtigt, genauso wie Mitglieder an der Willensbildung zu partizipieren.

Maßgeblich für die Frage, ob die Einflussmöglichkeiten der Kampagnenmitglieder auf die innerparteiliche Willensbildung über der von Art. 21 Abs. 1 S. 3 GG gesetzte Grenze liegt, ist meines Erachtens aber, dass es sich auch bei den ihnen übertragenen Stimmrechten um originäre Rechte von Parteimitgliedern handelt. Sie können zwar nicht an der Delegiertenauswahl teilnehmen, wodurch ihnen ein wesentlicher Bestandteil der den Parteimitgliedern zukommenden Mitwirkungsmöglichkeiten vorenthalten wird. Ebenso wenig können sie an den übrigen Abstimmungen teilnehmen, soweit diese innerhalb der Gliederungen durchgeführt werden. Trotz dieser Einschränkungen ist es meines Erachtens notwendig, auch bei den Kampagnenmitgliedern eine Begrenzung ihrer Anzahl in der vorgeschlagenen Höhe zu fordern.[693] Die Kampagnenmitglieder verfügen nämlich zum einen in den Bereichen, in denen sie stimmberechtigt sind, über ein Stimmrecht, das mit dem der Parteimitglieder identisch ist. Zum anderen sind sie gerade in Fragen, die für die Partei von überragender Bedeutung sind, stimmberechtigt. Dies zeigt sich gerade an den Mitgliederentscheiden. Obwohl von diesen in der Praxis relativ selten Gebrauch gemacht wird, werden Mitgliederentscheide in den für die Parteien bedeutsamen Fragen, seien sie programmatischer, seien sie organisatorischer Art, angewendet. Nur wenn es sich um Fragen handelt, die für die Partei als Ganzes eine existenzielle Bedeutung haben – vor allem die Auflösung oder die Verschmelzung der Partei mit einer anderen – wird auf dieses kostspielige und zeitintensive Mittel zurückgegriffen. Gerade in solchen bedeutenden Abstimmungen muss die entscheidende Stellung der Parteimitglieder besonders abgesichert sein. Bei einer unbegrenzten Teilnahme von Kampagnenmitgliedern wäre dies nicht mehr gewährleistet. Die Chance, dass die Kampagnenmitglieder in einer solchen Situation in der Lage sind, Entscheidungen gegen den Willen der Parteimitglieder zu treffen, ist zwar nur theoretischer Natur. Aber allein schon die Tatsache, dass dies nicht mit Sicherheit ausgeschlossen werden kann, rechtfertigt meiner Ansicht nach eine Begrenzung des Einflus-

---

692 Siehe oben C II 4 a.
693 C II 4 d.

ses der Kampagnenmitglieder. Damit es also prinzipiell nicht zu einer Marginalisierung der Parteimitglieder kommt kann, ist es geboten, eine zahlenmäßige Beschränkung der stimmberechtigten Kampagnenmitglieder einzuführen.

Die Einordnung der Kampagnenmitglieder als bundesunmittelbare Mitglieder stellt daher in der jetzigen Ausgestaltung eine Beeinträchtigung der Stellung der übrigen Parteimitglieder dar, so dass ein Verstoß gegen den Grundsatz der innerparteilichen Demokratie aus Art. 21 Abs. 1 S. 3 GG vorliegt. Um diesen zu vermeiden bedarf es der Einführung einer Obergrenze der stimmberechtigten Kampagnenmitglieder. Wird eine solche etabliert, so ist es nicht mehr zu beanstanden, dass den Kampagnenmitgliedern Stimmrechte eingeräumt werden, da diese Stimmrechte ihre Grundlage in einem Beschluss des Bundesparteitags und damit dem nominell höchsten Repräsentativorgan haben.

2 Einführung der Liberalen Zukunftsforen

Auf Beschluss des Bundesvorstands der FDP vom 02.12.2002 wurden liberale Zukunftsforen eingerichtet.[694] Bei ihnen handelte es sich um Foren im Sinne des § 22 Abs. 3 der Bundessatzung. Solche Foren werden zu Themen oder Themenbereichen eingesetzt, die einer fach- oder ressortübergreifenden Programmentwicklung bedürfen. Mittels dieser Zukunftsforen soll es nicht nur Mitgliedern, sondern allen Bürgern ermöglicht werden, an Online-Diskussionen und bei der Erarbeitung der Wahlprogramme teilzunehmen.[695] Die für verschiedene Themengebiete geschaffenen Foren[696] wurden mittlerweile geschlossen, die dabei erzielten Diskussionsergebnisse sollen bis zu dem Bundesparteitag am 5./6. Juni 2004 durch eine vom Bundesvorstand eingesetzte Kommission in Programmvorschläge eingearbeitet werden.[697] Dabei war es aber nicht das primäre Ziel dieser Diskussionsforen, ein neues Programm für die FDP zu entwerfen, sondern externen Sachverstand daran zu beteiligen, die verschiedenen programmatischen Ansätze für die neuen Herausforderungen zu bündeln und diese auf öffentlichkeitswirksamen Veranstaltungen zu präsentieren.

Als Foren im Sinne des § 22 Abs. 3 der Bundessatzung sind sie gem. § 22 Abs. 5 berechtigt, über den Bundesvorstand Anträge oder Entschließungen an den

---

[694] Beschluss des Bundesvorstands der FDP vom 02.12.2002.
[695] Beschluss des Bundesvorstands der FDP vom 02.12.2002.
[696] Es bestanden die Foren „Frauen, kinderfreundliches Deutschland und Generationengerechtigkeit“, „Globalisierung – mehr als nur eine Frage der Marktwirtschaft“, „Grundlagen der Wissensgesellschaft – Bildung, Werte, Kultur“ und “Bürgerpartei FDP – weniger Bürokratie, mehr Teilhabe“.
[697] http://www.fdp-bundesverband.de/zukunftsforen/foren.php.

Bundesparteitag zu richten. Diese Anträge oder Entschließungen kann der Bundesvorstand als eigene übernehmen, § 22 Abs. 5 S. 2 Bundessatzung.

Da es sich bei ihnen allein um Diskussionsplattformen handelt, können die Zukunftsforen nicht direkt die innerparteiliche Willensbildung beeinflussen. Vielmehr kommt es nur zu einer mittelbaren Auswirkung, indem Anregungen und Diskussionsergebnisse von den entscheidungsrelevanten Gremien der Partei aufgenommen werden. Die Partei hat aber bereits eingestanden, dass es zu einer Übernahme von Denkansätzen, die innerhalb der Foren erarbeitet worden sind, gekommen ist, was man vor allem auf die bei einer solchen offenen Diskussion vorhandenen unterschiedlichen Sichtweisen eines Themengebiets zurückführen kann.[698] Dies zeigt aber, dass es zu einer tatsächlichen Beeinflussung der innerparteilichen Willensbildung durch Parteifremde, die an den Diskussionsforen teilgenommen haben, gekommen ist.

Die dort erarbeiteten Themenvorschläge bedürfen zu ihrer Umsetzung jedoch nicht nur der Aufnahme in die Vorschläge der Programmerarbeitungskommission, welche die Anregungen zunächst prüfen soll. Insbesondere müssen sie, damit sie offiziell zum Parteiprogramm werden, von den Delegierten des Bundesparteitags beschlossen werden. Parteifremden wird durch die Möglichkeit, sich an der Diskussion innerhalb der Foren zu beteiligen, zwar eine Gelegenheit gegeben, mit den unter ihrer Mitarbeit erzielten Diskussionsergebnissen Einfluss auf die innerparteiliche Willensbildung zu nehmen. Diese Einflussmöglichkeit bleibt aber allein auf Anregungen und vielleicht neue Sichtweisen einer Problematik beschränkt, mit denen sich die allein entscheidungsbefugten Parteimitglieder auseinandersetzen müssen. Ob die Vorschläge der Parteifremden letztendlich Bestandteil der Parteipolitik werden, hängt damit allein von den Parteimitgliedern ab. Die ausschließliche Kompetenz zur Bestimmung der Parteilinie verbleibt folglich bei den Mitgliedern. Die den Nichtmitgliedern übertragenen Partizipationsrechte liegen dementsprechend unterhalb der von Art. 21 Abs. 1 S. 3 GG aufgestellten Schwelle und die Einführung von Teilnahmemöglichkeiten an den Diskussionen der Foren für Parteifremde steht im Einklang mit dem Gebot innerparteilicher Demokratie dar.

Auch das ihnen zustehende Antragsrecht aus § 22 Abs. 5 der Bundessatzung führt zu keinem anderen Ergebnis, da ein solches – wie bereits für bestimmte Organisationen anderer Parteien gezeigt[699] – ebenfalls keinen die Rechtsstellung der ordentlichen Parteimitglieder gefährdenden Einfluss gewährt.

[698] http://www.fdp-bundesverband.de/zukunftsforen/foren.php.
[699] Z.B. oben C II 4 c cc; D I 1 b.

3. Passives Wahlrecht für Staatsmandate

Noch nicht weiter konkretisiert wurde der Beschluss des 51. Bundesparteitags vom 16/17.06.2000, Nichtmitgliedern eine Möglichkeit zu schaffen, für die Wahlkampflisten der FDP zu kandidieren.[700] Da aber davon auszugehen ist, dass die Wahl der Parteifremden in einem ordnungsgemäßen Verfahren, also durch die Parteimitglieder selbst bzw. durch deren Vertreter, erfolgen soll, ist eine solche Maßnahme nicht zu beanstanden. Den Nichtmitgliedern werden keine Partizipationsmöglichkeiten innerhalb der Partei selbst zugestanden. Über die Wahllisten der Partei kann es zwar dazu kommen, dass Nichtmitglieder als Kandidaten der Partei in Staatsämter gelangen. Die Möglichkeit eines ex officio Amtserwerbs, z.B. als Bundesminister, wird aber dadurch ausgeschlossen, dass dieser generell an die Parteimitgliedschaft gekoppelt ist, wie z. B. § 17 Abs. 1 Nr. 3 der Bundessatzung für den Bundesvorstand zeigt.
Durch das Zugeständnis des passiven Wahlrechts für Parteifremde werden die Partizipationsmöglichkeiten der Mitglieder selbst nicht angetastet, ihre Rechte nicht beeinträchtigt. Allein den Parteimitgliedern kommt unverändert das Recht zu, über die Verteilung der Plätze auf der Wahlliste zu entscheiden, sei es direkt oder indirekt durch die von ihnen gewählten Delegierten. Eine Öffnung der Wahllisten für Parteifremde ist insofern nicht zu beanstanden.[701]

4. Aufbau eines virtuellen Landesverbands

Ähnlich wie die SPD mit dem virtuellen Ortsverband (VOV) strebt die FDP mit dem virtuellen Landesverband (FDP LV Net) den Aufbau einer Online-Organisation an,[702] der als Internet-Verband der Partei auf Bundesebene fungieren soll, § 1 Abs. 1 der Satzung, und sich hinsichtlich der Parteimitgliedschaft in Richtung einer Öffnung der traditionellen Parteistrukturen bewegt. Dabei wird insbesondere eine Aufweichung der regionalen Fixierung der einzelnen Landesverbände, also eine Abweichung vom geltenden Wohnortprinzip angestrebt, da dieses von einem rein virtuellen Landesverband nicht eingehalten werden kann.[703] Derzeit handelt es sich beim FDP LV Net aber noch nicht um eine den übrigen Landesverbänden gleichgestellte Gliederung.

Grundsätzlich dient der virtuelle Landesverband der organisatorischen Zusammenfassung derjenigen Parteimitglieder, die ihren Wohn- oder Arbeitsort außerhalb der Grenzen der BRD haben. Diese Mitglieder des LV Net werden als bun-

---

[700] Beschluss des 51. Ordentlichen Bundesparteitags der FDP vom 16/17.06.2000, S. 6.
[701] Dazu bereits oben D I 6 b.
[702] http://www.fdp-lv-net.de.
[703] Kraft, MMR 2002, S. 733, 734.

desunmittelbare Mitglieder der Partei geführt. Dies ist allein schon wegen der fehlenden regionalen Fixierung zwingend, hat aber zur Folge, dass den Mitgliedern die sich aus der Mitgliedschaft in einzelnen Gebietsverbänden ergebenden Partizipationsrechte nicht zukommen.[704] Ihre Stellung entspricht damit denen der Kampagnenmitglieder, ihre Partizipationsrechte sind gegenüber denen der ordentlichen Mitglieder erheblich eingeschränkt.

Wie beim VOV der SPD ist die Mitgliedschaft im LV Net nicht an die Mitgliedschaft der Partei gebunden, vielmehr steht sie auch Personen offen, die sich zu den Zielen der Partei bekennen, dieser aber nicht angehören, § 1 Abs. 2 S. 3 Satzung. Bestehen bleiben soll jedoch die Unterscheidung zwischen stimmberechtigten Mitgliedern des FDP LV Net und Förderern, die nicht Mitglieder geworden sind und denen allein die Berechtigung zur Teilnahme an den Diskussionen des Landesverbands zukommt. Der virtuelle Landesverband der FDP geht in seiner Zielsetzung – Schaffung eines wirklichen, vom Wohnortprinzip abweichenden Landesverbandes[705] – weiter als die SPD mit dem virtuellen Ortsverband. Den Parteifremden, die eine Mitgliedschaft des LV Net erworben haben, kommen innerhalb des virtuellen Landesverbandes die gleichen Partizipationsrechte zu wie Parteimitgliedern. Differenzen zwischen diesen beiden Gruppen ergeben sich allein beim passiven Wahlrecht. Für stimmberechtigte Mitglieder des Vorstands des LV Net ist dieses an die Mitgliedschaft innerhalb der FDP gebunden, § 8 Abs. 3 S. 2 Satzung. Somit ist gewährleistet, dass die Vertreter des LV Net auf den Bundesparteitagen der FDP - der Vorsitzende und seine Stellvertreter, § 8 Abs. 3 S. 3 Satzung - Mitglieder der Partei sind.

In seiner jetzigen Gliederungsform stellt die Möglichkeit der Mitgliedschaft von Parteifremden im LV Net keinen Verstoß gegen das Gebot der innerparteilichen Demokratie dar, da dessen Mitgliedern keine direkten Einflussmöglichkeiten auf die Willensbildung innerhalb der Partei FDP zukommen. Durch Übernahme von Positionen des virtuellen Landesverbandes durch Parteigliederungen oder einzelne Mitglieder können die innerhalb des LV Net gegebenenfalls unter Mithilfe von Parteifremden erarbeiteten Positionen zwar in den Willensbildungsprozess der Partei selbst gelangen. Dies ist jedoch nicht als Beeinträchtigung der Rechtsposition der einzelnen Parteimitglieder anzusehen. Da auch die entscheidungsbefugten Vorstände Parteimitglieder sein müssen, ist des Weiteren gewährleistet, dass Beschlüsse des Vorstandes des Landesverbandes allein von Mitgliedern der FDP getroffen werden, auch wenn an der Vorbereitung Parteifremde mitwirken können. Hierdurch wird auch garantiert, dass keinem Nichtmitglied die Delegierteneigenschaft auf den Bundesparteitagen durch ein Amt

---

[704] Siehe dazu die Ausführungen zu den Kampagnenmitgliedschaften, D IV 1.

[705] Nach § 1 Abs. 1 S. 2 der Satzung strebt der FDP LV Net an, eine Untergliederung der Bundespartei zu werden.

innerhalb des LV Net zukommt. Insofern stellt die Öffnung des virtuellen Landesverbands für Nichtmitglieder in der derzeitigen Organisationsform keinen Verstoß gegen das Gebot der innerparteilichen Demokratie dar.

Sollte es aber, wie vom FDP LV Net angestrebt, zu einer Anerkennung als Untergliederung der Bundespartei kommen, ist dies meines Erachtens - je nach der dann gewählten Ausgestaltung der Mitgliedschaft im virtuellen Landesverband - anders zu beurteilen. Auf die verfassungsrechtlichen Bedenken der dafür notwendigen Änderung des § 7 PartG soll aber hier nicht näher eingegangen werden.[706] Meines Erachtens ist das Territorialitätsprinzip zwar auch als eines der wesentlichen Elemente einer demokratischen Parteiorganisation anzusehen. Sollte es durch die technischen Möglichkeiten des Internets aber dazu kommen, dass eine Partizipation des Einzelnen über das Internet in der gleichen Weise und Zuverlässigkeit möglich wird, wie es derzeit nur bei der persönlichen Anwesenheit der Fall ist, so würde eine Abweichung von diesem Prinzip aber nicht zwangsläufig das Vorliegen einer undemokratischen Parteiorganisation bedeuten. Bei den derzeitigen technischen Voraussetzungen, insbesondere im Hinblick auf die fehlende Sicherheit der Kommunikation über das Internet, sind diese Voraussetzungen jedoch noch nicht gegeben.

Sollte es dennoch nach einer Änderung dieser Vorschrift zu einer Anerkennung des LV Net als Landesverband der FDP kommen, so würde auch auf ihn das Prinzip der gestuften Mitgliedschaft Anwendung finden würde. Nach diesem Prinzip bedeutet der Eintritt in einen Landesverband als unterste Gliederungsebene der Parteiorganisation gleichzeitig einen Eintritt in die Bundespartei an sich. Insofern wären Parteifremde, die dem LV Net als Mitglieder beitreten würden, auch als normale Parteimitglieder der Gesamtpartei anzusehen. Würden den Mitgliedern des virtuellen Landesverbands die gleichen Rechte und Pflichten, vor allem die gleiche Beitragspflichten, wie den übrigen Parteimitgliedern übertragen, und müssten sie ein den übrigen Parteimitgliedern entsprechendes Aufnahmeverfahren durchlaufen, gäbe es keinerlei Gründe, in ihnen oder ihrer Stellung eine Beeinträchtigung der Rechtsstellung der übrigen Parteimitglieder zu sehen. Sie würden als ordentliche Mitglieder der Partei zulässigerweise an der innerparteilichen Willensbildung partizipieren.

---

[706] Die ganz herrschende Meinung (zB Maunz/Dürig-Klein, Art. 21 Rn. 349; Sachs-Ipsen, Art. 21 Rn. 64; v. Mangoldt/Klein/Starck-Streinz, Art. 21 Abs. 1 Rn. 151; Bericht Parteienrechtskommission, S. 166) sieht das Territorialitätsprinzip als eine der Grundvoraussetzung einer demokratischen Binnenorganisation an, da allein dadurch eine Partizipation des einzelnen Parteimitglieds an der innerparteilichen Willensbildung erreicht werden könnte. Kraft, MMR 2002, S. 733, 735, bezweifelt dies, da die Möglichkeiten der modernen Informations- und Kommunikationstechnologie eine Partizipation über das Internet zulassen würde. S. auch C II 3 c.

Da das Beitrittsverfahren bereits zum jetzigen Zeitpunkt dem der übrigen Parteimitglieder entspricht – mit der zu vernachlässigenden Differenz, dass die Anmeldung auch in elektronischer Form möglich ist –, ist davon auszugehen, dass sich auch bei einer Anerkennung des Verbandes als Untergliederung der Bundespartei daran nichts ändern würde. In den zukünftigen Mitgliedern des LV Net wären man nach der Anerkennung als ordentlicher Landesverband demnach nur dann Parteifremde zu sehen, wenn sie hinsichtlich der Beitragspflicht gegenüber den anderen Parteimitgliedern dauerhaft oder zumindest längerfristig bevorteilt würden.[707] Da die Mitglieder des LV Net aber gemäß § 5 Abs. 2 der Satzung ebenfalls die Pflicht zur Beitragszahlung trifft, sobald eine eigene Beitrags- und Finanzordnung erlassen worden ist, ist auch auf diesem Gebiet eine Besserstellung gegenüber den übrigen Parteimitgliedern ausgeschlossen. Insofern müssen die Mitglieder des LV Net bei einer Anerkennung als Untergliederung der Partei als reguläre Parteimitglieder und nicht als Parteifremde angesehen werden. Dementsprechend ist es gerechtfertigt, wenn die Mitglieder eines zukünftigen ordentlichen Landesverbands LV Net hinsichtlich ihrer Partizipationsrechte mit den übrigen Parteimitgliedern gleichgestellt werden.

Sollte dem LV Net also die Möglichkeit gegeben werden, eine Untergliederung der Bundespartei zu werden, mit der Folge, dass seinen Mitgliedern die gleichen Rechte innerhalb des Prozesses der innerparteilichen Willensbildung zukommen würden wie den Mitgliedern der übrigen Landesverbände, so würde dies hinsichtlich der Rechtsstellung der übrigen Parteimitglieder keinen Verstoß gegen den Grundsatz der innerparteilichen Demokratie darstellen.

5. Zusammenfassung

Die von der FDP geschaffenen Mitarbeitsmöglichkeiten für Nichtmitglieder gleichen denen von SPD und CDU/CSU. Mit der Einführung der Kampagnenmitgliedschaft gehen sie jedoch über die Gastmitgliedschaft der CDU hinaus und gewähren diesen bundesunmittelbaren Mitgliedern erweiterte Partizipationsrechte. Obwohl deren Partizipationsrechte durch die organisatorische Einordnung als bundesunmittelbare Mitglieder erheblich beschränkt werden, ist der theoretische Einfluss, der diesen Kampagnenmitgliedern zukommt, dennoch ausreichend, um eine Gefährdung der Rechtsstellung der übrigen Parteimitglieder dazustellen. Insofern ist es notwendig, die Zahl der stimmberechtigten Kampagnenmitglieder zu beschränken.

---

[707] S. o. C II 4 a cc.

Auch die Zielsetzung des FDP LV Net ist mit der erstrebten Anerkennung als regulärer Landesverband weitergehend als die des virtuellen Ortsverbandes der SPD. Abgesehen von der Frage der verfassungsrechtlichen Zulässigkeit einer Abkehr des in § 7 PartG festgehaltenen Territorialitätsprinzips, stellt die damit einhergehende rechtliche Gleichstellung der Mitglieder des LV Net mit denen der anderen Landesverbände aber keinen Verstoß gegen den Grundsatz der innerparteilichen Demokratie dar. Sollte es dazu kommen, dass der LV Net als ordentlicher Landesverband der Partei anerkannt wird, so müsste man auch seine Mitglieder als ordentliche Mitglieder der Partei einordnen, da ihnen sowohl die gleichen Rechte wie auch Pflichten zukommen würden. Dementsprechend wären sie wie die übrigen Mitglieder berechtigt, an der innerparteilichen Willensbildung zu partizipieren.

IV. Maßnahmen von Bündnis 90/Die Grünen

Die Partei Bündnis 90/Die Grünen ist aufgrund ihrer Wurzeln in der Friedens- und Umweltbewegung sowie dem ursprünglichen Verständnis als basisdemokratische Partei, die eine politische Vertretung von parlamentarisch bis zu diesem Zeitpunkt noch nicht repräsentierten Alternativbewegungen bezweckte,[708] traditionell offen für die Mitarbeit und Kandidatur von Nichtmitgliedern. Insofern war die explizite Öffnung der Partei für eine sog. freie Mitarbeit im Zuge der Fusion mit dem aus den Bürgerrechtsbewegungen Ostdeutschlands hervorgegangenen Bündnis 90 wenig mehr als ein Zugeständnis an die innerhalb der Partei herrschende, bürgerbewegte Skepsis gegenüber formalen Parteiorganisationen.[709] Aber auch innerhalb von Bündnis 90/Die Grünen wird durch dieses und die anderen Partizipationsangebote für Parteifremde bezweckt, den Nichtmitgliedern einen Einblick in die Parteiarbeit zu geben und sie dadurch unter Umständen als neue Mitglieder rekrutieren zu können. Dies ist insbesondere in den neuen Bundesländern für die Partei von entscheidender Bedeutung, da dort eine lokale Organisation fast nicht vorhanden ist. In Anbetracht der Tatsache, dass allein in den ersten sechs Monaten des Jahres 2003 etwa 1000 neue Mitglieder gewonnen werden konnten,[710] scheint es Bündnis 90/Die Grünen gelungen zu sein, die durch diese Öffnung bestrebte Steigerung der Attraktivität umzusetzen.

---

[708] Niclauß, Das Parteiensystem der Bundesrepublik Deutschland, S. 181.
[709] Poguntke, in: Parteiendemokratie in Deutschland, S. 253, 269.
[710] Mitteilung „ Grüne mehren sich ständig“ vom 08.07.2003, http://www.gruene-partei.de.

1. Möglichkeit der freien Mitarbeit nach § 7 der Bundessatzung

§ 7 Abs. 1 der Bundessatzung der Grünen ermöglicht die Partizipation in der Form der freien Mitarbeit. Diese freie Mitarbeit steht jedermann offen, selbst den Mitgliedern anderer Parteien. Voraussetzung ist die schriftliche Erklärung der freien Mitarbeit gegenüber der Geschäftsstelle, § 7 Abs. 2 Bundessatzung. Nach § 7 Abs. 3 der Bundessatzung können freie Mitarbeiter sich an der politischen Arbeit und Diskussion der Partei beteiligen und haben das Recht auf umfassende Information. Es besteht weiterhin die Möglichkeit, dass freie Mitarbeiter ein Mandat auf den Wahllisten übernehmen können. Jedoch ist es ihnen weder möglich, dass damit etwaig verbundene Stimmrecht innerhalb der Partei auszuüben noch haben sie darüber hinaus die Möglichkeit, eine Parteifunktion zu übernehmen, § 7 Abs. 5 Bundessatzung. Daneben können freie Mitarbeiter ohne Stimmberechtigung in die Entscheidungsgremien der Partei delegiert werden, § 7 Abs. 5 S. 2 Bundessatzung.

Die Partei Bündnis 90/Die Grünen hat mit der Einführung der freien Mitarbeit eine sehr weit reichende Mitarbeitsmöglichkeiten für Nichtmitglieder geschaffen. Die freien Mitarbeiter sind generell als Parteifremde anzusehen, da allein das formale Erfordernis der schriftlichen Anmeldung gegenüber der jeweiligen Geschäftsstelle nach § 7 Abs. 2 nicht ausreichend ist, um den freien Mitarbeitern den Status von Parteimitgliedern zuzuerkennen.[711]

Wie bei den Partizipationsangeboten der anderen Parteien für Parteifremde bleibt aber auch hier festzuhalten, dass die freien Mitarbeiter durch die ihnen zugebilligten Rechte zwar in der Lage sind, Einfluss auf die politische Willensbildung innerhalb der Partei auszuüben. Da ihnen jedoch sämtliche relevanten Entscheidungsrechte vorenthalten werden, geht dieser Einfluss nicht über das für Parteifremde zulässige Maß hinaus. Durch ihre Beteiligung an der politischen Arbeit und der innerparteilichen Diskussion ist es ihnen zwar möglich, neue Aspekte in den innerparteilichen Willensbildungsprozess einzubringen. Wie bereits bei anderen Mitwirkungsmöglichkeiten festgestellt wurde,[712] ist eine solche Einflussnahme aber nicht ausreichend, um eine mit Art. 21 Abs. 1 S. 3 GG unvereinbare Beeinträchtigung der Rechte der regulären Parteimitglieder zu begründen. Da es ihnen verwehrt bleibt, Parteifunktionen auszuüben und sie nur ohne Stimmberechtigung in die Entscheidungsgremien der Partei delegiert werden können, fällt allein den übrigen Parteimitgliedern und den ausschließlich von

---

[711] Bei diesem Antragserfordernis handelt es sich grundsätzlich um eine organisatorische Notwendigkeit, s. o C II 4 a bb.

[712] Siehe z.B. C II 4 c bb.

ihnen bestimmten Delegierten und Vertretern die Kompetenz zu, diese Anregungen in die Parteilinie zu übernehmen.

Ein Aufstieg innerhalb der Parteihierarchie mit dem damit verbundenen Anstieg an Einfluss bleibt den freien Mitarbeitern verwehrt, denn ihnen kommt nicht das passive Wahlrecht für Ämter innerhalb der Partei zu. Da sie auch nicht das aktive Wahlrecht besitzen,[713] ist ihnen eine Einflussnahme auf die Elitenbildung und –rekrutierung gänzlich versagt worden. Sie können weder selbst in eines der Repräsentationsorgane der Partei aufsteigen und dort Einfluss ausüben, noch durch die Teilnahme an der Wahl von Delegierten und Repräsentanten und durch die damit verbundene Entsendung der ihren Positionen nahe stehenden Vertretern wenigstens mittelbar die Parteipolitik in den höheren Gliederungsebenen den Willensbildungsprozess beeinflussen.

Es verbleibt also die direkte Beeinflussung der Willensbildung auf der untersten Gliederungsebene der Parteiorganisation. Aber auch auf dieser Ebene erschöpfen sich die Mitarbeitsmöglichkeiten in der Beteiligung an Diskussionen und an der politischen Arbeit. Ein Teilnahmerecht an Abstimmungen von parteipolitischer Relevanz wird ihnen von der Bundessatzung nicht zugesprochen. Den freien Mitarbeitern werden also grundsätzlich sämtliche Stimmrechte vorenthalten.

Insofern kann auch hier gesagt werden, dass die Möglichkeit der freien Mitarbeit, in der Ausgestaltung, die sie in § 7 der Bundessatzung erfahren hat, den Grundsatz der innerparteilichen Demokratie nicht verletzt. Auch die Möglichkeit, Mandate auf Wahllisten zu übernehmen, rechtfertigt keine andere Einschätzung. Diese Listenplätze werden durch ein Votum der Parteimitglieder bzw. der von ihnen ausgewählten Delegierten vergeben, die Bewerber für diese Plätze haben darauf keine Einflussmöglichkeiten, wenn sie nicht selbst Mitglied der Partei sind. Die Einflussmöglichkeiten dieser Parteifremden erschöpfen sich also bei einer etwaigen Wahl in dem von der innerparteilichen Willensbildung zu trennenden staatlichen Bereich der Staatswillensbildung. Direkte Einflussmöglichkeiten auf die Partei, die eine Beeinträchtigung der Rechtsstellung der Parteimitglieder darstellen könnten, ergeben sich aus dem Zugestehen des passi-

[713] Nach § 7 Abs. 3 der Bundessatzung steht den freien Mitarbeitern zwar das Recht auf eine Beteiligung an der politischen Arbeit der Partei zu. Aus den Differenzen zur Formulierung der Mitgliedsrechte in § 6 Abs. 1 Nr. 1 ergibt sich aber, dass damit nicht die gleichen Rechte verbunden sind wie bei der Mitwirkung an der politischen Willensbildung der Partei. Dass das aktive Wahlrecht gerade nicht zur Beteiligung an der politischen Arbeit in diesem Sinne zu rechnen ist, ergibt sich daraus, dass dieses als Mitgliedsrecht noch einmal explizit und unabhängig von der Mitwirkung an der politischen Willensbildung in § 6 Abs. 1 Nr. 5 aufgeführt ist.

ven Wahlrechts für Parteifremde aber im Ergebnis nicht. Die Möglichkeit, mittels eines Staatsamt bestimmte Positionen innerhalb der Partei zu erwerben, wird durch § 7 Abs. 5 der Bundessatzung ausgeschlossen. Insofern ist es den Parteifremden auch nicht möglich, über ein Staatsamt eine Position innerhalb der Partei zu erwerben, die es ihnen erlaubt, maßgeblichen Einfluss auf die innerparteiliche Willensbildung auszuüben.

Weitere Details, vor allem ein darüber hinaus gehendes Ausmaß der Mitwirkung freier Mitarbeiter können aber in den Satzungen der einzelnen Landesverbände geregelt werden, § 7 Abs. 6 der Bundessatzung. Aufgrund der stark dezentralen Organisation der Partei haben die einzelnen Landesverbände in der genaueren Ausgestaltung der den freien Mitarbeitern zukommenden Mitarbeitsrechten weitgehende Freiheit. Nicht in allen Landessatzungen wurde von dieser Möglichkeit Gebrauch gemacht. Im Folgenden werden die Regelungen derjenigen Landessatzungen auf eine Vereinbarkeit mit Art. 21 Abs. 1 S. 3 GG hin untersucht, die Nichtmitgliedern über die freie Mitarbeit hinaus einen weitergehenden Einfluss auf die innerparteiliche Willensbildung einräumen als die in der Bundessatzung getroffenen Regelungen.

a. Regelungen in der Satzung des Landesverbands Berlin

Nach § 5 der Satzung des Landes Berlin haben freie Mitarbeiter das Recht, sich an der politischen Willensbildung innerhalb der Partei zu beteiligen, was ein Mitspracherecht bei allen inhaltlichen und projektbezogenen Fragen einschließt. Nach § 19 Abs. 3 der Satzung des Landes Berlin sind sie zu den Tagungen der Bezirksgruppen einzuladen. Das Mitspracherecht bleibt allerdings auf die Ebene der politischen Inhalte beschränkt.

Das Zugeständnis, an der politischen Willensbildung der Partei mitzuwirken, umfasst – wie sich bereits aus § 6 Abs. 1 Nr. 1 der Bundessatzung ergibt - grundsätzlich auch die Möglichkeit zur Beteiligung an Wahlen und Abstimmungen. Die Kompetenz, mit aktivem und passivem Wahlrecht an den Personalentscheidungen innerhalb der Partei zu partizipieren, bleibt den freien Mitarbeitern des Landesverbands Berlin aber verwehrt. Wie aus § 12 der Landessatzung zeigt, werden diese Rechte allein von den Parteimitgliedern auf der Landesmitgliederversammlung ausgeübt.

Die Einflussmöglichkeiten der freien Mitglieder sind also auch nach der Regelung der Landessatzung Berlin auf die Bezirksgruppen als Basisgruppen der Landesparteiorganisation beschränkt. Auf dieser Ebene kommt den freien Mitarbeitern für inhaltliche und projektbezogene Fragen ein Mitspracherecht zu, § 5

Abs. 2 der Landessatzung. Da für sie jedoch keine dem § 3 Abs. 3 Landessatzung entsprechende Regelung, welche die Stimmberechtigung auf diesen Versammlungen regelt, existiert, schließt dieses Recht auf Mitarbeit keine Stimmberechtigung in parteirelevanten Fragen ein. Die Ansichten der freien Mitarbeiter können somit zwar in allgemeinen Stimmungsbildern zu bestimmten politischen Fragen berücksichtigt werden, die Entscheidung über die zu diesen Fragen zu vertretenden Lösungsansätzen verbleibt jedoch allein bei den Mitgliedern.

Die Ausgestaltung der freien Mitarbeit in dem Landesverband Berlin entspricht damit trotz der abweichenden Formulierung in der Landessatzung weitgehend derjenigen in der Bundessatzung. Allein durch die ausdrückliche Einräumung des Mitspracherechts in allen inhaltlichen und projektbezogenen Fragen ergeben sich keine weitergehenden Partizipationsrechte als diejenigen, die in der Bundessatzung vorgesehen sind. Deshalb stellt die freie Mitarbeit in der Form, die sie in der Landessatzung des Landesverbandes von Berlin erfahren hat, keine verfassungswidrige Verletzung der Mitgliedsrechte dar.

b. Regelungen in der Satzung des Landesverbands Thüringen

§ 5 Abs. 1 der Satzung des Landesverbands Thüringen statuiert, dass die Bestimmungen für Mitglieder bezüglich des Antrags- und Rederechts für die freien Mitarbeiter entsprechend gelten. Den freien Mitarbeitern kommt damit ein auf die kommunale Ebene beschränktes Stimmrecht zu, § 5 Abs. 1 S. 2 Satzung. An den Wahlen innerhalb der Partei dürfen sich die freien Mitarbeiter auch auf kommunaler Ebene nicht beteiligen, § 5 Abs. 1 der Satzung.

Dass den freien Mitarbeitern das Antrags- und Rederechts zugestanden wird, stellt für sich allein keine Beeinträchtigung der Rechtstellung der Parteimitglieder dar, die es rechtfertigen würde, von einer undemokratischen Parteiorganisation auszugehen. Wenn selbst die theoretische Möglichkeit des Antrags- und Rederechts für Nichtmitglieder auf den Bundesparteitagen der Parteien nicht als verfassungswidrig anzusehen ist,[714] so gilt dies erst recht für das Zugeständnis dieser Rechte auf der untersten Gliederungsebene der Parteien.

Problematisch ist dagegen die Möglichkeit der freien Mitarbeiter, auf der untersten Gliederungsebene an den Abstimmungen teilzunehmen. Hierdurch kommt es in diesem Bereich zu einer faktischen Gleichstellung mit den ordentlichen Mitgliedern. Da das Stimmrecht jedoch auf diese Ebene beschränkt ist, und den freien Mitarbeitern die Möglichkeit der Beteiligung an Wahlen verwehrt bleibt,

---

[714] S. o. C II 4 c cc.

ist selbst durch die Ausübung dieses Stimmrechts eine Beeinflussung der innerparteilichen Willensbildung der Gesamtpartei schwer möglich. Die wesentlichen Entscheidungen, die auch den Willensbildungsfluss innerhalb der Partei maßgeblich beeinflussen, werden vor allem in den hierarchisch höheren Gliederungsebenen durch die von den einfachen Mitgliedern gewählten Funktionsträger getroffen.

Die Stimmberechtigung der freien Mitarbeiter erschöpft sich daher allein in der Beteiligung an Fragen, welche die unterste Gliederungsstufe der Partei betreffen. Beschlüsse zu Fragen, die für die Gesamtpartei von Relevanz sind, können den Willensbildungsprozess über diese Ebene hinaus nicht ohne eine vorherige Willensentscheidung der übrigen Mitglieder bzw. der von ihnen ausgewählten Repräsentanten beeinflussen. Den freien Mitgliedern ist es mangels des aktiven Wahlrechts nicht möglich, an der Auswahl der Personen teilzunehmen, welche die auf kommunaler Ebene entschiedenen Beschlüsse auf den Vertreterversammlungen der jeweils hierarchisch höheren Gliederungsebenen zur Entscheidung stellen und dort über sie abstimmen. Sollte es also zu einer Annahme der unter Mithilfe von Nichtmitgliedern zustande gekommenen Entscheidungen auf den höheren Gliederungsebenen kommen, so wären dies Entscheidungen der allein von den Mitgliedern bestimmten und nur diese repräsentierenden Delegierten. Den Einfluss, den die Parteifremden auf den innerparteilichen Willensbildungsprozess der höheren Gliederungsebenen ausüben können, ist demnach so gering, dass er vernachlässigt werden kann.

Entscheidend für die Frage, ob durch das Zugeständnis dieses Stimmrechts auf kommunaler Ebene die Rechtsstellung der ordentlichen Parteimitglieder in einem Maße beeinträchtigt wird, dass nicht mehr von einer demokratischen Grundsätzen entsprechenden Organisation ausgegangen werden kann, ist aber, ob hierdurch den freien Mitarbeitern ein bestimmender Einfluss in einer parteirelevanten Frage zugestanden wird. Dagegen spricht zunächst einmal, dass die Parteifremden, wie eben dargestellt, nicht in der Lage sind, unabhängig von den Parteimitgliedern den Willensbildungsprozess in der Parteihierarchie oberhalb der kommunalen Gliederungsebene überhaupt zu beeinflussen, ihre Einwirkungsmöglichkeit vielmehr auf die unterste Gliederungsebene beschränkt bleibt. Den freien Mitarbeitern werden mit dem aktiven und passiven Wahlrecht außerdem wesentliche Möglichkeiten der Beeinflussung der innerparteilichen Willensbildung vorenthalten.

Da den freien Mitarbeitern aber in allen anderen Entscheidungen auf kommunaler Ebene ein den Mitgliedern entsprechendes Stimmrecht zukommt, sind sie – eine entsprechende Anzahl vorausgesetzt –zumindest theoretisch in der Lage, für die kommunale Gliederung der Partei verbindliche Entscheidungen auch gegen den Willen der Mitglieder zu treffen. Diese Entscheidungen betreffen aber überwiegend politische Fragen, die auch nur für diese Gliederung relevant sind. Auch die kommunale Parteipolitik hängt meist entscheidend von der Politik der Gesamtpartei ab. Den untersten Gliederungsebenen verbleibt regelmäßig nur ein relativ geringer Spielraum eigenständiger Entscheidungen, denn bereits auf dieser Ebene wird die Willensbildung wesentlich von der kommunalen Parteiführung, auf deren Wahl die freien Mitarbeiter keinen Einfluss haben, bestimmt. Dass hierdurch der den Parteifremden durch das Stimmrecht verliehene Einfluss insgesamt relativiert wird, spricht demnach gegen eine übermäßige Beeinträchtigung der Rechtsstellung der Parteimitglieder. Insbesondere kommt es nicht zu einer Reduzierung des Einflusses der Parteimitglieder allein auf die Personalauswahl. Da die Parteipolitik im Wesentlichen von der Spitze vorformuliert und dann in den Delegiertenversammlungen akzeptiert oder verworfen wird, verbleibt den ordentlichen Mitgliedern auch in diesem Bereich grundsätzlich die Entscheidungskompetenz. Es besteht also trotz der Einräumung der Stimmberechtigung für die freien Mitarbeiter ein wesentlicher Unterschied zur Rechtsstellung der ordentlichen Parteimitglieder.

Dennoch bedarf es meiner Ansicht nach der Begrenzung der Zahl der stimmberechtigten freien Mitarbeiter. Es kommt zwar zu keiner Partizipation der freien Mitarbeiter an der Personalrekrutierung, und auch der Prozess der Entwicklung der Politik der Partei verbleibt grundsätzlich in Händen der allein von den Mitgliedern ausgewählten Delegierten. Aber die freien Mitarbeiter sind auf kommunaler Ebene in der Lage, den Einfluss der ordentlichen Parteimitglieder zu marginalisieren. Auch wenn die dort durchgeführten Abstimmungen grundsätzlich kommunalen Bezug haben,[715] bedeutet dies nicht, dass sie für die kommunale Gliederung nicht von enormer Bedeutung sind. Vor allem stellen gerade diese Abstimmungen für einen Großteil der einfachen Parteimitglieder die einzige Möglichkeit dar, überhaupt über parteipolitische Fragen persönlich abzustimmen. Insofern nehmen gerade die kommunalen Abstimmungen zwar keine besondere Bedeutung hinsichtlich der Themen, die für die Gesamtpartei bedeutend sind, ein. Sie stellen aber für die einfachen Parteimitglieder – neben den innerparteilichen Wahlen - den wesentlichen Bestandteil ihrer Partizipationsmöglichkeiten dar.

Des Weiteren spricht die Stellung der Mitgliederversammlung, auf der die Parteifremden in inhaltlichen Fragen mit den Mitgliedern entsprechenden Rechten versehen sind, dafür, den Anteil der Nichtmitglieder zu begrenzen. Zwar werden die meisten inhaltlichen Fragen durch die hierarchisch höheren Gliederungsebenen vorformuliert, dennoch binden die Entscheidungen der Parteiversammlung

---

[715] Trautmann, Innerparteiliche Demokratie, S. 249.

sowohl Organe als auch sonstige Einrichtungen auf der untersten Gliederungsebene.[716] In ihrer Stellung als oberstes Organ der untersten Gliederungsebene kommen der Mitgliederversammlung Aufsichtsrechte zu, sie kann in allen Angelegenheiten Weisungen erteilen und sich mit jeder Materie befassen.[717]

Insofern ist es gerechtfertigt, auch bei diesen Abstimmungen eine Stimmberechtigung in parteirelevanten Fragen anzunehmen, selbst wenn diese Relevanz nur für die spezifische Gliederung gilt. Des Weiteren handelt es sich bei den regionalen Gliederungen um die Basiseinheiten der politischen Willensbildung, deren Vorhandensein für die Partizipationsmöglichkeit des einfachen Parteimitglieds von überragender Bedeutung ist.[718] Für das Gros der Parteimitglieder erschöpft sich die Partizipation an der innerparteilichen Willensbildung nämlich bereits auf dieser Ebene, da ihre Masse nicht innerhalb der Parteihierarchie aufsteigen wird. Deshalb bedeutet die Möglichkeit einer Marginalisierung des einfachen Parteimitglieds in Abstimmungen auf dieser Gliederungsebene deren weitestgehender Ausschluss von der innerparteilichen Willensbildung insgesamt. Eine Begrenzung der Stimmberechtigung der feien Mitarbeiter ist demnach notwendig. In der jetzigen Ausgestaltung stellen die Partizipationsmöglichkeiten der freien Mitarbeiter nach § 5 Abs. 1 der Landessatzung Thüringen eine Beeinträchtigung der Rechtsstellung der ordentlichen Parteimitglieder dar, die gegen den Grundsatz der innerparteilichen Demokratie nach Art. 21 Abs. 1 S. 3 GG verstößt.

Neben der freien Mitarbeit kennt die Satzung des Landesverbands Thüringen in § 5 Abs. 2 eine Fördermitgliedschaft für Personen, welche die Satzung anerkennen, aber nicht in einem Kreisverband arbeiten wollen. Diesen Fördermitgliedern kommen keinerlei Stimmrechte zu. Wie sich bereits aus dem Namen ergibt, handelt es sich bei der Fördermitgliedschaft eher um eine Möglichkeit für Personen, die der Partei nahe stehen, diese finanziell zu unterstützen, ohne sich den formalen Mitgliedspflichten zu unterwerfen. Ihnen stehen deshalb aber auch keine Möglichkeiten zur Beeinflussung der innerparteilichen Willensbildung zu.

Insofern bleibt zu sagen, dass im Landesverband Thüringen allein die nähere Ausgestaltung der freie Mitarbeit einen Verstoß gegen die Voraussetzungen einer binnendemokratischen Ordnung der Partei darstellt.

---

[716] Von Katte, Mitgliedschaft von Fremden, S. 38 f.
[717] Von Katte, Mitgliedschaft von Fremden, S. 39.
[718] Maunz/Dürig-Klein, Art. 21 Rn. 349; Bonner Kommentar-Henke, Art. 21 Rn. 300; Seifert, Die politischen Parteien, S. 198; Henke, Das Recht der politischen Parteien, S. 68, 107.

2. Einführung einer Probemitgliedschaft

Im Dezember 2002 hat die Parteiführung von Bündnis 90/Die Grünen die Einführung einer Probemitgliedschaft beschlossen. Mit ihr können Interessenten die Vorteile der Mitgliedschaft bei den Grünen kurzzeitig nutzen, ohne sich formal den Pflichten eines Mitglieds unterwerfen zu müssen. Zu den Rechten eines Mitglieds zählt nach § 6 Abs. 1 Nr. 1 der Bundessatzung vor allem die Mitwirkung an der politischen Willensbildung von Bündnis 90/Die Grünen durch Aussprachen, Anträge, Abstimmungen und Wahlen. Die Probemitgliedschaft dauert drei Monate. Für diesen Zeitraum ist ein Beitrag von 25 € zu entrichten, der Schülern, Studenten und Arbeitslosen erlassen wird. Obwohl sie satzungsmäßig nicht als richtige Mitglieder geführt werden, können die Interessenten bereits während der Probemitgliedschaft das Stimmrecht im jeweiligen Ortsverein ausüben. Eine nähere Ausgestaltung in der Satzung der Partei hat dieses Angebot jedoch noch nicht erfahren. Die Einführung der Möglichkeit einer Mitgliedschaft auf Probe hat sich insgesamt als recht erfolgreich erwiesen. So haben bereits innerhalb der ersten sechs Monate der Kampagne 2400 Interessenten dieses Angebot genutzt.[719]

Obwohl den Probemitgliedern laut Pressemitteilungen der Partei die Möglichkeit gegeben werden soll, die Vorteile einer Mitgliedschaft zu nutzen, ohne von den korrespondierenden Pflichten betroffen zu sein,[720] bleiben den Probemitgliedern wesentliche Mitgliedsrechte vorenthalten. Das aktive und passive Wahlrecht als eines der zentralen Mitgliedsrechte ist den Mitgliedern auf Probe verwehrt. Dadurch bleibt der ihnen zukommende Einfluss auf den Ortsverein als unterste Gliederungsebene der Parteiorganisation beschränkt. Neben umfassenden Informationsrechten haben sie insofern allein die Möglichkeit, sich an den Abstimmungen der Ortsvereine zu beteiligen, denen sie zugeteilt sind.

Wie bei den freien Mitarbeitern im Landesverband Thüringen[721] ist aber auch hinsichtlich der Probemitgliedschaft zu sagen, dass schon allein die Möglichkeit, sich an Abstimmungen auf kommunaler Ebene zu beteiligen, auch ohne die Einräumung des aktiven und passiven Wahlrechts, als Verstoß gegen den Grundsatz der innerparteilichen Demokratie aus Art. 21 Abs. 1 S. 3 GG gewertet werden muss. Deshalb bedarf es auch hier der zahlenmäßigen Begrenzung der Probemitglieder, damit diese Regelung als verfassungskonform einzustufen ist.

---

[719] http://www.gruene-partei.de; nach den ersten drei Monaten waren es etwa 1000 Probemitglieder, Gabriel, Berliner Tageszeitung, 14.03.2003, S. 6.
[720] Mitteilung „Gute Gründe für neue Grüne", http://www.gruene-partei.de.
[721] S. o. D V 1 b.

3. Eröffnung der Möglichkeit einer Mitarbeit am Grundsatzprogramm der Partei

Durch die Einführung der Website www.grundsatzdebatte.de soll sowohl Mitgliedern als auch Nichtmitgliedern die Möglichkeit gegeben werden, über das Grundsatzprogramm von Bündnis 90/Die Grünen zu debattieren. Debattentexte können dabei von allen Gliederungen der Partei eingestellt werden. Nichtmitgliedern steht die Möglichkeit offen, in Diskussionsforen die Debatte zu kommentieren.[722]

Auch durch dieses Angebot wird eine Mitarbeitsmöglichkeit für Nichtmitglieder geschaffen. Da es sich hierbei aber allein um die unverbindliche Möglichkeit eines Gedankenaustausches handelt, ist auch diese Mitarbeitsmöglichkeit kein Verstoß gegen den Grundsatz der innerparteilichen Demokratie. Die Möglichkeit, über Ansätze des Grundsatzprogramms diskutieren zu können, bedeutet nicht, dass die dabei von Parteifremden gemachten Anregungen tatsächlich Eingang in das Programm finden. Den Parteifremden kommen keinerlei Entscheidungsmöglichkeiten hinsichtlich der inhaltlichen Gestaltung des Grundsatzprogramms zu. Insofern lässt sich in der Schaffung einer Plattform für einen Diskurs über das Grundsatzprogramm der Partei keine derartige Verletzung der Rechtsstellung der Nichtmitglieder sehen, dass von einem Verstoß gegen Art. 21 Abs.1 S. 3 GG ausgegangen werden kann.

4. Zusammenfassung

Bündnis 90/Die Grünen haben mit dem Stimmrecht auf kommunaler Ebene für freie Mitarbeiter (im Landesverband Thüringen) und mit der Probemitgliedschaft Parteifremden die Möglichkeit gegeben, an verbindlichen Entscheidungen für die kommunale Gliederung mitzuwirken. Obwohl sich diese Entscheidungskompetenzen nicht innerhalb der Willensbildung der Gesamtpartei auswirken können, da den Nichtmitgliedern weder aktives, noch passives Wahlrecht eingeräumt worden ist, ist dennoch eine derartige Beeinflussung der innerparteilichen Willensbildung möglich, dass es gerechtfertigt erscheint, in der jetzigen Ausgestaltung von einem Verstoß gegen den Grundsatz der innerparteilichen Demokratie zu sprechen. Auch wenn den Parteifremden auf kommunaler Ebene nicht die identische Rechtsstellung wie den ordentlichen Parteimitglieder zukommt, so ist es ihnen trotzdem möglich, die auf dieser Gliederungsebene stattfindenden Abstimmungen zu beherrschen. Insofern bedarf es hier der Begrenzung der Zahl

---

[722] Mausch, Grüne mit neuem Internet-Ansatz, http://www.gruene-partei.de/rsvgn/rs_doc/0,,3161,00.htm.

der Parteifremden auf fünf bis zehn Prozent der Parteimitglieder der jeweiligen kommunalen Gliederung, damit es nicht zu einer Marginalisierung Letzterer kommt.

V. Maßnahmen der Partei des Demokratischen Sozialismus (PDS)

Angesichts des umfassenden Mitgliederschwunds, der Wahlniederlage bei der Bundestagswahl 2002 sowie der Tatsache, dass die PDS in den alten Bundesländern über keine nennenswerte Anhängerschaft verfügt, hat sich die PDS zu einer umfassenden Öffnung gegenüber Nichtmitgliedern entschlossen. Bereits seit 1997 läuft ein Projekt zur verstärkten Mitgliedergewinnung, da jedes Jahr mindestens 3500 Neumitglieder benötigt werden, um die derzeitigen Verluste einigermaßen zu kompensieren.[723] Die im Zuge dieses Projekts entwickelten Partizipationsmöglichkeiten entsprechen dabei im Wesentlichen denen der übrigen Parteien. Weitergehend ist die Schaffung der Mitarbeitsmöglichkeit von Sympathisanten nach Art. 5 des Parteistatuts, welche die Möglichkeit der Übertragung von Mitgliederrechten auf Parteifremde vorsieht. Damit Mitgliedsrechte, also auch Stimmrechte, auf die Parteifremden übertragen werden können, bedarf es der Zustimmung der Mitglieder der jeweiligen Basisgliederung, in der die Sympathisanten mitarbeiten wollen.

1. Möglichkeit der Mitwirkung von Sympathisanten, Art 5 Statut

Nach Art. 5 Abs. 1 des Statuts der PDS können Nichtmitglieder, die sich für die politischen Ziele und Projekte der Partei engagieren, in Gliederungen und Zusammenschlüssen der Partei mitwirken und die ihnen übertragenen Mitgliederrechte wahrnehmen. Über die Übertragung von Mitgliederrechten und deren Umfang entscheiden die jeweiligen Gruppen, Organisationen und Verbände, Art. 5 Abs. 1 S. 2 Statut. Um Mitgliederrechte zu übertragen, bedarf es in den Gliederungen der Zustimmung der jeweiligen Mitglieder- bzw. Delegiertenversammlung. In diesem Beschluss müssen sowohl der Umfang der Übertragung als auch der Sympathisant genau benannt und im Protokoll festgehalten werden, Art. 5 Abs. 4 Statut. Der Übertragungsbeschluss gilt nur für die Dauer der jeweiligen Tagung. Bei offen tätigen Zusammenschlüssen der Partei entscheiden deren Satzungen über die Rechte von Sympathisanten, Art. 5 Abs. 5 Statut. Dies gilt insbesondere für die auf die Sympathisanten übertragenen Rechte bei Wahlen.

---

[723] Harnack, Eine Zukunftswerkstatt Parteireform, http://www.pds-online.de/politik/publikationen/disput/view_html.

Die Rechte, die den Sympathisanten von den Mitgliedern bzw. den Delegierten der Gliederungen zugestanden werden können, werden im Statut der PDS relativ genau eingegrenzt. Gemäß Art. 5 Abs. 2 des Statuts können die Mitwirkung an der Meinungs- und Willensbildung der Partei durch Mitberatung, Antragstellung und Abstimmung, das aktive Wahlrecht bei Wahlen von Gremien, Organen und Delegierten sowie das aktive und passive Wahlrecht bei Delegiertenwahlen auf Sympathisanten übertragen werden. Ausdrücklich ausgenommen von der Möglichkeit der Übertragung werden Wahlen zu Vertreterversammlungen für die Nominierung von Kandidaten für Parlamente und kommunale Vertreterkörperschaften in den Gliederungen.

Nicht auf Sympathisanten übertragbar sind nach Art. 5 Abs. 3 Statut des Weiteren das Stimmrecht bei Urabstimmungen, bei Entscheidungen über Satzungsangelegenheiten, bei Entscheidungen über Finanzordnungen, Finanzpläne, die Verwendung von Finanzen und Vermögen und über Haftungsfragen. Weiterhin nicht übertragbar ist das passive Wahlrecht bei Wahlen zu Vorständen, Schieds- und Finanzrevisionskommissionen und bei Delegiertenwahlen zu Vertreterversammlungen für die Nominierung von Kandidaten für Parlamente und kommunale Vertretungskörperschaften.

Die Übertragung von Mitgliederrechten ist nicht abhängig von finanziellen Zuwendungen der Sympathisanten und wird durch solche auch nicht begründet, Art. 5 Abs. 4 S. 5 Statut.

Indem Nichtmitgliedern als Sympathisanten diese weitgehenden Rechte übertragen werden, kann es bei bestimmten Versammlungen der PDS zu einer vollkommenen rechtlichen Gleichstellung mit den Parteimitgliedern kommen. Diese Gleichstellung ist zwar durch die Begrenzung auf die jeweilige Tagung sowie das Erfordernis der separaten Billigung durch die Mitglieder für jede Übertragung zeitlich eng eingegrenzt. Die Einflussmöglichkeiten für Nichtmitglieder werden auch dadurch minimiert, dass ihnen das Stimmrecht in bestimmten Bereichen der Parteipolitik nicht übertragen werden kann. Gerade einige der entscheidenden Partizipationsmöglichkeiten, die den Parteimitgliedern an der Basis zustehen – die Teilnahme an den Urabstimmungen, die Ausübung des Wahlrechts bei der Aufstellung von Kandidaten von staatlichen Ämtern – werden ihnen vorenthalten. Durch den Ausschluss der Übertragbarkeit des passiven Wahlrechts bei Vorstandswahlen wird des Weiteren verhindert, dass Sympathisanten innerhalb der Parteihierarchie aufsteigen können und damit in Positionen gelangen, die einen gesteigerten tatsächlichen Einfluss auf die innerparteiliche Willensbildung erlauben.

Dennoch wird den Parteifremden auf der untersten Ebene der Parteihierarchie bei bestimmten Abstimmungen ein den Parteimitgliedern entsprechendes Stimmrecht eingeräumt. Die Sympathisanten selbst haben zwar nicht die Möglichkeit, in die Vorstände der Partei aufgenommen zu werden, ihnen kann aber das aktive Wahlrecht bei den Wahlen von Gremien, Organen und Delegierten übertragen werden. Hierdurch sind sie in der Lage, in einem für die Partei prägenden Bereich, dem Bereich der Elitenauswahl, mitzubestimmen. Die Parteifremden sind damit in der Lage - auch wenn dies in der Realität aufgrund der Auswahl der Sympathisanten recht selten vorkommen wird - in diesem Bereich Entscheidungen gegen den Willen der Parteimitglieder durchzusetzen und damit die Rechtstellung der Parteimitglieder in einer verfassungswidrigen Weise zu beeinträchtigen.[724] Insofern erscheint es notwendig, dass es zu einer Begrenzung des Stimmanteils der Nichtmitglieder in diesen Abstimmungen auf die weiter oben für solche Fälle vorgeschlagenen[725] fünf bis zehn Prozent an den Gesamtstimmen kommt. Durch eine solche Begrenzung würde verhindert, dass die Sympathisanten gegen den Willen der Parteimitglieder bestimmte Maßnahmen beschließen könnten. Zu einer Marginalisierung der Parteimitglieder, die einen Verstoß gegen das Gebot einer demokratischen Binnenstruktur der Parteien darstellen würde, könnte es nicht mehr kommen.

An der Einschätzung ändert auch die Tatsache, dass die Übertragung der Partizipationsrechte einen Mitgliedsbeschluss der jeweiligen Ebene erfordert, nichts. Auch wenn die Mitwirkungsmöglichkeit im Vorfeld auf einem Willensentschluss der Parteimitglieder beruht, kann sie im Ergebnis von den Sympathisanten ohne oder gegen den Willen der Mitglieder ausgeübt werden. Das Abstimmungsverhalten der Nichtmitglieder kann nach der Übertragung von den ordentlichen Mitgliedern nicht mehr beeinflusst werden, so dass es bei den Abstimmungen selbst dazu kommen kann, dass die Parteimitglieder überstimmt werden. Auch die enge zeitliche Begrenzung auf die jeweilige Versammlung entschärft diese Konfliktsituation nicht. Um für die Partei bindende Beschlüsse auch gegen den Willen der Parteimitglieder zu fassen ist es nicht notwendig, dass das Stimmrecht für einen längeren Zeitraum als die jeweilige Versammlung. eingeräumt wird.

Abschließend ist damit zu sagen, dass die Möglichkeit der Übertragung von Stimmrechten auf die Sympathisanten ohne die Einführung einer Begrenzung des auf diese entfallenden Stimmanteils nicht mehr mit dem Grundsatz der innerparteilichen Demokratie aus Art. 21 Abs. 1 S. 3 GG zu vereinbaren ist, da

---

[724] S. dazu bereits oben D V 1 b und D V 2.
[725] S. o. C II 4 d.

hierdurch den Parteifremden zumindest theoretisch in bestimmten Bereichen der innerparteilichen Willensbildung ein dominierender Einfluss zugebilligt wird.

2. Mitarbeit in Arbeits- und Interessengemeinschaften nach Art. 7 des Statuts

Wie die anderen Parteien auch hat die PDS Organisationen im politischen Vorfeld gegründet. Diese Arbeits- und Interessengemeinschaften der PDS nach Art. 7 des Statuts stehen auch Nichtmitgliedern offen.[726] Jedoch können die Nichtmitglieder in den Zusammenschlüssen allein die ihnen vom jeweiligen Zusammenschluss übertragenen Mitgliederrechte wahrnehmen, Art. 5 Abs. 1 Statut.

Derzeit bestehen rund 30 dieser Zusammenschlüsse, die ihr Wirken dem Parteivorstand angezeigt haben. Sie sind Teil der Parteistruktur, aber keine Gliederungen der Partei, Art. 7 Abs. 4 Statut. Nicht als Vereinigungen im Sinne des Art. 7 Statut gelten sonstige Arbeitsgruppen, Kommissionen und Ausschüsse, die von den Organen der Partei als deren Arbeitsstrukturen gebildet werden, Art. 7 Abs. 7 Statut. Sollten die Vereinigungen landes- oder bundesweit tätig sein, bringen sie sich auf allen Ebenen der Parteigliederung unmittelbar in den politischen Meinungs- und Willensbildungsprozess ein, Art. 7 Abs. 4 Statut. Im Gegenzug für ihre politische Tätigkeit können sie Mittel im Rahmen der Finanzplanung der entsprechenden Gliederung beanspruchen, Art. 7 Abs. 5 Statut. Im Jahr 2001 waren 6,3 % der Parteimitglieder im Osten und 20, 6 % der Parteimitglieder im Westen in den Zusammenschlüssen organisiert.[727]

Nicht anders als bei den Einflussmöglichkeiten für Nichtmitglieder in den Vorfeldorganisationen der anderen Parteien, verstößt die Mitarbeit der Parteifremden in den Vereinigungen der PDS nicht gegen den Grundsatz der innerparteilichen Demokratie. Zwar können die Vereinigungen und damit die dort organisierten Nichtmitglieder laut Satzung bei einer landes- oder bundesweiten Tätigkeit unmittelbar an der politischen Meinungs- und Willensbildung mitwirken. Durch die Satzung werden den Vereinigungen aber keine den Mitgliedern entsprechenden Einflussmöglichkeiten innerhalb der Partei selbst übertragen - etwa durch das Zugeständnis von Stimm-, Antrags- oder Rederechten bei Abstimmungen oder Versammlungen. Vielmehr wird ihnen allein das Recht übertragen,

---

[726] Bartsch, Politische Handlungsfähigkeit und innerparteiliche Entwicklung der PDS, Pressedienst 28/2001, http://www.pds-online.de/politik/publikationen/pressedienst/view_html?zid=9471&bs=1&n =10.
[727] Bartsch, Poltische Handlungsfähigkeit und innerparteiliche Entwicklung der PDS, Pressedienst 28/2001, http://www.pds-online.de/politik/publikationen/pressedienst/view_html?zid=9471&bs=1&n =10.

nach einem Mitgliederentscheid innerhalb der jeweiligen Vorfeldorganisation mitzuarbeiten. Anders als bei den Vorfeldorganisationen der anderen Parteien kommt es auch nicht zu einer Aufnahme der Vorsitzenden der Vereinigungen in die Gremien der Partei. Insofern wird den Vereinigungen zwar ein direkter Einfluss zugesprochen, die für die Ausübung dieses Einflusses notwendigen Instrumente werden ihnen jedoch vorenthalten. Da den Vereinigungen und damit den in ihnen mitarbeitenden Nichtmitgliedern keinerlei satzungsmäßigen Mitgliedsrechte innerhalb der Partei übertragen werden, kann es durch die Partizipationsmöglichkeit für Parteifremde in den Vereinigungen auch nicht zu einer Verletzung der Rechtsstellung der Parteimitglieder kommen, die eine Verletzung des Grundsatzes des innerparteilichen Demokratie begrünet. Wie auch bei den Vorfeldorganisationen der anderen Parteien stellt die Schaffung einer Partizipationsmöglichkeit an der Willensbildung der Vorfeldorganisation keinen Verstoß gegen Art. 21 Abs. 1 S. 3 GG dar.

3. Teilnahmemöglichkeit an Beratungen von Parteivorstand und Parteirat

Art. 8 Nr. 21 des Statuts der PDS gibt Gästen das Recht, auf Antrag an den Beratungen des Parteivorstands teilzunehmen. Dabei kann ihnen das Rederecht gewährt werden. Dies wird durch Punkt 5 der Geschäftsordnung für die Beratungen des Parteivorstands in der Wahlperiode 2003/2004 dahingehend präzisiert, dass außer den ständigen Gästen sonstige Gäste an den nicht öffentlichen Sitzungen des Parteivorstands durch einen Beschluss mit einfacher Mehrheit der anwesenden Vorstandsmitglieder teilnehmen können. Nach Punkt 10 der Geschäftsordnung kann der Versammlungsleiter diesen Gästen das Rederecht erteilen. Nach Art. 8 Nr. 32 des Statuts der PDS kann der Parteirat ebenfalls Gäste auf Antrag an seinen Tagungen teilnehmen lassen. Auch diesen Gästen kann der Parteirat das Rederecht erteilen.

Allein die Tatsache, dass Nichtmitglieder ein Rederecht zugestanden wird, und sei es in einem der höchsten, grundsätzlich nicht öffentlich tagenden Gremien der Partei, rechtfertigt es nicht, von einer undemokratischen innerparteilichen Ordnung auszugehen, wenn die Parteifremden ansonsten auf eine beratende Funktion ohne Stimmrecht in diesen Gremien beschränkt sind.[728] Insofern ist es auch nicht zu beanstanden, wenn Vorstandssitzungen oder Sitzungen des Parteirats der PDS von Parteifremden besucht werden, und diesen auf Beschluss der Mehrheit der anwesenden Mitglieder das Rederecht erteilt werden kann. Dabei ist es prinzipiell unerheblich, ob es sich um öffentliche oder nichtöffentliche Sitzungen handelt. Es ist zwar denkbar, dass der Willensbildungsprozess der Mit-

[728] S. zu den Beratungsrechten bereits allgemein C II 4 c dd.

glieder in diesen Gremien von der Anwesenheit der Öffentlichkeit beeinflusst wird bzw. dass den Aussagen eines Parteifremden dadurch anderes Gewicht zukommt. Dennoch werden die Entscheidungen in diesen Gremien allein von den gewählten Parteimitgliedern getroffen. Auch durch das Zugeständnis des Rederechts in einer nichtöffentlichen Sitzung von Parteigremien ist der den Parteifremden zukommende Einfluss auf die innerparteiliche Willensbildung aber nicht so groß, dass man diesen Prozess der Willensbildung undemokratisch nennen kann.

4. Zusammenfassung

Mit der Möglichkeit zur Übertragung von Abstimmungsrechten auf Sympathisanten nach Art. 5 des Statuts hat die PDS eine Partizipationsmöglichkeit geschaffen, die ohne jegliche prozentuale Begrenzung des auf die Nichtmitglieder entfallenden Stimmanteils gegen den in Art. 21 Abs. 1 S. 3 GG aufgestellten Grundsatz der innerparteilichen Demokratie verstoßen würde. Dies folgt daraus, dass anderenfalls nicht mehr der entscheidende Einfluss der Parteimitglieder in allen parteirelevanten Fragen gewährleistet wäre, es sogar zu Entscheidungen kommen könnte, die konträr zu den Interessen der Parteimitglieder sind. Theoretisch ist damit eine Beeinträchtigung der Rechtsstellung der Parteimitglieder in einer Weise möglich, dass von einer von den Parteimitgliedern bestimmten innerparteilichen Willensbildung, die Voraussetzung eines binnendemokratischen Aufbaus der Partei ist, nicht mehr ausgegangen werden kann.

E. Fazit

Wie gezeigt stellen die Einflussnahme von Parteifremden auf die innerparteiliche Willensbildung und das Verfassungsgebot innerparteilicher Demokratie nicht zwingend unvereinbare Gegensätze dar. Eine den Ansprüchen des Art. 21 Abs. 1 S. 3 GG entsprechende Binnenorganisation verlangt nicht einen stringenten Fluss der Willensbildung von „unten nach oben", also einseitig von der Parteibasis zu der Parteiführung, sondern allein die Letztentscheidungskompetenz der Parteimitglieder in allen für die Parteien relevanten Fragen, seien sie programmatischer oder personeller Art.[729] Dies schließt eine begrenzte Einflussmöglichkeit für Parteifremde auf diesen innerparteilichen Willensbildungsprozess nicht aus. Auch die übrigen Elemente, die für eine demokratischen Grundsätzen entsprechenden Parteiorganisation konstitutiv sind, sprechen nicht prinzipiell gegen die Öffnung der Parteien für eine Mitarbeit von Parteifremden. Die Frage der Verfassungsmäßigkeit kann aber nicht losgelöst von der jeweiligen konkreten Ausgestaltung der Partizipationsmöglichkeit abschließend beurteilt werden. Dies gilt vor allem für die Übertragung von Stimmrechten auf Parteifremde.

Augrund der Probleme, denen sich die großen Volksparteien derzeit stellen müssen, ist die generelle Öffnung der Parteistrukturen für die Parteien in der Realität eine Notwendigkeit geworden.[730] Sie stellt das wirksamste Mittel dar, mit dem Anreize sowohl für den Parteibeitritt als auch für eine gesteigerte Partizipation der bisherigen Parteimitglieder geschaffen werden können. Die durch die Öffnung erhoffte Steigerung der Mitgliedszahlen und –partizipation stellt ihrerseits die Voraussetzung dafür dar, dass die Parteien in ihrer derzeitigen Organisationsform als Mitgliederparteien fortbestehen können. Zwar wird teilweise dafür plädiert, den Mitgliederschwund und die herrschende Apathie bei weiten teilen der verbleibenden Mitgliedschaft als Resultat von Anpassungsproblemen an sich verändernde Umweltbedingungen zu akzeptieren und sich vom Organisationsmodell der Volkspartei als Mitgliederpartei zu verabschieden.[731] Neben den daraus erwachsenden praktischen Problemen[732] verkennen die Unterstützer

---

[729] S. oben C II 3 a.

[730] S. oben B.

[731] Nickig, ZParl 30 (1999), S. 382, 388 f.

[732] Haungs, ZParl 25 (1994), S 108, 112 sagt zu Recht, dass demokratische Parteien ohne Mitglieder kaum funktionsfähig sind und nennt dafür das Beispiel der Personalrekrutierung. Gerade in diesem Bereich sind die Parteien darauf angewiesen, ihren Führungsnachwuchs aus dem Mitgliederreservoir zu schöpfen. Insofern ist es nicht weiter verwunderlich, dass der Versuch der SPD, 10 Bundestagsmandate an Nichtmitglieder zu vergeben, gescheitert ist (s. o. D I 6 b).

einer solch radikalen Reform des Parteiensystems jedoch, dass gerade die den Parteien im Grundgesetz zugewiesenen Funktionen deren Organisation als Mitgliederpartei verlangen.[733] Deshalb wäre eine Abkehr von der Organisationsform als Mitgliederpartei meines Erachtens allein dann zulässig, wenn es zu einer grundlegenden Änderung der Funktionszuweisung an die Parteien im Grundgesetz selbst kommen würde. [734] Nur bei einer Funktionszuweisung, durch die eine binnendemokratische Organisation der innerparteilichen Willensbildung nicht mehr notwendig wäre, könnte man also meines Erachtens auch über eine Abkehr von der Organisationsform der Mitgliederpartei nachdenken. Da aber eine veränderte Funktionszuweisung aber derzeit nicht zur Debatte steht, sind meiner Ansicht nach auch Überlegungen abzulehnen, die einen radikalen Umbau des Parteisystems erfordern.

Ein derartiger, radikaler Wandel ist neben diesen verfassungsrechtlichen Bedenken aber auch weder praktikabel, noch notwendig. Die Probleme der Parteien, die zu solchen Reformgedanken geführt haben, lassen sich vielmehr auch durch eine situationsadäquate Politik[735] und eine behutsame - mit dem Grundsatz der innerparteilichen Demokratie im Einklang stehende - Öffnung für die Partizipation von Parteifremden lösen. Voraussetzung dabei ist, dass letztere auch noch durch eine Verbesserung der Mitwirkungsmöglichkeiten der einzelnen Mitglieder ergänzt wird. Dieses Bedürfnis der Verbesserung der Einflussmöglichkeiten der einfachen Parteimitglieder folgt daraus, dass die Parteien allein durch sinnvolle Partizipationsmöglichkeiten eine ausreichend breite Mitgliederbasis behalten bzw. die durch die Öffnung interessierten Parteifremden gewonnen werden können.[736]

Die Parteien haben auf die geänderten Umweltbedingungen reagiert und zumindest mit der Öffnung ihrer Organisationsstrukturen begonnen. Die hierbei geschaffenen Partizipationsmöglichkeiten der einzelnen Parteien ähneln sich und bestehen vor allem in Form von Teilnahmerechten an Diskussionen bzw. Mitarbeitsmöglichkeiten von Vorfeldorganisationen und Kommissionen. Eine solche Mitwirkungsmöglichkeit, die keine direkte, dass heißt mit Entscheidungskompetenzen versehene, Beeinflussung der innerparteilichen Willensbildung ermöglicht, stellt grundsätzlich keine Verletzung der Rechtsstellung der ordentlichen Parteimitglieder dar mit der Folge, dass sie verfassungsrechtlich nicht zu beanstanden ist.

---

[733] Abendroth, PVS 1964, S. 306, 315; Wolfrum, Die innerparteiliche demokratische Ordnung, S. 194.
[734] Trautmann, Innerparteiliche Demokratie, S. 292.
[735] Haungs, ZParl 25 (1994), S. 108, 115; Dettling in: Hofmann/Perger, S. 72, 78.
[736] Haungs, ZParl 25 (1994), S. 108, 113.

Weitergehend sind die Kampagnenmitgliedschaft bei der FDP, die freie Mitarbeit in der Ausformung des Landesverbands der Grünen in Thüringen, die Probemitgliedschaft bei den Grünen sowie die Mitwirkungsmöglichkeiten für Sympathisanten bei der PDS. Hier werden den Nichtmitgliedern Stimmrechte übertragen. Grundsätzlich ist die Einräumung von Stimmrechten für Parteifremde zulässig, jedoch darf dadurch der bestimmende Einfluss der ordentlichen Parteimitglieder nicht beschränkt werden.[737] Um dies sicherzustellen ist es notwendig, den Anteil der stimmberechtigten Nichtmitglieder zu begrenzen, wobei ein Anteil von fünf bis zehn Prozent der Stimmen als angemessen erscheint.[738] Bei keiner der Parteien, die eine derartige Mitwirkung von Parteifremden eingeführt haben, existieren Regelungen zur Begrenzung des Stimmanteils der Nichtmitglieder. Insofern ist die derzeitige Ausgestaltung nicht mit dem Grundsatz der innerparteilichen Demokratie nach Art. 21 Abs. 1 S. 3 GG zu vereinbaren. In diesem Bereich besteht Handlungsbedarf bei den betroffenen Parteien. Sie müssen die entsprechenden Regelungen in ihren Satzungen bzw. Statuten anpassen bzw. im Fall der FDP entsprechende Regelungen in der Satzung aufnehmen. Gerade in dem Bereich, in dem Nichtmitgliedern Stimmrechte eingeräumt werden wäre es aber grundsätzlich wünschenswert, wenn der Gesetzgeber tätig würde, und im ParteiG eine solche Mitarbeit umfassend und in einer verfassungskonformen Weise normieren würde. Dies würde nicht nur die bestehenden Unsicherheiten in diesem Bereich beseitigen, sondern auch die Reformbestrebungen der Parteien erleichtert, da ihnen damit klare Vorgaben an die Hand gegeben werden, nach denen sie die Partizipationsmöglichkeiten für Parteifremde einrichten könnten.

Aus alledem folgt aber, dass die Parteien mit der von ihnen vorgenommenen Öffnung einen ersten, weitgehend verfassungskonformen, Schritt in die richtige Richtung unternommen haben, um ihrer Parteiorganisationen in der Form von Mitgliederparteien zu erhalten. Dies allein wird indessen - trotz einiger Erfolge[739] - nicht ausreichend sein, falls die Parteien nicht mit einer entsprechenden Politik das einmal verlorene Vertrauen innerhalb der Wahlbevölkerung zurückgewinnen können.

---

[737] S. o. C II 4 c ee.

[738] C II 4 d.

[739] Z.B. die Effektivität Probemitgliedschaft der Grünen, S. o. D V 2.

Stephan Büsching

Angst vor dem Volk!

Die Diskussion um die Einführung plebiszitärer Elemente in das Grundgesetz

Frankfurt am Main, Berlin, Bern, Bruxelles, New York, Oxford, Wien, 2004.
165 S., 4 Tab.
Europäische Hochschulschriften: Reihe 31, Politikwissenschaft. Bd. 506
ISBN 3-631-53113-3 · br. € 34.–*

Warum sind in der deutschen Verfassung so gut wie keine direktdemokratischen Institutionen verankert? Welche Bestrebungen gab es, entsprechende Verfahren einzuführen und woran sind diese gescheitert? Mit welchen Argumenten traten Gegner und Befürworter einer verstärkten Einbindung der Bürger am politischen Entscheidungsprozess auf und wurde intern anders argumentiert als öffentlich? Mit diesen brisanten und aktuellen Fragen befasst sich diese historisch angelegte Arbeit. Im letzten Teil wird in einer ausgewogenen, diskursiven Weise versucht, eine Antwort auf die Frage zu geben, welchen Beitrag direktdemokratische Verfahren zur Lösung der aktuellen Probleme unserer Parteiendemokratie bieten könnten.

Aus dem Inhalt: Der Neuaufbau der Demokratie im Westen · Reformansätze für eine plebiszitäre Öffnung des Grundgesetzes bis zur Wiedervereinigung · Die Verfassungsdiskussion im Zuge der Wiedervereinigung · Reformbedürftigkeit des politischen Systems der Bundesrepublik · Mehr direkte Demokratie – ein Weg aus der Krise? · Die Angst der Politiker vor den Bürgern

Printed by
CPI books GmbH, Leck